U0499696

金融强国指数报告

（2023）

王　擎　主编

董青马　唐　莹　副主编

中国财经出版传媒集团

经济科学出版社
Economic Science Press

北京

图书在版编目（CIP）数据

金融强国指数报告. 2023 / 王擎主编. -- 北京： 经
济科学出版社，2024. 11. -- ISBN 978 - 7 - 5218 - 6475 - 5

Ⅰ. F832

中国国家版本馆 CIP 数据核字第 2024CS1643 号

责任编辑：郑诗南
责任校对：齐　杰
责任印制：范　艳

金融强国指数报告（2023）
王　擎　主编
董青马　唐　莹　副主编
经济科学出版社出版、发行　新华书店经销
社址：北京市海淀区阜成路甲 28 号　邮编：100142
总编部电话：010 - 88191217　发行部电话：010 - 88191522
网址：www. esp. com. cn
电子邮箱：esp@ esp. com. cn
天猫网店：经济科学出版社旗舰店
网址：http：//jjkxcbs. tmall. com
固安华明印业有限公司印装
787 × 1092　16 开　14.75 印张　323000 字
2024 年 11 月第 1 版　2024 年 11 月第 1 次印刷
ISBN 978 - 7 - 5218 - 6475 - 5　定价：88.00 元
（图书出现印装问题，本社负责调换。电话：010 - 88191545）
（版权所有　侵权必究　打击盗版　举报热线：010 - 88191661
QQ：2242791300　营销中心电话：010 - 88191537
电子邮箱：dbts@ esp. com. cn）

金融强国指数报告（2023）
编 委 会

主 编

王 擎

副主编

董青马　唐　莹

编写组成员

尚玉皇　王　博　宋易珈　杨兴林

贺镜宾　王妍婕　平义琨　田　甜

李梓萌　武梦婕　许睿思　牛孟浩

胥钦朝　赵　怡

序言

　　金融是国民经济的血脉，是国家核心竞争力的重要组成部分。党的十八大以来，以习近平同志为核心的党中央把马克思主义金融理论同当代中国具体实际相结合、同中华优秀传统文化相结合，积极探索新时代金融发展规律，不断加深对中国特色社会主义金融本质的认识，开拓了中国特色金融发展之路。2023 年 10 月召开的中央金融工作会议明确提出了加快建设金融强国的战略目标。习近平总书记在中央金融工作会议和省部级主要领导干部推动金融高质量发展专题研讨班上的重要讲话，深刻阐述了金融强国的丰富内涵、精髓要义和实践要求，为新时代新征程推动金融高质量发展提供了根本遵循和行动指南。

　　从金融大国向金融强国迈进是大国崛起的时代呼唤。从世界历史和国际经验来看，几乎每一次工业革命都对应着一次金融革命，大国崛起离不开金融强有力的支持，现代化强国必然是金融强国。当前，世界百年未有之大变局加速演进，国际力量对比深刻调整，金融成为大国博弈的重要领域。加快建设金融强国，成为实现中华民族伟大复兴的重要战略抉择，成为在经济全球化进程中维护国家金融安全的重要现实支撑。

　　伟大思想引领伟大征程。经过多年积累特别是党的十八大以来的高质量发展，我国金融业总体规模位居世界前列，已具备全球领先的资金实力与筹措能力、已具备成为金融强国的经济基础、已具备应对复杂金融冲击的宏观调控能力。如何由"金融大国"向"金融强国"迈进呢？这个重大的历史性跃升，离不开强大的货币基石，这是综合国力、国际竞争力和宏观治理能力的综合体现；离不开中央银行这个坚强后盾，现代中央银行制度是金融强国建设的重要领导力量；离不开强大的国际金融中心，纵观世界金融发展史，国际金融中心的变迁是金融强国兴衰的重要标志；离不开强大的金融机构，这是我国金融稳定的"压舱石"，是金融强国建设的支撑力量；离不开强大的金融监管，完备有效的金融监管是金融强国建设的有力保障；离不开强大的金融人才队伍，这是金融强国建设的关键推动力量。

不同于西方国家遵循资本逻辑的金融强国建设道路，中国作为发展中大国具有超大规模经济体的特征，在金融强国建设过程中要统筹发展与安全、统筹国内国外两个大局，坚定不移地走中国特色金融发展之路。对内履行金融服务实体经济的根本宗旨。经济兴，金融兴；经济强，金融强。经济是肌体，金融是血脉，两者共生共荣，要坚持以人民为中心的发展理念，坚持金融工作的政治性和人民性，做好"五篇大文章"。对外实施高水平金融开放，深化制度型开放，积极参与国际金融治理，宣传全球视野下的中国金融改革范式，讲好金融发展的中国故事，为广大发展中国家提供金融发展的中国方案。

服务金融强国战略、助力金融强国建设是高等财经院校开展人才培养、科学研究和社会服务的重要使命。金融强国六大体系涵盖金融调控、金融市场、金融机构、金融监管等各方面，高等财经院校应突出服务国家重大战略需求导向，深入实施创新驱动发展战略，坚持自信自立、守正创新，扎实开展基础性、前瞻性、战略性、对策性研究，加快推进构建中国特色金融自主知识体系，加快提升服务国家战略和区域发展能力。

自党中央提出金融强国战略以来，西南财经大学聚焦"国之大者"，成立金融强国指数研究团队，以习近平总书记关于金融强国建设的重要论述为指引，深刻把握核心金融要素的理论要义，克服数据缺失等多重困难，成功研究编制出国内首个"金融强国指数"，该指数充分体现了金融发展的经济属性、社会属性和政治属性，全方位反映了金融发展的时代内涵。在指数研究编制的基础上，研究团队撰写出版《金融强国指数报告2023》。该报告通过对全球主要经济体的金融强国建设进行多维度、定量化评估比较，深入剖析中国金融强国建设的"强"优势与"弱"短板，为今后一段时期我国金融强国建设的实施路径和建设步骤等提出政策建议。

我们知道，金融强国建设之路不可能一蹴而就，需要全国金融工作实践界和学术界坚定信念、坚守使命、久久为功。"遵道而行，但到半途须努力；会心不远，要登绝顶莫辞劳"。在我国金融强国建设过程中，不仅需要借鉴吸收全球范围内金融强国建设的经验教训，更需要深刻把握我国与西方金融模式的本质区别，坚持理论自信和道路自信，不断探寻和开拓具有中国特色的金融强国之路。我们期望"金融强国指数报告"可以为政策制定者、金融实践者和金融研究者提供一些有益的借鉴。

西南财经大学党委书记　赵建军

2025 年 1 月

前言

　　《金融强国指数报告（2023）》是西南财经大学金融学院和中国金融研究院联合开展的一项重点研究报告编制项目，是国内首次发布的"金融强国指数"。课题组由王擎教授领衔，核心成员包括董青马、唐莹、尚玉皇、王博、宋易珈、杨兴林、贺镜宾、王妍婕。该指数以中央金融工作会议为指引，共包括经济基础、货币、中央银行、金融机构、国际金融中心、金融监管和金融人才队伍七大指标体系，剖析中国金融强国建设的"强"优势与"弱"短板，指出金融强国未来建设的实施路径与发展步骤。

　　《金融强国指数报告（2023）》对全球 36 个主要经济体的金融强国建设进行评估。该报告编制的金融强国指数具有以下特点：第一，首次基于金融强国理念构建覆盖全球主要经济体的综合性金融发展评估体系；第二，体现出明确的关键问题导向，金融强国指数编制聚焦关键核心金融要素，对比世界主要经济体，指出中国金融强国建设过程中的比较优势和明显短板；第三，体现国际影响力与控制力特征，关注国际金融中心地位和金融机构的国际竞争力，强调国家在国际金融体系中的地位和影响力；第四，综合体现金融发展的经济属性、社会属性和政治属性，兼顾效率与公平原则，强调了金融话语权、金融自主权的政治属性，全方位反映金融发展的时代内涵；第五，统筹发展与安全的思想理念。金融强国指数编制凸显金融服务实体经济的能力，突出金融发展竞争力与稳健性，强调金融体系的稳健发展和可持续性。

　　《金融强国指数报告（2023）》认为全球金融强国建设呈现

"一超多强"格局，美国领头先行，中国迅速崛起，英国维持稳健。2023年，美国金融强国指数排名第一（90.83分）。中国在"多强"格局中处于第二梯队领军地位，指数得分较上年增加0.12分，紧随美国，超过英、德、法等欧洲发达国家，同时也超过日本、韩国、新加坡等亚洲发达经济体。表明中国金融强国建设取得阶段性成就，未来仍有赶超空间。从排名变动来看，前五名的国家指数排名较为稳定。2022～2023年，前五名国家排名（美、中、英、德、日）均未发生变动；意大利、印度两国连续两年排名上升，尤其是印度在2023年排名上升7个位次。2012年以来，中国金融强国指数得分稳步上行，由79.57分（2012年）升至83.84分（2023年），创历史新高；指数排名稳中求进逐年赶超，从第五名（2012年）攀升至第二名（2020～2023年）。近年来，中国在人民币国际化、金融市场高水平对外开放、高素质人才队伍建设方面取得积极进展，经济基本面韧性好，金融机构竞争力强。从分指数来看，中国在货币、中央银行、金融人才队伍三个分指数排名进步最大，金融机构分指数稳中有升，经济基础分指数保持稳健，在第二梯队中领先优势日趋巩固。

与美国相比，中国的国际金融中心建设短板明显，上升趋势有所回落，2023年分差达到15.97，主要体现在金融市场辐射力以及大宗商品定价权表现较弱，使得中国在国际金融体系中的话语权与其世界贸易大国以及对外投资大国的地位不相匹配。但随着中国金融开放稳步扩大，必将有力推动国际金融市场影响力提升。此外，中国在货币、中央银行等方面仍有赶超空间。货币表现方面，中国增势迅猛，货币稳定性强，数字货币研发领先，但在国际影响力上仍有较大提升空间，美元仍是国际货币体系的主导货币。中国中央银行指数排名靠前，建设现代中央银行制度成效显著，物价运行整体平稳，但金融基础设施和国际治理协调等方面有待进一步发展。中国金融机构指数位于世界前列，且呈现出一定的领先优势和稳步增长趋势，但由于人口基数偏大，在普惠性维度存在一定差距。中国金融监管能力位居第二梯队，在机构监管等方面差距较大。中国金融人才队伍发展迅猛，2023年超越新加坡位列亚洲首位，得益于金融人力资本上的大幅提升，但金融人才环境仍处于中游水平，且金融人才环境仍处于中游水平，仍有提升空间。

具体观点包括：

（一）经济基础方面，美国领跑，中国稳居第二，"双强"格局确立，内在创新驱动和贸易竞争力主导经济基础走向。2012～2023年，中国经济基础指数呈波动式上升，排位稳居第二，中国经济基本面长期向好。2023年，中国经济实力位居全球第二，仅次于美国；中国GDP综合动力与贸易综合竞争力领先，在各项指标中竞争力最强，对中国经济实力贡献最大。科技实力进步显著，人均专利、科技论文数量国际领先，但科技转化、顶尖人才储备不足。美国以绝对优势领先全球，中国排位从第十七位上升到第六位，但在科技创新综合能力与顶尖研究成果方面差距明显。2012～2023年，中国综合国力得分略有上升，排位从全球第二十九位升至第二十三位，但与全球前沿水平差距较为明显。其中，军事实力表现出"一超多强"的格局，美国占有绝对的主导地位，中国在军事实力上表现突出并在全球排名靠前，稳居全球前三。但中国与美国在环境与可持续发展、制度建设等方面情况类似，排位靠后，不具较强的竞争优势，存在较大的改进空间。

（二）在货币领域，发达国家主导地位凸显，中国增势迅猛，货币稳定性强，数字货币研发领先，但在国际影响力方面仍有待提升。2023年，美国位居货币指数榜首，凸显美元在全球金融体系中的卓越影响力和重要性。英国凭借英镑的传统国际地位和伦敦的国际金融中心功能，位列货币指数第二。排名靠前国家基本集中在发达国家/地区。中国2023年货币指数排名第四，上升幅度稳定，人民币在全球金融体系中的地位和影响力逐步增强。数字货币能力位居全球第一，反映出政府对金融科技的重视和数字人民币试点项目的成功推进。中国的经济增长、金融市场改革、国际合作如"一带一路"倡议以及数字货币创新为人民币国际化提供了坚实基础，增强了人民币的全球影响力。2012～2023年，中国的国际影响力与控制力指数有所增长，但排名较为靠后，主要原因在于：一是人民币支付结算份额占比不到5%；二是国际话语权参与度不高，特别提款权占比与经济实力不匹配；三是缺少具有国际竞争力的金融机构。尽管人民币加入特别提款权货币篮子，但在全球交易和外汇储备中份额较小，国际储备货币地位尚未牢固，资本账户开放度、金融市场开放性方面还有待提升。

（三）中央银行指数排名靠前，处于领跑水平，虽然建设现代中央银行制度取得了显著成效，但国际金融治理能力仍有待提升。2012～2023年，我国中央银行建设稳步发展，2023年指数得分85.24分，位列36个国家中的第四，与美国（92.49分）相差7.25分，作为唯一的发展中国家位列前十，表明近年中国人民银行在推动金融改革、优化金融服务、加强金融监管等方面取得了显著成果。这充分体现了自党的十九届四中全会提出建设现代中央银行制度以来，中国在加快建设现代中央银行制度，健全货币政策和宏观审慎政策双支柱调控框架等方面成效显著。分指标来看，中国货币政策自主权得分95.82分，与排名前列的美国、瑞典等国仍有一定差距，且在2018年、2021年均有一定程度下降，货币政策自主权震荡上行，坚持"以我为主"、适度微调。物价稳定方面，中国排名第三，物价运行整体平稳。可看到当前全球通胀压力显著上升，西方之"涨"与中国之"稳"形成鲜明对比。中国国际收支平衡得分97.44分，排名第九，自主平衡格局得以延续，未来将更加趋向均衡。中国金融稳定得分 90.72 分，排名第七，在主要金砖国家中排名第一，落后于墨西哥等国，受金融市场波动、居民杠杆率等因素的影响，中国金融稳定指数的排名相对不高。近年来中美贸易争端、新冠疫情引发了金融稳定的不确定性和市场波动。中国金融基础设施得分 67.38 分，排名第七，与排名前 10% 的国家的平均水平较为接近，中国金融基础设施 2018 年以前进步较快，近期发展速度放缓。我国金融基础设施竞争力优势主要体现在支付领域的硬件设施，尤其是无现金支付相关的硬件基础设施，以及国内提供支付结算服务的系统数量等。国际协调治理方面，发达国家的协调治理能力整体偏强，我国务实灵活地参与全球金融治理，取得积极成效。中国得分 69.89 分，高于均值 68.66 分，排名第八，领先于其他发展中国家。自 IMF 份额改革方案通过后，中国的份额从此前的 3.99% 大幅上升至 6.39%，跃升为第三大份额国。人民银行近年来凝聚国际共识，建设性参与多边债务协调，夯实区域金融安全网，随着亚洲基础设施投资银行和新开发银行相继成立，中国在区域金融治理中的影响力获得显著提升。

（四）中国金融机构指数在全球排名靠前，领先优势和稳步增长趋势凸显。2012～2023 年，中国金融机构指数得分由 83.84 分升至 89.00 分，逐步上升至第二的位置。这表明，即使在全球经济不确定性和内部市场调整的背景下，中国金融机构仍然能够保持竞争力和服务效能，充分反映了中国金融机构在应对内外部挑战、适应市场变化以及提升服务质量等方面的能力与韧性。与美国相比，中国的金融机构虽略显逊色（2023 年美国为 91.81 分，中国为 89.00 分），但总体差距较小。这种情况反映了中国金融机构在全球经济和金融市场中扮演的重要角色。相较于其他主要经济体如英国（86.41 分）、德国（85.65 分）等，中国金融机构的总体实力评价得分更高，体现出一定的领先优势。亚洲区域内，中国的金融机构指数显著高于许多邻国，如日本、印度、韩国。这凸显了中国金融机构的区域领先地位。2012 年以来，中国金融机构普惠性有所提升但差距依旧明显，竞争力稳步上升，稳定性、服务实体经济、国际影响力三个维度均稳定保持前列。在普惠性维度，中国的指数得分由 80.94 分（2012 年）升至 86.82 分（2023 年）；排名由第十五名升至第七名；具体而言，中国在普惠性规模类指标表现突出，但由于人口大国属性，在人均指标方面与欧美金融强国差距较大，这表明中国在扩大金融服务的覆盖面、提高人均服务可获得性方面仍需进一步加强。在竞争力维度，中国金融机构的竞争力不断增强，指数评分从 82.03 分（2012 年）升至 91.21 分（2023 年）；排名位居第二，仅次于美国，反映了中国金融机构在金融创新、服务多样化以及数字化转型方面的显著进步。

（五）中国国际金融中心建设与头部排名差距较大，上升趋势有所回落，但上升空间较大。2023 年，美国位列第一，且是 36 国中唯一指数值高于 80 的国家（88.27

分），大幅超过排名第二位的英国（77.09分）和排名第三位的中国（72.30分），表明美国在国际金融中心方面存在明显的领先优势。在亚洲地区，中国的国际金融中心地位领先，超过日本、新加坡等国。2012年以来，中国的国际金融中心地位保持稳健，稳居全球前三，但自2021年以来，指数得分有所下降。受宏观经济环境的不稳定、经济增长放缓、金融市场波动等影响，在金融聚集力、辐射力、金融市场定价权三个维度均出现一定下滑。2012~2021年，中国的国际金融中心指数得分由70.83分升至74.09分，但在2022~2023年出现略微下降。在金融聚集力、辐射力、金融市场定价权三个维度均出现一定下滑。从具体指标来看，美国依旧保持在金融资源聚集力、金融市场辐射力方面的领先优势。2023年，中国的金融资源聚集力指数排名第三，自2021年以来，中国的指数得分出现持续下降，主要原因可能在于：全球经济环境的不确定性增加，如美国货币政策调整、国际贸易摩擦、俄乌冲突、巴以冲突等，对全球股市和债市冲击巨大；中国外资证券投资大规模流出，对中国的金融资源聚集力产生一定影响。中国的金融市场辐射力指数排名第五，上升趋势在2023年略微回落，指数得分下降1.64个分值。尽管近年来中国对外开放程度进一步扩大，对外投资规模保持世界前列，投资领域覆盖面不断扩大，但美国货币政策调整、全球避险情绪上升等资本回流美国，同时地缘政治冲突、产业链重构导致海外投资减少。在金融市场定价权方面，美国、英国在金融市场和大宗市场的定价权具有显著优势，印度、巴西在衍生品市场规模方面表现更优。中国的金融市场定价权指数排名第四（2023年），近年出现持续下滑，虽然是全球最大的大宗商品消费国之一，但在国际定价权方面仍显不足，目前依旧是"东方交易、西方定价、美元计价"格局；与发达国家相比，中国的衍生品市场规模较小，产品种类和市场深度不足，限制了中国在国际金融市场上的定价能力。

（六）中国金融监管体系在不断发展中逐渐完善，监管能力位居第二梯队。2023年，金融监管指数前五位的国家分别为美国、英国、中国、日本、法国，除中国外均为发达国家。与美国相比，中国在机构监管以及公司治理与外部监督两方面的差距较大。宏观审慎监管方面，中国和排名第一的美国相差4分，主要因为我国宏观审慎政策工具运用相对较少。在流动性监管方面，中国、英国排名并列第二，我国对流动性监管要求较高，在流动性缓冲要求、稳定资金要求以及准备金要求三个方面的监管比较全面。在消费者保护方面，中国与德、英并列第五。与美国相比，中国差距主要在于存款保险机构的权利中不包含可以干预银行经营甚至对银行违规官员采取法律行动的部分。在机构监管方面，中国排名第六。从得分上看，和美国有较大差距，差距主要在于资本监管效能和监管机构效能。在公司治理与外部监督方面，中国、法国并列第三，与美国分数差距较大。差距主要在于公司治理有效性和监管机构的权利。如在公司治理方面对独立董事的监管还不够严格，导致独立董事流于形式。就发展趋势来看，我国金融监管显现出如下特点，即金融监管与时俱进，不断向前，金融监管对金融风险的识别、防范、化解和处置更加有效，市场环境更加公平、公正。从历史演进来看，我国金融监管体系采用渐进改革，着力风险防控，这是我国金融监管工作一以贯之的工作主题。2023 年中国金融监管分数比 2018 年提升 1.05%，主要体现在我国金融监管架构的不断调整、银行风险监管与国际标准逐渐接轨并落地、消费者权益保障更加到位等多个方面。但就不足来看，部分行业存在监管不到位、不严格的情况，导致一些金融风险隐患未能及时发现和处理。监管过程中的协调性和联动性也存在不足，有时会出现监管真空或重复监管的现象。与此同时，尽管近年来中国在金融消费者权益保护方面已出台系列法规，但相较于快速发展的金融市场，仍有待完善。

（七）在金融人才队伍建设方面，排名靠前国家集中在发达经济体，中国金融人才队伍发展迅猛，增势不减，但中国金融人才环境处于中游水平。2012～2023 年，中国的金融人才队伍建设战略执行效果显著，高质量复合型人才队伍不断壮大，于 2023 年排名升至第四位，首次跻身世界前五，与排名第一国家之间的差距逐年显著缩小。中国的金融人才培养自 2012 年的排名第八，一路快速发展，到 2021 年开始排名稳定在世界第二位，仅次于美国，且保持逐年进步，主要原因在于：在职金融人才的职业生涯培养方面表现出色，企业培训普及率高于绝大部分国家，且企业员工发展在近年来得到持续改善，处于世界前列；此外，中国近年来加大了对高等教育的重视力度，逐步走向了高等教育普及化阶段。2023 年，中国金融人才培养继续保持高速发展，在高等教育毛入学率与企业员工发展方面取得了大幅提升。中国的金融人力资本指数得分自 2012 年起，逐年稳步上升且排名较为稳定（第九位左右），并于 2023 年得到了快速发展，升至第七位，这主要源于世界排名前 100 的经济学/商学大学在数量与质量上的快速发展。尽管中国在金融人才队伍建设上卓有成效，但与第一梯队国家相比，中国金融人才环境仍处于中游水平，仍有提升空间。2012～2023 年，中国金融人才环境指数总体保持稳步上升趋势，但在 2023 年增势放缓，主要原因在于中国的全球清廉指数和劳动报酬匹配程度有所下滑，但是中国在劳工权益保障和劳动报酬与雇员生产力匹配程度上的表现仍然优于大部分位居世界前列的发达国家。

CONTENTS 目 录

第一章

金融强国指数概述

■ 第一节　金融强国指数编制背景及意义*

一、编制背景

党的十八大以来，中国特色社会主义进入新时代，我国社会主要矛盾已经转化为人民日益增长的美好生活的需要和不平衡不充分的发展之间的矛盾。党的十九大报告提出"我国经济已由高速增长阶段转向高质量发展阶段"，中国的金融发展之路承担了助推国家崛起、服务实体经济增长的多重任务，具有极端重要性，但是发展的不平衡不充分问题在金融领域广泛存在。具体来看，我国拥有全球最大的银行体系，第二大保险、股票和债券市场，外汇储备规模稳居世界第一，我国金融业的各项指标总量居世界前列，我国已是全球金融大国，但是仍不算是金融强国：金融监管和治理能力薄弱、金融服务实体经济的质效不高等问题依然存在，对比美国等国在金融服务和发展质量方面仍有差距。我国近年来坚持对外开放，对外投资、人民币国际化进程取得长足进步，但是我国金融国际话语权与全球第二大经济体地位仍不相匹配。2019年2月，中共中央政治局集体学习中多次警示，"要深化对国际国内金融形势的认识""要提高金融业全球竞争能力""提高参与国际金融治理能力"等，金融已经成为大国博弈之间的重要工具。

基于此，金融强国推动经济发展、国家崛起的战略日益明晰，金融高质量发展关系中国式现代化建设全局。党的十八大以来，中国金融业也坚定地走在中国特色金融发展之路上，以习近平同志为核心的党中央积极探索新时代金融发展规律，不断加深对中国特色社会主义金融本质的认识，不断推进金融实践创新、理论创新、制度创新，明确了"健全具有高度适应性、竞争力、普惠性的现代金融体系"战略目标，指明防控风险这一金融工作

---

* 本报告受到四川省研究生教育教学改革项目（YJGXM24 – A041）资助。

的永恒主题。

金融强国应当基于强大的经济基础，具有领先世界的经济实力、科技实力和综合国力，同时具备一系列关键核心金融要素，即拥有强大的货币、强大的中央银行、强大的金融机构、强大的国际金融中心、强大的金融监管和强大的金融人才队伍。建设金融强国的最终目的是通过强有力的金融体系赋能实体经济高质量发展以增强综合国力。不同于西方国家以资本为中心的金融强国道路，中国金融强国建设对内服务于实体经济，以人民为中心，最终目标是实现共同富裕；对外为国际社会提供金融公共产品，为广大发展中国家提供金融支持。

金融强国重要论述是强国建设战略的重要组成部分，是以习近平同志为核心的党中央科学研判当前发展阶段和国内外整体形势首创的金融高质量发展的创新性成果，具有重大的理论创新和实践价值（周立和张永霞，2024）。建设金融强国是全面建成社会主义现代化强国的必然要求，是中国式现代化的内在要求，也是构建新发展格局的必由之路。金融强国理论是建设中国特色现代化金融理论体系的内在要求，也是革新发展方式、优化经济结构、转变增长动能的内在要求，也是顺应中国特色社会主义事业进入新时代、全面推进现代化强国建设和复兴民族伟业的内在要求。

走中国特色金融发展之路，建设金融强国需要长期努力，久久为功，六大体系涵盖金融调控、金融市场、金融机构、金融监管等方方面面。因此，在我国逐渐由"金融大国"向"金融强国"转型发展的过程当中，基于金融强国建设的六大核心关键金融要素，我们构建金融强国指数，持续跟踪全球主要经济体金融领域运行动态，见证金融强国建设进程。

二、内涵及释义

（一）强大的经济基础

金融强国应当基于强大的经济基础，具有领先世界的经济实力、科技实力和综合国力，同时具备一系列关键核心金融要素。经济基础是指由社会一定发展阶段的生产力所决定的生产关系的总和，是一定社会发展阶段占统治地位的生产关系各个方面（即所有制形式、交换形式和分配形式等）的总和。社会主义市场经济是中国特色社会主义的经济基础。

一是经济实力。习近平总书记指出："经济是肌体，金融是血脉，两者共生共荣。"[①]经济肌体是根本，金融血脉是支撑，二者相互联系、彼此依存。强大的金融体系必须建立在强大的经济实力基础之上，雄厚的经济实力能够为金融强国建设提供坚实的物质基础和市场空间。强大的经济实力可以表现为几个方面：首先是较高的 GDP 综合动力，代表一

---

① 习近平. 深化金融供给侧结构性改革，增强金融服务实体经济能力 [N]. 人民日报，2019-02-24（1）.

个国家经济运营规模的宏观指标。其次是平衡的财政收支状况，作为衡量国民经济保持平衡的关键指标，是良好的宏观环境形成的重要因素。再次是对外贸易，作为国民经济的重要组成部分，高规模的外贸进出口是拉动经济增长的"三驾马车"之一。中国的经济实力在过去十年中持续增强，经济总量占世界经济的比重不断上升，对世界经济增长的年平均贡献率超过30%。[①] 最后是就业稳定性，失业率是反映宏观经济运行状况和劳动力市场景气程度的晴雨表，是反映一个国家或地区劳动力资源利用程度的核心指标。

二是科技实力。习近平总书记曾多次强调"科技是第一生产力"，并对加快建设科技强国，实现高水平科技自立自强作出具体部署。同时，中央金融工作会议提出的五大金融篇章中将科技金融摆在首位，强调要增加金融的科技含量，同时也体现了金融资源倾斜的领域，明确了金融机构发力的方向。发展科技金融，是建设科技强国的重要支撑，促进科技—产业—金融良性循环，金融是链接科技和产业的重要工具。因此，我国坚持创新在现代化建设全局中的核心地位，深入实施创新驱动发展战略，继续深化科技体制改革，强化国家战略科技力量，护航高水平科技自立自强。目前，中国科技创新能力在世界知识产权组织的排名迅速提升，2022年研发投入总量稳居世界第二。[②]

三是综合国力。综合国力是衡量一个国家基本国情和基本资源最重要的指标，也是衡量一个国家硬实力和软实力的综合性能力。其中，硬实力包括国家的经济、政治、军事、金融、文化、科技、教育、自然资源、资本资源、人力资源等，软实力包括政治实力（国家的凝聚力，包括国内和国际两方面的动员能力）、文化实力（历史的沉淀所产生的影响力，文化被普遍认同的程度）、外交实力（国家间关系和国外民众对本国的认可程度，包括参与国际机构的程度）等。因此，综合国力包括军事实力、环境与可持续发展以及制度建设，综合国力越强的国家就是强国。从这个逻辑上讲，金融强国是社会主义强国的组成部分，金融强国与综合国力有交叉与从属关系。严格意义上讲，经济基础也是综合国力软实力的基础。

（二）强大的货币

货币是价值交换的媒介，是现代金融体系的细胞，是国际竞争力的体现，是金融强国的基石。中央金融工作会议提出加快建设金融强国的宏伟目标，习近平总书记强调金融强国建设应具备一系列关键核心金融要素，"强大的货币"作为金融强国六个关键核心要素的首位，深刻阐释了货币作为金融强国基石的核心要义。

"强大的货币"不仅具有价值尺度、流通手段与支付手段等基本职能，还要体现币值稳定、货币主权、全球信用、数智赋能等内涵特征。我国法定货币人民币还蕴含着政治性

① 世行报告：中国经济十年对世界经济增长贡献率超G7总和［EB/OL］. 中华人民共和国中央人民政府，2022 – 11 – 28，https：//www. gov. cn/xinwen/2022 – 11/28/content_5729266. htm.

② 国家创新调查显示：我国稳居世界第二大研发投入国［EB/OL］. 中华人民共和国中央人民政府，2023 – 02 – 22，https：//www. gov. cn/xinwen/2023 – 02/22/content_5742661. htm.

与人民性的独特内涵。

一是币值稳定。币值稳定主要是指保持信用货币相对稳定的购买力。在不可兑换的信用本位制下，目前世界各国发行的货币基本属于信用货币。保持信用货币币值稳定是"强大的货币"的重要特征，只有币值稳定的硬通货才能真正成长为"强大的货币"。币值稳定主要表现为两个方面：对内不会出现恶性通货膨胀现象，保持物价的基本稳定；对外本币汇率不会出现剧烈波动和大幅贬值现象，在合理均衡水平上保持基本稳定。一个币值稳定的"强大的货币"可以更好地履行货币的基本职能，为经济高质量发展和金融强国建设提供有利的货币金融环境。长期以来，我国通货膨胀率一直保持较低水平，而人民币对一篮子货币汇率也一直保持基本稳定。

二是货币主权。货币主权也可以理解为货币自主权，主要是指具有维护货币金融领域享有独立自主权利的能力，货币主权是国家通过货币来实现的国家利益的一种形式和权利。其主要表现为对货币发行权、控制权的主动性和操控性。这意味着面对国内外复杂的经济环境，对货币调控要坚持以我为主，避免盲目被动跟风。在货币金融领域长期存在着金融自由主义和货币霸权主义，一国如果货币自主权丧失，不太可能实现国家利益、人民利益至上。货币自主权丧失会出现货币替代现象。货币替代是指在货币可自由兑换的条件下，当一国货币存在贬值预期或严重通货膨胀时，由于国内公众对本币币值的稳定失去信心或者本币收益率较低时，公众减持本币增持外币的现象。货币自主权的强弱是"强大的货币"的主要表现形式，对于维护国家金融安全，建设金融强国至关重要。长期以来，我国货币独立性较强，"货币替代"的风险极小，人民币价值信心较为坚固，货币自主权表现良好。

三是全球信用。全球信用主要是指一国货币发挥世界货币的职能。一国货币被不同的经济主体接受，货币跨出国界，在世界范围内发挥价值尺度、流通手段、支付手段和价值储藏的功能。例如本国货币可以作为国际能源及大宗商品的计价货币，以及他国货币汇率的参考基准。全球信用是判断一国能否成为"强大的货币"的重要标志。具有全球信用的货币可以通过发行本国货币或本币债务来动员全球资源，维护国家利益。随着中国经济的稳步向好与"一带一路"建设及其他国家战略的实施，人民币的国际影响力也与日俱增。中国人民银行发布的《2023年人民币国际化报告》显示，人民币在全球支付中排名第五，目前已有80多个境外央行或货币当局将人民币纳入外汇储备。

四是数智赋能。数智赋能主要是指在数字经济时代，通过数字化和智能化显著提升货币效能。数字技术的进步直接推动了货币形态的演变，货币数智赋能体现了"强大的货币"先进性的典型特征，强化了货币一般等价物的属性。依托区块链技术的数字货币是货币数智赋能的主要表现形式，引领着货币发展的方向。法定数字货币是以国家信用为支撑的主权数字货币。与传统纸币不同，数字货币具有可追溯、匿名化等天然数智优势，降低了一国货币发挥世界货币职能的交易成本。数字货币是"强大的货币"未来发展和金融强国建设的重要载体。从2020年至今，中国人民银行已逐步试点并在全国范围内推广发行数字人民币。数字人民币的设计特性，兼顾了实物人民币和电子支付工具的优势，既具有实物人民币的支付即结算、匿名性等特点，又具有电子支付工具成本低、便携性强、效率高、不易伪造等特点。

五是人民至上。人民币的政治性体现为坚持党中央对金融工作的集中统一领导。党的领导是中国特色金融发展之路的本质特征，是确保金融的人民性得以实现的根本保障，也是筑牢"强大的货币"的根本保证。人民性体现为：树立以人民为中心的价值取向，维护币值稳定，守护好老百姓钱袋子；加强货币调控为实体经济"输血"，维护国家、人民利益；监管虚拟货币洗钱活动，最大程度减少金融风险带给人民群众的损失。

（三）强大的中央银行

当前，中国经济进入高质量发展阶段，经济转型升级加速，实体经济的重点领域和薄弱环节亟待金融业供给侧结构性改革的支持；随着金融体系改革的深化，金融领域面临着拆解存量风险、控制增量风险的任务；随着我国经济的崛起，国际金融格局正在发生深刻变化，人民币国际化的不断推进及共建"一带一路"等对外开放倡议的实施，均需要央行强大的对外协调能力及在全球金融事务中话语权的进一步提升。这些新情况构成了"强大央行"建设的现实要求。

建设强大中央银行是习近平总书记在新征程上为建设金融强国指明的方向，实现的路径则是进一步完善既立足中国国情，又符合一般规律的现代中央银行制度。强大的中央银行的内涵更为丰富，它不仅要求中央银行"强"，即制度完善的现代中央银行；又要求央行所服务的国家"强"。唯其如此，才能为央行提供展示"强"的国内外舞台。当前我国处在中国式现代化建设的关键突破期，加快从传统央行向现代央行的转变，能够助推从大国向强国的建设；这也反过来为现代央行向强大央行的转变提供了条件。因此，建设强大央行的提出，既是当前时期的内在要求，也是推进强国建设、民族复兴伟业的方法论。笔者认为，建设强大央行可从以下几个方面发力：

一是加强货币政策制定与实施能力。习总书记指出，"千招万招，管不住货币都是无用之招"。[①] 货币政策的最终目标可以一言以蔽之——"稳定币值，并以此促进经济增长"，但其对经济的影响机制复杂而深远。例如，利率既是居民跨期消费的成本，又是企业投资的要素价格，也是投资者的机会成本，和外资投资人民币资产的收益，影响着消费、投资、资产估值、汇率等重要宏观变量，这些变量之间又相互影响。这就要求制定货币政策时，平衡好短期与长期、稳增长与防风险、内部均衡与外部均衡的关系。首先是在政策制定前，统筹考虑各方面因素，在深入基层调研，广泛听取业界、智库等各方意见的基础上，提升政策的科学性与有效性。其次是加强与公众的政策沟通，将决策过程透明

---

① 易纲：建设现代中央银行制度［EB/OL］. 中华人民共和国中央人民政府，2020－12－24，https://www.gov.cn/xinwen/2020－12/24/content_5572899.htm.

化，完善政策目标、决策依据、执行情况等信息的定期披露制度，形成常态化、可预期的科学决策机制。最后是严格政策执行，减少不必要的政策外干预，同时加强多部门协同，进一步提升政策落地实效。

二是提升服务实体经济的能力。金融要把为实体经济服务作为出发点和落脚点，全面提升服务效率和水平。我国当前经济处于经济增长动能的换挡期，新质生产力的培育离不开金融的支持。与"旧"动能不同，新质生产力在融资周期、抵押物等方面有较大区别，需要科学研究，精准施策。需要央行加强与财政、监管部门的协同，持续加大对重大战略、重点领域和薄弱环节的支持力度。除常规货币政策工具以外，鼓励金融机构根据实体经济不同行业、不同规模和不同发展阶段的需求，设计和推出不同类型的贷款产品或定制化金融工具，以满足特定的融资需求。探索金融创新实验区建设，鼓励金融机构在实验区开展与实体经济深度融合的金融科技创新实践、开展新型金融产品和服务、促进国际合作与交流等。创新推出结构性货币政策工具箱，做好"五篇文章"，支持科技创新、民营小微、先进制造、绿色发展、普惠养老等领域的发展。利用大数据技术和数字化管理手段，创新信用评估体系，将金融资源配置的"有形之手"与金融机构自身发展激励的"无形之手"有机结合，激发金融机构和实体企业的内生动力，形成培育发展新质生产力的长效市场机制。

三是强大的系统性风险防控能力。习近平总书记在党的二十大会议上强调，要"深化金融体制改革，建设现代中央银行制度，加强和完善现代金融监管，强化金融稳定保障体系"。金融风险具有隐蔽性、复杂性、突发性、传染性等特征，一旦大规模暴露，不仅冲击实体经济增长，影响居民"钱袋子"安全，也危害经济社会的稳定发展。当前我国金融风险总体可控，在防范化解重大风险中积累了经验，但金融监管和风险处置中的道德风险问题依然存在，市场纪律、破产威慑和惩戒机制仍需完善。这就要求进一步健全宏观审慎监管体系，提高应对金融机构顺周期行为和防范金融风险跨机构跨市场传染的能力。通过数智赋能，充分挖掘利用国内外宏观经济、金融市场、金融机构等宏微观数据，建立高效的基于数据驱动的智能化实时风险监测与预警系统。在此基础上，实现全景式、穿透式微观审慎监管，实现和宏观审慎监管的有效衔接。

四是强大的国际协调合作能力。习近平总书记要求，"要提高金融业全球竞争能力，扩大金融高水平双向开放，提高开放条件下经济金融管理能力和防控风险能力，提高参与国际金融治理能力"。① 我国是大型外向型经济体，金融双向开放的程度理应与我国经济体量的大小相匹配，与实体经济对外开放的程度相匹配。

（四）强大的金融机构

"强大的金融机构"应具备鲜明的政治性和人民性，对内做好金融"五篇大文章"，

---

① 习近平：深化金融供给侧结构性改革，增强金融服务实体经济能力［N］. 人民日报，2019－02－24（1）.

对外具有强大国际影响力，为实现经济高质量发展提供有力支撑。在新形势下，建设"强大的金融机构"需要更好地发挥党建引领作用，弘扬中国特色金融文化，持续优化和完善现代金融企业制度，增强科技应用能力，提高金融创新水平，增强国际金融事务中的竞争力和话语权，构建全面覆盖、层次多元、协作有效的现代金融机构体系。

一是鲜明的政治性和人民性。在政治性方面，坚持党中央对金融工作的集中统一领导，将党的领导贯穿于经营管理、风险防控、改革发展等金融工作的各个环节。在人民性方面，坚持以人民为中心的价值取向，强化使命担当，坚持将建设金融强国作为投身强国建设、民族复兴伟业的具体方式和直接体现，真正做到为民服务、为实体融资、为社会赋能、为国家担当。

二是对内做好金融"五篇大文章"。第一，坚持做好科技金融，不断提升服务科技创新的能力和质效，助力经济结构调整、产业转型升级、"卡脖子"重点领域技术突破。第二，坚持绿色金融，服务实体企业绿色低碳转型，促进金融资源可持续利用，深入推进生态文明建设。第三，坚持普惠金融，扩展金融体系覆盖范围，持续加大对民营经济、中小微企业、"三农"等重点领域以及欠发达地区的金融支持，为共同富裕目标服务。第四，坚持养老金融，丰富养老金融产品，加大对健康和养老产业、银发经济的金融支持，以应对当前社会人口老龄化严重的现状。第五，坚持数字金融，加快金融数智化转型，利用大数据、人工智能、区块链等前沿技术提高服务效率、服务质量和风险管理能力，支持实体经济数字化转型。

三是对外具有强大国际影响力。在维护国家安全方面，防范全球性金融风险，关注和抵制境外恶意做空行为，保障资本跨境流动稳定。在国际话语权方面，要在与IMF、世界银行等重要国际金融组织合作中发挥关键作用，拥有国际重要金融议题的提出权、国际金融规则的制定权和修改权、规则执行的推行权与违反规则的制裁权等。在资产定价权方面，能根据自身发展需要，特别是结合实体企业发展的需要对利率、汇率、核心金融资产、大宗商品的定价施加影响。在助力高水平开放方面，能有效配置全球金融资源，为国内企业出海、外资企业投资提供坚实的金融支持。

（五）强大的国际金融中心

2024年1月习近平总书记在省部级主要领导干部推动金融高质量发展专题研讨班开班式上，阐释了金融强国应当具备的关键核心金融要素，其中一个要素即是拥有强大的国际金融中心。中央金融工作会议明确提出，增强上海国际金融中心的竞争力和影响力，巩固提升香港国际金融中心地位。国际金融中心的变迁是国力兴衰的重要衡量标准，建设强大的国际金融中心是走向金融强国的重要抓手。

一是具有完备的金融市场和一大批国际领先的金融机构。强大的国际金融中心应该聚集包含股票、债券、外汇、衍生品等在内的各类重要金融交易市场和位居全球前列的交易量，以及囊括全球顶尖金融机构和相当数量境外金融机构在内的金融机构。

7

二是具有强大的金融市场辐射力。强大的国际金融中心必须依托顶尖的金融基础设施、领先世界的结算和支付系统，为全球化、各类型国际金融机构与企业客户交流提供大量、实时、跨境金融服务，深度融入并主导全球跨境资本流动，促进国际金融资源配置。

三是具有自主的国际大宗商品定价权。强大的国际金融中心依托自主定价权能够提高本国议价能力、降低境外风险输入、增强产业链供应链韧性、促进技术创新和产业升级、并以负责任大国身份维护全球经济稳定和金融安全。强大的国际金融中心要深度参与全球经济金融治理和国际金融合作，创新搭建国际金融体系改革的新平台，不断形成中国规则、中国标准，以此打破西方话语垄断。

四是具有承担国家重要金融创新战略和经济发展战略的时代担当。强大的国际金融中心要有能够调动全球资源服务本国经济高质量发展的大格局，能够高效配置境内境外两种资源，为国家重大经济发展战略赋能、提质、增效。

（六）强大的金融监管

在推动经济金融高质量发展的战略背景下，强大的金融监管对促发展、防风险、增强投资者保护、提升金融韧性和保障金融安全等具有重要意义。强大的金融监管能够很好地维护金融市场秩序，确保金融市场参与者遵守规则，严厉打击内幕交易、市场操纵、金融诈骗、监管套利等不当行为，维护公平、公正的金融市场环境。强大的金融监管有助于识别、防范、化解、处置金融风险，加强金融机构损失吸收能力建设，完善金融风险防控机制，有效维护金融稳定，提升金融体系韧性，保障国家金融安全。强大的金融监管能够很好地加强金融消费者权益的保护工作，保护投资者利益，增强国际投资者信心，推动金融高水平对外开放。强大的金融监管还能助力提升金融服务实体经济质效，促进经济高质量发展，避免经济脱实向虚，为中国特色现代金融体系构建和经济社会高质量发展提供强有力的金融支撑。

新时代以来，我国金融业在市场化、法治化基础上有序推进金融市场的开放与国际化，金融创新层出不穷。与之相伴随的是，我国不断深化金融监管体系改革，持续推动金融监管效率提升，积极参与国际金融监管改革。我国金融监管体系不断健全，金融法律法规体系不断完善，监管科技飞速发展，跨部门协调机制逐步完善，为推动金融高质量发展提供了坚实保障。尽管如此，经济金融风险隐患依然较多，重大风险防范任务艰巨，金融监管和治理能力薄弱，金融乱象和腐败问题屡禁不止，"新业态、新业务、新主体、新产品"的监管面临诸多挑战。

新时期，强大的金融监管应当具备全面性、精准性、及时性、包容性、前瞻性、确定性、一致性七个方面的特征。强大的金融监管应横向到边、纵向到底，要努力消除监管的白区和盲区，实现金融监管无死角、全覆盖。强大的金融监管应有的放矢，针对不同金融工具或对象采取不同的监管措施。强大的金融监管应对金融市场进行及时响应，对问题进行及时处置。强大的金融监管应对金融创新充分研判，对金融活动可能出现的风险具有包容性，要给市场自我防范、处置和化解风险预留一定空间。强大的金融监管应使监管政策稳定可预期，监管尺度稳定，监管边界界定清晰。强大的金融监管应使监管制度清晰明确，监管执法尺度稳定可靠，监管处罚措施有力，金融监管应"长牙带刺"，有棱有角。强大的金融监管对不同金融中介应做到监管制度统一、执法尺度统一、处罚措施统一，避免出现"一边搭台一边拆台"的现象。

在新征程中，强大的金融监管须具备以下标准：一是有效统筹协调的组织体系。在混业经营的大背景下，金融监管的功能监管理念成为主流，专业化的监管机构之间需要在统筹的机制下实现协调配合。二是完善的法律法规制度体系。金融创新容易带来监管真空问题，弥补监管政策的空白和不断优化旧制度成为金融监管的主要工作职责。三是常态化的运行机制。监管指标和监管规则的大幅度调整不利于金融业的稳健发展，动态调整以及逆周期的监管规则需要常态化。四是国际监管规则的制定能力。金融是全球流动的，金融规则更是全球通行的，一个强大的金融市场必须能够参与全球规则的制定，甚至要有一定的规则制定权和话语权。

（七）强大的金融人才队伍

强大的金融人才队伍是金融强国的重要保障。金融领域专业性强、复杂程度高、知识密集度高，打造一支堪当建设金融强国重任的人才队伍至关重要。纵观世界经济发展史，发达的经济体无不拥有强大的金融系统和高素质的金融人才。因此，我国也应该加快金融人才队伍建设，使之支撑起经济高质量发展的重大目标。

首先，强大的金融人才队伍应该体现纯洁性、专业性，并富有战斗力。纯洁性是政治要求，即必须深化金融从业者对金融工作政治性和人民性的认识，牢固树立人民至上的价值理念；专业性是业务能力要求，即必须准确把握金融发展的本质和规律，掌握金融业及其相关领域的基础知识、基本业务流程、核心能力，了解国内外金融实践的新变化、新趋势、新动向，有过硬的专业能力；战斗力是作风要求，即必须经受严格的思想淬炼、政治历练、实践锻炼，在矛盾冲突面前敢于迎难而上，破解影响金融改革发展及稳定的各类难题，统筹好金融发展和金融安全。

其次，强大的金融人才队伍应该是金融"五篇大文章"的主要落实者。表现为：金融人才能够主导科技金融进步，是加快形成新质生产力的主力军；金融人才能够设计一系列新型金融工具，这些产品为绿色低碳转型提供资金支持以及综合金融服务；金融人才也能够创新普惠金融服务，胜任构建政府主导的小微信贷担保体系；金融人才在推进多层次养老保险体系，以及开发针对不同类型养老服务机构建设和运营特点的信贷产品方面有所作为；金融人才能够完成数字经济与实体经济融合发展的使命任务。

最后，强大的金融人才队伍应该具有广阔国际视野，掌握系统化和前沿金融知识，拥有强大实践能力。强大的金融人才不仅需要具备深厚的金融专业知识，还需要具有优异的综合素质。在面对百年未有之大变局背景下的金融创新与市场变化时，能够摆脱固有思维模式和框架，用全球视野和更加科学先进的金融知识去解决新情况和新问题。

三、编制意义

编制全球金融强国指数不仅是衡量各国金融实力和国际竞争力的重要工具，而且能够为政策制定者提供决策参考，促进全球金融合作与交流。金融强国指数紧密基于习近平总书记关于金融强国的系统论述，为测度、比较全球主要经济"金融强国"发展水平提供了一个系统的分析框架。本指数包含七个一级指标：经济基础指数、货币指数、中央银行指数、金融机构指数、国际金融中心指数、金融监管指数、金融人才队伍指数，综合反映不同经济体金融强国的总体水平，同时还对 31 个二级指标、132 个三级指标进行量化统计，最终计算不同经济体的综合指数得分。

首先，全球金融强国指数能够直观地反映各国在金融领域的实力和地位。通过对比不同国家的金融市场规模、金融机构的竞争力、金融监管的有效性以及主权货币等指标，我们可以清晰地了解各国在金融基础设施、监管体系、金融市场发展等方面的表现。这有助于各国认清自身在金融领域的国际地位，从而制定更加精准的金融发展战略。

其次，全球金融强国指数能够为政策制定者提供决策参考。政策制定者可以根据指数的结果，了解各国在金融政策、监管制度、市场环境以及金融人才队伍等方面的差异和优劣，从而有针对性地调整和完善本国的金融政策。同时，指数还可以作为评估金融改革成效的重要依据，帮助政策制定者检验和修正改革措施，以提升国家的金融实力和竞争力。

再次，全球金融强国指数能够促进全球金融合作与交流。通过比较和分析不同国家的金融数据和指标，各国可以加强在金融领域的协作。各国可以借鉴排名靠前的国家的经验和做法，共同探讨解决全球金融领域的共同挑战。

最后，投资者可以利用全球金融强国指数来评估不同国家的金融环境和潜在投资机会，从而做出更明智的投资决策。

■ 第二节　国内外金融发展指数调研

一、国内外金融发展指数调研

近年来，国内外学者研究构建各类金融指数，以比较各国金融竞争力。如由英国智库 Z/Yen 集团和中国（深圳）综合开发研究院共同编制的全球金融中心指数 GFCI（global financial center index），对全球金融城市竞争力进行研究和排名。中国社会科学院世界经济与政治研究所构建了全球金融竞争力指数，以衡量一个经济体的金融体系相较于其他经济体，在全球范围内更有效地配置金融资源和管理风险，并以此促进经济增长与社会发展的能力。彭博社于 2009 年发布了彭博金融状况指数（Bloomberg financial condition index），用来跟踪美国货币市场、债券市场和股票市场的相关数据。

为衡量中国各地的金融发展情况，综合开发研究院（中国深圳）开发了一系列覆盖中国各城市级的金融指数①。首先，于 2009 年开发了中国金融中心指数 CFCI，以各城市公布的统计年鉴数据为基础，结合使用金融监管机构的统计数据。其次，于 2017 年构建了中国"双创"金融指数 CIEFI（China innovatorand entrepreneur finance index）②，全方位反映我国主要金融中心城市"双创"金融创新发展的动态进程和重要特征。最后，使用空间模型构建了中国金融状况指数（China's financial conditions）③，并研究经济政策的不确定性如何影响中国状况指数。步入新时代，共建"一带一路"、长江经济带建设、京津冀协同发展、乡村振兴战略等给金融发展开拓了新空间。2017 年，中国人民大学国际货币研究所（IMI）牵头编制天府金融指数，一方面将传统金融业态相关指数纳入考量，另一方面将科技金融、文化金融和农村金融等新兴金融业态纳入评估体系。表 1 - 1 梳理了国内外各类综合型金融指数。

表 1 - 1　　　　　　　　　　　国内外综合型金融指数梳理

指数及出处	一级指标	二级指标	数据来源
全球金融中心指数（Global financial centres index）	营商环境	政治稳定性及法律法规、制度与监管环境、宏观经济环境、税收与成本竞争压力	使用特征指标评估模式为金融中心提供评级，评估过程采纳两组评级数据，一组来自调查受访者（电子邮件问卷调查），另一组由统计模式生成（数据库）
	人力资本	专业人才的可获得程度、劳动力市场的灵活度、教育与发展、生活质量	
	基础设施	建筑设施、信息通信设施、交通基础设施、可持续性	
	金融业发展水平	产业集群的广度和深度、资本可获得性、市场流动性、经济产出	
	声誉	城市品牌与吸引力、创新程度、城市吸引力与文化多样性、与其他金融中心的比较定位	

① 中国金融中心指数（CFCI）［EB/OL］．［2024 - 02 - 23］. http：//www. cfci. org. cn/JRPJ/index. html.

② 国家高端智库/综合开发研究院（中国·深圳）/CDI［EB/OL］．［2024 - 02 - 23］. http：//www. cdi. com. cn/Article/Detail？Id = 12537.

③ Li Z，Zhong J. Impact of economic policy uncertainty shocks on China's financial conditions［J］. Finance Research Letters，2020，35：101 - 303.

指数及出处	一级指标	二级指标	数据来源
彭博金融状况指数 （Rosenberg M，2009）	货币市场	Ted Spread、Commerical Paper/T – Bill Spread、Libor – OIS Spread	美国货币市场、美国债券市场、美国股票市场
	债券市场	Investment – Grade Corporate/Treasury Spread、Muni/Treasury Spread、Swaps/Treasury Spread、High Yield/Treasury Spread	
	股票市场	S&P 500 Share Prices、VIX Index	
国际金融中心竞争力评价指标 （陆红军，2007）	金融规模	上市公司数量、证券交易量等	客观数据源于文献调研，主观数据源于问卷调查
	金融环境	商务成本、国别风险等	
	金融聚集度	城市金融业占 GDP 比重、CBD 金融机构占该地比例等	
	金融国际化	外资金融机构占比及其资产比重等	
	金融风险防御	金融稳定性与透明度	
	金融创新	新产品、新交易、新机构、新服务等	
	金融效率	央行政策效率、银行资本回报率等	
	金融人才	金融人才的数量及占总就业人数比重等	
	金融科技	信用卡发行量、交易量等	
	金融制度	金融法律健全指数和金融监管指数等	
中国金融中心指数 （China financial center index）	金融产业绩效	产出带动水平、业务发展水平	以各城市公布的统计年鉴数据为基础，结合使用金融监管机构和金融机构的统计数据
	金融机构实力	银行类金融机构、证券类金融机构、保险类金融机构、地方金融组织	
	金融市场规模	货币市场、股票市场、债券市场、黄金外汇及衍生品市场、资本市场利用、区域要素市场	
	金融生态环境	人才环境、商业环境、国家化程度	
全球金融竞争力指数 （中国社会科学院世界经济与政治研究所，2023）	金融业竞争力	金融体系规模、金融体系活力、金融体系效率、金融稳定性、金融服务可得性、国际金融中心地位	未披露
	货币竞争力	价值存储、交易媒介、计价单位	
	金融基础设施竞争力	金融基础设施竞争力	
	金融科技竞争力	算力、用户接入、发展潜力	
	国际金融治理竞争力	全球经济金融组织、非正式协调平台、区域多边金融机构	

续表

指数及出处	一级指标	二级指标	数据来源
中国金融状况指数（China's financial conditions）（Li and Zhong，2020）	实际利率	7 天银行同业拆解利率的加权平均值 – 同期消费者物价指数的增长率	未披露
	实际有效汇率	国际货币基金组织数据库获得	
	实际房价	中国的房地产景气指数	
	实际股价	CPI 减值后的上证综合指数	
天府金融指数（TFFI）（中国人民大学国际货币研究所，2021）	金融市场	信贷市场、债券市场、股票市场、货币市场、保险市场、其他	国家统计局、中国人民银行、中国金融学会、Wind、上交所、深交所、各市统计局、中国并购交易数据库、中国 PEVC 数据库
	金融机构	银行、券商、保险、资产管理、其他	中国人民银行、中国区域金融运行报告、Bankscope 数据库、证监会、公司财报、保监会、中国保险统计年鉴、中国证券投资基金业协会、中国会计视野、中国资产评估协会
	从业环境	基础设施、城市环境、制度环境	各城市统计年鉴、国家统计局、中国生态环境部、工业和信息化部、交通运输部、中国民用航空局、国家邮政局、国家卫计委、国务院等
	人力资源	人力资源数量、人力资源质量、人力资源潜力	国家统计局、科技部、教育部、中国城市统计年鉴
	科技金融	科技金融基础、科技金融发展	中国城市统计年鉴、Wind、国家统计局、科技部、地区统计公告、中国并购交易数据库、中国 PEVC 数据库
	绿色金融	绿色金融基础、绿色金融发展	EPS 数据库、国家统计局、中国统计年鉴、各个城市的统计年鉴、Wind、中国碳交易网、四川环交所
	文化金融	文化金融基础、文化金融发展	Wind、中国文化文物和旅游统计年鉴、EPS 数据库等
	农村金融	农村金融基础、农村金融发展	Wind、国家统计局、中国农业农村部、国家粮食和物资储备局、中国区域金融运行报告

2023 年 11 月举行的中央金融工作会议中，提出做好"科技金融、绿色金融、养老金融、普惠金融、数字金融"五大篇章，现有研究已分别构建了部分篇章的金融指数，具体如下：

一是普惠金融方面：部分学者构建了覆盖中国不同地区的普惠金融指数（陈银娥等，2015；马彧菲等，2017；刘亦文等，2018）。北京大学、北京师范大学和蚂蚁科技集团联合共同研究和开发了北京大学数字普惠金融指数，覆盖了中国31个省、337个地级市和约2800个县域的数据①。

二是互联网金融、数字金融、金融科技方面：为了衡量我国互联网金融发展的状况，北京大学互联网金融研究中心联合上海金融研究院和蚂蚁金服集团，基于蚂蚁金服以及其他代表性的互联网金融企业的海量数据，于2016年编制了"北京大学互联网金融发展指数"。

三是绿色金融方面：中央财经大学绿色金融国际研究院于2018年构建了覆盖中国各省市的地方绿色金融发展指数。2021年，国际金融论坛（IFF）和中央财经大学绿色金融国际研究院（IIGF）共同编制了全球绿色金融发展指数（GGFDI）②，衡量国家层面的绿色金融发展和表现，旨在为政策制定者、金融从业者、学者和其他利益相关者提供全球绿色金融发展的相关信息。表1-2梳理了国内外各类侧重型金融指数。

表1-2　　　　　　　　　　　国内外侧重型金融指数梳理

指数及出处	一级指标	二级指标	数据来源
全球绿色金融发展指数（GGFDI）、国际金融论坛（IFF）和中央财经大学绿色金融国际研究院（IIGF，2021）	政策与策略	绿色发展政策与策略	中央财经大学国际金融研究中心开发的全球绿色金融数据库，数据收集范围限制于公开数据
		绿色金融相关政策与策略	
	产品与市场	绿色金融产品	
		绿色金融市场机制的发展	
	国际合作	监管部门参与国际可持续金融平台或网络	
		市场参与者参与国际可持续金融倡议	
中国科技金融发展指数（曹颖等，2011）	科技金融资源指数	科技人力资源	《中国科技统计年鉴》、《中国高技术产业统计年鉴》和科技部《中国主要科技指标数据库》的统计数据
		研发机构资源	
	科技金融经费指数	财政拨款力度	
		研发经费力度	
		科技经费力度	
	科技金融产出指数	技术市场成交率	
		论文产出率	
		专利产出率	
		出口产出率	
	科技金融贷款指数	科技贷款力度	

① 郭峰，王靖一，王芳，等. 测度中国数字普惠金融发展：指数编制与空间特征［J］. 经济学（季刊），2020，19（4）：1401-1418.

② 2021年全球金融与发展报告［R/OL］. 国际金融论坛（IFF）. https：//iigf. cufe. edu. cn/system/_content/download. jsp? urltype = news. DownloadAttachUrl&owner = 1667460506&wbfileid = 7972408.

续表

指数及出处	一级指标	二级指标	数据来源
中国产业金融发展指数（China's industrial finance development index, CIF-DI）（中国产业金融蓝皮书，2017）	资金支持度	资金总支持	来自可获得的公开数据或第三方权威数据
		信贷资金支持	
		证券资金支持	
		保险资金支持	
	结构优化度	融资结构	
		普惠度	
		绿色度	
		开放度	
	服务有效度	社会融资效率	
		银行服务效率	
		证券服务效率	
		保险服务效率	
		产融结合率	
	创新发展度	新型金融发展	
		金融支持双创	
	环境适应度	风险环境	
		政务环境	
		政策环境	
		中介环境	
互联网金融发展指数（北京大学互联网金融研究中心课题组，2016）	互联网支付	最近1个月使用支付渗透率	蚂蚁＋其他机构
		最近1个月人均支付金额	
		最近1个月人均支付笔数	
	互联网货币基金	最近1个月购买货基渗透率	
		最近1个月人均购买货基金额	
		最近1个月人均购买货基笔数	
	互联网信贷	最近1个月贷款渗透率	
		最近1个月人均贷款金额	
		最近1个月人均贷款笔数	
	互联网保险	最近1个月保险人数渗透率	
		最近1个月人均保险金额	
		最近1个月人均保险笔数	
	互联网投资理财	最近1个月购买投资产品渗透率	
		最近1个月人均投资金额	
		最近1个月人均投资笔数	
	互联网征信	最近1个月被调用互联网征信渗透率	
		最近1个月人均被调用互联网征信次数	

续表

指数及出处	一级指标	二级指标	数据来源
北京大学数字普惠金融指数（郭峰等，2020）	覆盖广度	账户覆盖率	中国一家代表性数字金融机构（保密）数以亿计的微观数据
	使用深度	支付业务	
		货币基金业务	
		信贷业务（个人消费贷、小微经营者）	
		保险业务	
		投资业务	
		信用业务	
	数字化程度	移动化	
		实惠化	
中国普惠金融指数（陈银娥等，2015）	金融服务的渗透度	每万人拥有的金融机构网点数	历年的《中国统计年鉴》《中国金融年鉴》，中国人民银行发布的《区域金融运行报告》、《各省份金融运行报告》以及原银监会发布的年报
		每万人拥有的金融机构服务人员数	
		每万平方公里的金融机构网点数	
		每万平方公里的金融机构服务人员数	
	金融服务的可获得性	人均存款余额	
		人均储蓄存款余额	
	金融服务的使用效用性	银行存款总额占 GDP 比重	
		银行贷款总额占 GDP 比重	
		储蓄存款余额占 GDP 比重	
		银行承兑汇票承兑余额占 GDP 比重	
	金融服务的承受度	非金融机构融资规模占金融机构贷款余额比例	
中国普惠金融指数（刘亦文等，2018）	渗透性	地理维度的服务渗透性	中国人民银行发布的《中国区域金融运行报告》、《中国金融年鉴》，以及《中国统计年鉴》
		人口维度服务的可得性	
	服务可得性	存款服务可得情况	
		贷款服务可得情况	
	使用效用性	存款使用效用情况	
		贷款使用效用情况	
	可负担性	金融服务可承受水平	
中国普惠金融指数（马彧菲和杜朝运，2017）	宏观	金融机构存款余额/GDP	《中国统计年鉴》、《中国区域金融运行报告》，以及万得（Wind）数据库等
		金融机构贷款余额/GDP	
		金融业增加值/万人	

指数及出处	一级指标	二级指标	数据来源
中国普惠金融指数（马彧菲和杜朝运，2017）	银行	银行业机构个数/万人	《中国统计年鉴》、《中国区域金融运行报告》，以及万得（Wind）数据库等
		银行业从业人员/万人	
		银行业机构个数/万平方公里	
		银行业从业人员/万平方公里	
	保险	保险深度	
		保险密度	
		城镇参加养老保险人数/万人	
		城镇基本医疗保险参保人数/万人	
地方绿色金融发展指数（《地方绿色金融发展指数与评估报告（2018）》）	（政府）政策推动措施	整体性政策推动	2017 年 6 月～2018 年 6 月各省相关数据，获取的资料均为公开资料，如网络公开资料、统计年鉴、年度公报等
		市县级政策推动	
		提出或引入实质性激励约束政策	
		开发便利市场主体的措施	
		开展能力建设	
	（市场）效果形成情况	银行领域	
		证券领域	
		基金与 PPP 领域	
		保险领域	
		环境权益领域	
		其他相关领域	

二、现有研究的金融强国分析

金融强国应该具有发达的金融市场、有效的金融机构、开放的金融服务体系、国际化的本国货币、联通世界的全球金融中心以及足够的国际金融话语权、竞争力和影响力。我国已经是金融大国，但还不是金融强国。2023 年中央金融工作会议已确定以加快建设金融强国为目标，建设金融强国是未来中国金融改革、开放和发展的核心目标。因此，建设金融强国既要走中国之路，又要体现国际社会所认可的一般共性。目前金融强国建设的重要任务就是认真思考中国在金融强国目标的建设过程的短板和重点。

吴晓球（2024）认为资本市场是金融强国建设的重点，目前我国对资本市场的理解还过于简单和表象化，对注册制的理解也是不深刻、不全面的，制度设计是错位的、有重大漏洞的。因此，必须进行切实的制度改革，从原来的融资市场转型到投资市场。制度改革的重点在市场的供给端，包括注册制基础上的 IPO、减持规则、融券机制、退市制度和对欺诈发行、虚假信息披露的法律处罚。

刘典（2024）探讨中国迈向金融强国的现实理论依据及国家战略层面的考量。研究认为中国虽然已经成为"金融大国"，但"金融大国"的根基还不足以完全应对创新风险所带来的一系列问题。目前中国拥有全球最大的银行市场，股票市场、债券市场和保险市场规模均居全球第二，外汇储备规模保持在 3 万亿美元以上，连续 17 年稳居全球第一。这些数据无不表明中国拥有匹配于自身的巨大经济规模，巨大的金融活动总量，是当之无愧的"金融大国"，但中国市场的外部投资者，包括港澳台投资者在内，大约只占到 4.5%，还很难达到金融强国的标准。

货币在全球支付市场上的占有份额，可以反映各自的经济实力、国际影响力和金融稳定性。美元仍然是国际金融市场上最重要的交易和定价货币，在全球支付市场上一直处于绝对优势地位；欧盟拥有完善的金融体系和监管机制，在应对金融危机和维护金融稳定方面具有较强的能力和经验，欧元作为欧盟内部和对外金融交易的主要货币，在国际金融市场中享有较高的信誉。目前，人民币与美元和欧元的国际化程度仍具有较大差距，需要应对美元和欧元的强劲竞争和挑战，人民币国际化任重而道远（马广奇和陈雪蒙，2024）。

彭文生（2024）指出在建设金融强国过程中，中国的中小金融机构众多，其中很多中小机构缺乏基础的公司治理机制，因此在处置中小金融机构风险过程中，一项重要内容是完善中小金融机构的公司治理机制。吴晓球（2024）提出中国金融不能停留在只为大企业和高收入群体服务的阶段，客户链条应该逐步下移，更加充分地关注数量众多的中小微企业的融资需求、规模庞大的中低收入阶层的融资需求和其他各种金融需求，比如投资和财富管理的需求以及便捷有效的支付体系的需求。

李礼辉（2024）认为金融强国建设中普惠金融的可得性和覆盖面是重要的组成部分。普惠金融的难题在于长尾群体信用发现难、信用风险高、普惠金融商业可持续难。当前亟须解决的问题是普惠金融普及度不够、长尾群体仍然太大。因此，必须聚焦财务数据和行为数据的共享和挖掘，扩展信用发现，完善信用定价，为长尾群体提供广覆盖、高效率、低成本的金融服务，把长的长尾变成短的长尾。

第三节　金融强国指数的概念与内涵

一、概念与内涵

要构建金融强国指数，首先需要全面准确科学地理解习近平总书记对金融强国的界定和建设路径。习近平总书记强调，金融强国应该建立在强大的经济基础之上，具备领先世界的经济实力、科技实力和综合国力,其核心金融要素应包括"强大的货币、强大的中央银行、强大的金融机构、强大的国际金融中心、强大的金融监管、强大的金融人才队伍"。[①] 基于这一理解,本书将以"六个强大"为基础,结合金融强国的核心精神,在传统指标基础上融入三类新型指标:

第一类是连接性指标,它反映了一个国家金融体系连接实体经济的效果。这包括金融体系内部各个部门之间的联系以及金融体系与实体经济之间的内外连接的能力。通过评估连接性,可以更好地了解金融体系对实体经济的支持程度,从而反映国家金融强国建设的实际效果。

第二类是控制力指标,它刻画了一个国家金融体系在国际金融市场上的地位与话语权。这主要体现在国家对关键金融产品定价等方面的影响力。通过评估控制力,可以揭示国家在国际金融舞台上的地位和影响力,以及其在国际金融规则制定中的话语权。

第三类是规则塑造力指标,它衡量了一个国家金融体系在参与国际经济金融事务、设计国际金融规则等方面的能力与影响力。通过评估规则塑造力,可以了解国家在国际经济金融体系中的角色和地位,以及其对国际金融规则的影响程度。

二、指数特色

本书构建的金融强国指数以强大的经济基础货币、中央银行、金融机构、国际金融中心、金融监管和金融人才队伍为核心要素,具有以下特色:

(1)综合性评估:该指标系统综合考量了金融体系的多个方面,不仅包括了货币政策的稳健性和货币的稳定性,还考虑了中央银行的权威性和能力、金融机构的规模和实力、国际金融中心地位、金融监管的有效性以及金融人才队伍的素质和数量等因素,从而全面反映了一个国家在金融领域的综合实力。

(2)国际视野和国际竞争力:该指标关注国际金融中心地位和金融机构的国际竞争力,强调了国家在国际金融体系中的地位和影响。金融强国需要具备国际竞争力,才能在全球金融市场中脱颖而出。

(3)注重制度建设和人才培养:除了金融机构和市场的发展外,该指标还强调了金融监管制度和金融人才队伍的建设。金融强国需要建立健全的金融监管体系,保障金融市场的稳定和健康发展;同时,需要培养高素质的金融人才,为金融行业的发展提供强大的人力支持。

(4)强调稳健发展和可持续性:该指标强调了金融体系的稳健发展和可持续性,这是金融强国建设的重要保障和核心要求。稳健发展意味着金融体系在面对各种内外部冲击和挑战时能够保持稳定、健康的状态,不受过度波动和风险的影响,从而保障国家经济的平

---

① 坚定不移走中国特色金融发展之路 推动我国金融高质量发展 [N]. 人民日报, 2024 – 01 – 17 (1).

稳运行和社会的稳定发展。首先，稳健发展要求金融体系具备健康的内在结构和良好的运行机制。这包括金融机构的风险管理能力、资产负债表的健康状况、市场价格的合理性和金融市场的流动性等方面。只有保持金融体系的稳定和健康，才能有效地支撑经济的持续增长和社会的长期发展。其次，可持续性意味着金融体系的发展需要符合长期可持续的发展路径，不仅要满足当前的需求，还要考虑未来的发展需求和资源保障。这需要金融体系在发展过程中兼顾经济、社会和环境的可持续性，促进资源的有效配置和环境的可持续利用，以实现经济增长和社会进步与环境保护的良性循环。在实现金融体系稳健发展和可持续性的过程中，需要政府、金融机构、监管部门和社会各界共同努力，形成协同合作、相互促进的良好局面。政府应当加强宏观调控，制定和完善金融政策和法规，引导金融机构加强风险管理和内部控制，提升金融体系的整体运行效率和抗风险能力。金融机构应当加强自身建设，不断提升服务水平和风险管理水平，积极支持实体经济发展和社会责任实践。监管部门应当加强监管力度，加强风险防范和监管科技应用，有效维护金融市场秩序和投资者利益。社会各界应当加强金融素质教育，增强金融风险意识和投资理财能力，共同推动金融体系的健康发展和可持续性进程。

（5）服务实体经济：实体经济是金融的根基，脱离实体经济的支撑，金融就会变成无源之水、无本之木。中央金融工作会议高度概括了坚定不移走中国特色金融发展之路的"八个坚持"，其中重要一条就是"坚持把服务实体经济作为根本宗旨"。坚持和落实这一根本宗旨，意味着金融业必须把服务实体经济作为根本出发点和落脚点。因此在编制指数时，笔者将银行借贷利差、信贷总额等多项指标纳入指标编制体系中，考察金融业在融资成本、融资额度等方面对实体经济的支持力度。

（6）普惠性：2023年召开的中央金融工作会议指出，"做好科技金融、绿色金融、普惠金融、养老金融、数字金融五篇大文章"。普惠金融作为五篇大文章之一，体现了普惠金融在中国特色金融发展之路上的重要性，也是我国金融工作"始终坚持以人民为中心"的重要体现。基于此，在指数编制时也强调金融普惠性，考虑消费者对金融服务的可触达程度、金融监管对金融产品的披露要求、诉求响应等指标，着重体现基础金融服务对乡镇居民的覆盖、农村金融服务体系的支持力度和到位程度、金融消费者保护机制以及金融稳定保障机制。

三、编制原则

金融强国指数的编制遵循现代统计学科学原理、指数编制方法和综合评价理论，严格遵循科学性、合理性、动态性的基本原则。

首先，金融强国指数的编制坚持科学性原则。该指数围绕金融强国的基本内涵与要义，从经济基础、货币、中央银行、金融机构、国际金融中心、金融监管、金融人才队伍七个维度，分别构建一级指数，对全球主要经济体/国家金融强国发展水平进行科学评价。这确保了指数的评价框架与金融强国的核心内容相契合，具有科学的理论基础和方法论支持。

其次，金融强国指数坚持合理性原则。该指数所采用的数据旨在综合、全面反映不同时期的金融强国发展水平，从二级指标到各个三级指标，指标体系总体结构清晰合理，避免对某一方面的过度关注。通过合理设计指标体系，确保了评价结果的客观性和准确性，使指数具有更高的可信度和可比性。

最后，金融强国指数坚持动态性原则。作为一个动态过程，该指数应随着经济金融市场发展进行动态变化。该指数将对全球主要经济体/国家的金融强国发展水平进行逐年跟踪评价，并进行动态变化比较，挖掘潜在趋势。这确保了指数能够及时反映金融市场的变化和国家金融实力的动态演变，为金融决策者提供及时有效的参考依据，促进金融体系的健康发展，提升国家的综合实力。

四、样本国家

本指数的样本国家来自经济合作与发展组织（OECD）、二十国集团（G20）、金砖国家，鉴于数据可得性，最终样本为其中 36 个国家，样本国家名单如表 1-3 所示。

表 1-3　　　　　　　　　　金融强国指数样本国家名单

国家名单			
阿根廷	法国	墨西哥	希腊
爱尔兰	芬兰	南非	新加坡
奥地利	韩国	葡萄牙	匈牙利
澳大利亚	荷兰	日本	以色列
巴西	加拿大	瑞典	意大利
比利时	拉脱维亚	瑞士	印度
波兰	立陶宛	沙特阿拉伯	印度尼西亚
德国	卢森堡	土耳其	英国
俄罗斯	美国	西班牙	中国

OECD 国家是由 38 个国家组成的政府间国际经济组织，旨在共同应对全球化带来的经济、社会和政府治理等方面的挑战。OECD 通过政府间的双边审查以多边监督和平行施压，促使各成员国遵守规则或进行改革。

二十国集团（G20）由七国集团财长会议于 1999 年倡议成立，目的是防止类似亚洲金融风暴的重演，让有关国家就国际经济、货币政策举行非正式对话，以利于国际金融和货币体系的稳定。G20 成员涵盖面广，代表性强，构成兼顾了发达国家和发展中国家以及不同地域利益平衡。G20 峰会采用协调人和财金渠道双轨筹备机制，按照协商一致原则运作，无常设机构，主要讨论全球重大经济金融热点问题，为推动世界经济复苏及国际金融体系改革作出重要贡献。

金砖国家特指世界新兴市场，由巴西、俄罗斯、印度、中国、南非、沙特阿拉伯、埃及、阿拉伯联合酋长国、伊朗、埃塞俄比亚国家组成。金砖国家国土面积占世界领土总面积 26.46%，人口占世界总人口 41.93%。2022 年，五国在世界银行的投票权为 14.06%，在国际货币基金组织的份额总量为 14.15%。

五、编制方法

（一）数据收集、选取与预处理

本指数指标数据的收集基于 CEIC、BVD 等公开数据库，世界银行、国际货币基金组织等国际机构网站等多种数据获取渠道。囿于不同来源数据的可获得性不同、数据结构不同，需要对数据进行预处理工作，包括缺失值处理、离群点检测等。

缺失值处理：整理形成的指标数据表中数据列值的缺失需进行处理。将数据列值中缺失率达到 50% 以上的数值型指标予以剔除；对于剩余数值型指标缺失值，采用同年份同地区同规模的国家数据的平均值进行插补；对于分类型指标，使用众数补足。

（二）指标权重确定

目前，指标的赋权法有主观赋权法、客观赋权法以及建立在这两者基础之上的组合赋权三类方法。主观赋权法是研究者根据其主观价值判断来确定各指标权重的一类方法。这类方法主要有专家赋权法、层次分析法等，各指标权重的大小取决于各专家自身的知识结构与经验。客观赋权法是利用数理统计的方法将各指标值经过分析处理后得出权重的一类方法，包括熵值法、功效系数法、主成分分析法等。这类方法根据样本指标值本身的特点来进行赋权，具有较好的规范性。但其容易受到样本数据的影响，不同的样本会根据同一方法得出不同的权重。

综合上述提到主观赋权法和客观赋权法，囿于两种赋权方法本身存在各自的优缺点，现基于金融强国指数的科学性原则和实用性原则，拟采用主观赋权法中的专家赋权法（一级指标）、客观赋权法中的等权重法（二级指标）与功效系数法（三级指标）计算各级指标权重。

（三）综合指数计算

在多指标综合评价中，需要根据一定的算式将多个指标合成一个综合性指标。一般的合成方法有加权算术平均合成、加权几何平均合成，以及两者结合使用的混合合成方法。综合比较上述三种方法后，基于反应灵敏、计算简单等优点，本书选用的是算术平均合成方法。

　　结合上述三种指标赋权方法以及数据的客观表现，择优选取三级指标权重值。在具体指数合成中，由下往上逐层汇总，即先根据各个三级指标的数值和权重加权计算得到二级指标的数值和权重，再根据各个二级指标的数值和权重加权计算得到七个一级指数的数值，再根据一级指标的数值和权重加权计算得到金融强国总指数。具体计算公式如下：

$$X2 = \sum_{j=1}^{m} W3_j D_j \tag{1-1}$$

$$X1 = \sum_{i=1}^{n} W2_i D_i \tag{1-2}$$

$$X = \sum_{k=1}^{l} W1_k D_k \tag{1-3}$$

其中，X 表示金融强国总指数，$X1$ 表示一级指数，$X2$ 表示二级指数，k 表示一级指标个数，i 表示二级指标个数，j 表示三级指标个数，D_k 表示相应一级指标的值，D_i 表示相应二级指标的值，D_j 表示相应三级指标的值，$W1_k$ 表示相应一级指标的权重，$W2_i$ 表示相应二级指标的权重，$W3_j$ 表示相应三级指标的权重。

第二章

金融强国总指数

第一节　金融强国指数构建

我们认为可从七个维度对金融强国建设进行理解和评价。

一是强大的经济基础。经济基础是一个国家经济发展的基础和支撑，通常可以通过经济实力、科技实力和综合国力等指标来衡量。（1）经济实力反映了一个国家的生产能力、财富积累以及国民生活水平。国家经济实力的强弱直接影响着其在国际舞台上的地位和影响力。拥有强大经济实力的国家通常能够在国际贸易、金融合作等领域发挥更大的作用，同时也能够为国内民生事业提供更充足的资源支持。（2）科技实力是一个国家在科学技术领域的发展水平和创新能力的体现。科技实力的强弱直接关系到一个国家在全球经济中的竞争力和未来发展潜力。具备先进科技实力的国家通常能够在技术创新、产业升级等方面保持领先地位，从而在国际竞争中取得更有利的位置。（3）综合国力是综合考量国家在国防、政治、文化等多个领域的实力表现，是一个国家在国际竞争中的综合实力水平的重要体现。一个国家综合国力的强弱直接决定了其在地区和全球事务中的地位和话语权，是国家长期发展的重要保障。

二是强大的货币。要成为金融强国，一国的主权货币应当在国际市场上享有较高的国际地位和影响力。具体而言，我们从三个维度对金融强国的货币维度进行评价：（1）币值稳定，主要考虑一国货币在国际市场上的汇率稳定性。（2）国际影响力与控制力，主要考虑一国货币在国际储备、国际支付体系、跨境交易市场中的地位与影响力。（3）数字货币能力，现代金融科技创新下主权数字货币的构建及其应用是主权国家货币权力的重要部分，同时也是全球众多国家和地区中央银行探索货币创新议程的核心主题。

三是强大的中央银行。中央银行是国家干预、调控国民经济发展的重要主体，是金融系统中枢。强大的中央银行与金融强国的其他关键核心金融要素关联紧密，为其他要素提供支持。我们结合中央银行的最终目标对金融强国的中央银行维度进行评价：（1）货币政策自主权，即一国在不受外界干扰的条件下独立自主地通过中央银行发行货币的能力和对国内货币的使用进行监管的能力。（2）物价稳定，维持既定的通货膨胀目标以及物价稳定是一国央行的重要职责。（3）国际收支平衡，强大的中央银行对内要高效制定和执行货币政策，维护金融市场稳健运行，为稳定物价、促进经济增长、扩大就业、维护国际收支平衡，营造良好的货币金融环境。（4）金融稳定，强大的中央银行应当加强和完善现代金融监管，强化金融稳定保障体系，守住不发生系统性风险底线。（5）金融基础设施，即中央银行应加强金融基础设施统筹监管与建设，保障金融体系安全高效运行。

四是强大的金融机构。金融机构是现代金融体系的核心载体，是金融强国的重要内涵。围绕金融服务实体经济、金融安全的基本原则，我们从如下五个维度对强大的金融机构进行理解与评价：（1）金融机构竞争力，一国金融机构规模与盈利能力可以较好地反映其竞争力。（2）金融普惠性，即一国公民可以便利地获得金融产品与服务，反映了社会公正性与可持续发展。（3）服务实体经济，即实体经济部门能以便利、可负担的成本从金融体系、金融市场获取所需的资金融通，从而促进经济增长。（4）机构稳定性，微观金融机构的安全与稳定性是一国金融安全的关键内容，金融强国中的金融机构应当具有较强的安全性与稳定性。（5）国际影响力，强大的金融机构应当在国际金融市场上具有较强的影响力和国际地位。

五是强大的国际金融中心。建设强大的国际金融中心是走向金融强国的重要抓手，对国际金融机构具有强大的吸引力，有强大的吸纳和消化大量国际资金的能力，有在国际高效配置资源的能力，有强大的金融创新能力。为更好地理解国际金融中心的内涵与要义，我们拟从如下三个方面理解和评价强大的国际金融中心：（1）金融市场聚集力，不仅体现在强大的金融市场规模（股票市场、债券市场、外汇市场等），还应体现在国际金融机构的高度聚集，以及对外资金融机构的准入限制上。（2）金融市场辐射力，可理解为不同类型金融机构在国际市场上的影响力，还包含本土金融市场的对外开放，即对外借贷、对外权益投资等。（3）金融市场定价权，包括大宗商品定价权与衍生品市场定价权等。其中，大宗商品定价权关乎国家经济运行的整体情况，在全球化的背景下体现了一国的货币购买力和金融实力，是金融自主权的重要组成部分。

六是强大的金融监管。从宏观审慎监管、流动性监管、消费者保护、机构监管、公司治理与外部监督五个方面评估目标国家在金融监管方面的表现。根据2023年中央金融工作会议精神，我国金融监管工作的底线是不发生系统性金融风险。（1）宏观审慎监管包括宏观政策工具完备性、宏观审慎机构的权利明晰度、宏观审慎监管机构间的协调能力三个方面，强调优秀的金融监管要有丰富的宏观政策工具箱，政策一致性要强，机构间协调配合性要好，没有重复监管和监管空白。（2）流动性监管从流动性缓冲工具完备性、稳定资金工具完备性以及准备金工具完备性三方面评估目标国家在风险覆盖、风险防范等方面的表现。（3）消费者保护凸显我国金融工作的人民性，从存款保险保障和消费者权益保障两方面评价金融监管部门对消费者和投资者权益的保护程度。这包括制定和执行保护消费者和投资者的法规和政策、设立独立的投诉处理机构、加强金融产品信息披露和教育宣传等方面。（4）机构监管涵盖准入门槛、资本监管效能、监管机构效能，强有力的机构监管能够有效防范化解金融风险，严厉打击非法金融活动，对金融市场的参与主体起到威慑作用。（5）公司治理与外部监督，衡量金融监管部门对金融机构内部治理结构的监管情况和外部监督机制的有效程度，包括金融机构的内部控制制度、审计监督、独立性评估、信息披露等方面。加强公司治理和外部监督有助于提升金融机构的管理效率，提升金融市场的有效程度。

七是强大的金融人才队伍。衡量一国的金融人才队伍可以从以下几个二级指标进行考量：（1）金融人才培养，评估国家或地区金融人才培养体系的健全程度和效果。包括金融相关专业的教育资源等。这有助于确保金融人才的数量和质量能够满足金融市场的需求。（2）金融人才环境，评估国家或地区对金融人才的吸引力和发展环境。包括就业机会的丰富程度、薪酬待遇的竞争力、职业发展的前景和政策支持等。这有助于吸引和留住优秀的金融人才，促进金融人才队伍的稳定和壮大。（3）金融人力资本，评估金融人才的竞争力和影响力。包括金融人才的专业水平和技能、国际化程度、创新能力和领导力等。

金融强国指数维度如图 2 - 1 所示。

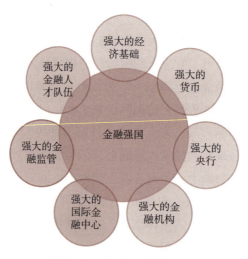

图 2 - 1　金融强国指数维度

第二节　金融强国指数测算与分析

一、金融强国指数整体排名情况

表 2 - 1 展示了 2012 ~ 2023 年 36 个国家金融强国指数，图 2 - 2 展示了 2023 年 36 个国家的金融强国指数得分及排名情况。2023 年 36 个国家的金融强国指数排名依次是，美

国、中国、英国、德国、日本、法国、加拿大、瑞士、澳大利亚、韩国、瑞典、荷兰、意
大利、新加坡、西班牙、比利时、奥地利、印度、爱尔兰、卢森堡、俄罗斯、墨西哥、芬
兰、以色列、巴西、葡萄牙、波兰、沙特阿拉伯、印度尼西亚、匈牙利、土耳其、立陶
宛、希腊、阿根廷、拉脱维亚、南非。

表 2 - 1 　　　　　　　　　　　2012～2023 年金融强国指数得分　　　　　　　　　　单位：分

国家	2012 年	2013 年	2014 年	2015 年	2016 年	2017 年	2018 年	2019 年	2020 年	2021 年	2022 年	2023 年
美国	87.41	87.67	87.88	88.16	88.37	88.35	88.93	89.14	88.98	89.97	90.68	90.83
中国	79.57	80.02	80.64	80.61	81.24	81.65	82.06	82.43	82.33	83.27	83.72	83.84
英国	80.32	80.60	81.06	81.02	81.39	82.03	82.10	82.58	81.78	82.77	83.72	83.65
德国	81.01	81.11	80.68	80.40	80.49	80.76	81.65	81.35	81.00	81.33	82.13	82.16
日本	80.03	80.02	80.23	79.93	80.13	80.23	80.62	80.27	80.35	80.44	81.18	81.88
法国	79.32	79.56	79.40	79.51	79.61	79.87	79.97	79.59	79.60	80.38	81.01	80.56
加拿大	78.64	78.78	78.84	78.40	78.47	78.87	78.84	79.54	78.87	79.14	79.75	79.70
瑞士	78.89	78.81	78.60	78.65	78.79	79.02	79.04	79.07	77.94	79.30	79.31	79.40
澳大利亚	76.61	76.32	76.68	76.24	76.52	76.80	77.26	77.64	78.28	78.32	78.20	78.78
韩国	77.27	78.02	77.99	77.39	77.75	78.10	78.10	78.08	77.60	78.25	78.26	78.64
瑞典	77.66	77.71	77.88	77.77	77.95	78.11	77.74	77.67	77.64	78.15	78.57	78.01
荷兰	77.43	77.78	77.83	77.84	77.94	77.91	77.90	78.15	77.78	78.03	77.85	77.90
意大利	76.05	75.88	76.03	75.94	76.09	76.13	76.94	77.16	76.54	77.00	77.63	77.60
新加坡	77.11	77.25	77.16	77.30	77.28	77.81	77.86	78.11	76.96	77.43	77.97	77.59
西班牙	76.05	76.53	76.82	76.40	76.97	76.95	77.01	76.95	76.92	77.28	77.44	77.44
比利时	76.37	76.87	76.70	76.45	76.70	77.05	77.07	76.88	76.45	77.27	77.27	77.06
奥地利	75.76	75.94	75.84	75.77	75.96	76.09	75.89	76.01	75.63	76.14	76.42	76.38
印度	74.48	74.48	74.43	74.76	74.91	75.06	75.22	74.96	74.91	74.71	74.98	75.34
爱尔兰	74.19	74.40	74.65	74.66	74.63	74.44	74.23	74.43	74.66	75.35	75.46	75.31
卢森堡	74.05	74.83	74.76	74.80	74.95	74.97	74.81	75.20	74.77	75.09	75.08	75.23
俄罗斯	75.65	75.97	75.95	75.91	75.43	75.74	75.76	76.51	76.06	75.07	75.31	75.23
墨西哥	74.77	75.17	75.16	75.17	75.26	75.19	75.75	75.52	75.53	75.58	75.07	75.21
芬兰	75.06	75.20	75.02	74.94	75.12	75.10	74.97	75.13	74.64	75.00	75.15	75.12
以色列	73.97	74.70	74.02	73.85	73.98	74.23	75.06	75.16	73.99	75.07	75.20	75.02
巴西	75.22	75.19	75.00	74.62	74.53	74.59	74.81	75.31	74.50	74.97	75.21	74.91
葡萄牙	73.64	73.68	73.88	73.71	73.96	74.31	74.21	74.76	74.49	74.53	74.79	74.86
波兰	74.21	74.71	74.49	74.36	74.55	74.74	74.75	74.79	74.14	74.75	74.78	74.61
沙特阿拉伯	74.63	74.89	74.31	73.26	74.02	74.92	74.08	74.34	73.42	74.49	74.10	74.05
印度尼西亚	73.87	73.79	74.16	73.88	73.93	74.11	74.03	74.31	73.86	74.24	73.60	73.46
匈牙利	73.12	74.00	72.85	73.22	73.42	73.47	73.41	73.99	73.49	73.33	72.99	73.45
土耳其	74.64	75.16	75.02	75.13	75.49	75.05	74.75	74.51	73.96	74.52	73.48	73.35

续表

国家	2012 年	2013 年	2014 年	2015 年	2016 年	2017 年	2018 年	2019 年	2020 年	2021 年	2022 年	2023 年
立陶宛	72.71	72.68	72.97	72.94	72.49	72.69	73.06	73.18	72.57	73.40	73.35	73.28
希腊	71.98	72.56	72.58	72.47	72.96	73.23	72.98	73.39	72.62	73.18	73.44	73.15
阿根廷	73.80	74.06	73.61	73.69	73.60	73.75	73.48	73.95	73.31	74.08	73.46	73.06
拉脱维亚	73.67	73.50	73.44	73.44	73.58	73.67	73.95	72.38	72.65	73.46	73.01	72.64
南非	73.28	73.21	73.08	72.96	73.01	73.18	73.40	73.21	72.78	73.22	72.21	72.25

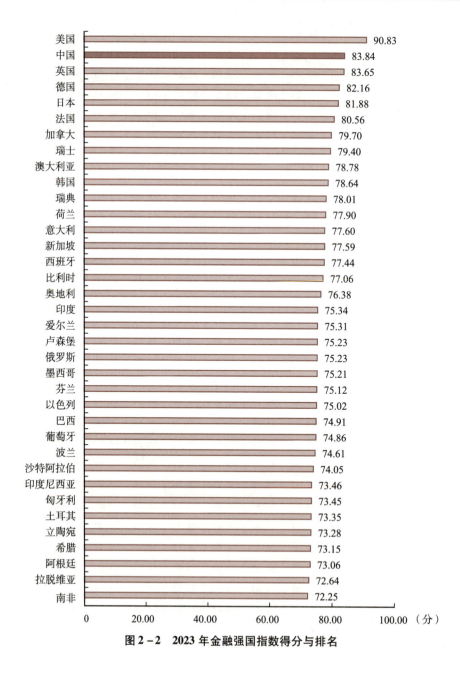

图 2 - 2　2023 年金融强国指数得分与排名

金融强国指数整体呈现"一超多强"格局，美国领头先行，中国新兴经济体迅速崛起，英国维持稳健。美国在金融领域处于领先地位，2023 年金融强国指数排名第一（90.83 分），是所有样本国家中唯一得分超过 90 分的国家。中国作为新兴经济体 2023 年指数得分位列第二名，超过欧洲和亚洲一众发达经济体，2023 年金融强国指数得分为 83.84 分，中国金融强国建设取得阶段性成就，但未来仍有赶超空间。英国、德国、法国等欧洲发达经济体得分接近，均处于 80 ~ 84 分区间。

根据表 2 - 2 可知，2023 年整体排名发生小幅变动，36 个国家中 19 个国家排名发生变动，前五名国家中没有国家排名发生变动。本年排名上升幅度最大的是印度，较上年提升 7 个名次。本年排名降幅最大的是巴西，较上年下降 5 个名次。2023 年，36 个国家中有 14 个国家的金融指数得分实现了不同程度的得分增长。美国、英国、中国的金融指数依然保持金融强国指数前三名，其中美国的金融强国指数得分本期增长为 0.14 分，中国金融强国指数得分增长为 0.12 分，英国的金融强国指数得分下降了 0.07 分。

表 2 - 2　　　　　　　　　2023 年金融强国指数排名变动情况

国家	2023 年		2022 年		变动	
	金融强国指数（分）	排名	金融强国指数（分）	排名	得分变动（分）	排名变动
美国	90.83	1	90.68	1	0.14	0
中国	83.84	2	83.72	2	0.12	0
英国	83.65	3	83.72	3	- 0.07	0
德国	82.16	4	82.13	4	0.03	0
日本	81.88	5	81.18	5	0.70	0
法国	80.56	6	81.01	6	- 0.45	0
加拿大	79.70	7	79.75	7	- 0.05	0
瑞士	79.40	8	79.31	8	0.09	0
澳大利亚	78.78	9	78.20	11	0.59	2
韩国	78.64	10	78.26	10	0.38	0
瑞典	78.01	11	78.57	9	- 0.56	- 2
荷兰	77.90	12	77.85	13	0.04	1
意大利	77.60	13	77.63	14	- 0.03	1
新加坡	77.59	14	77.97	12	- 0.38	- 2
西班牙	77.44	15	77.44	15	0.00	0
比利时	77.06	16	77.27	16	- 0.20	0
奥地利	76.38	17	76.42	17	- 0.04	0

续表

国家	2023 年		2022 年		变动	
	金融强国指数（分）	排名	金融强国指数（分）	排名	得分变动（分）	排名变动
印度	75.34	18	74.98	25	0.36	7
爱尔兰	75.31	19	75.46	18	−0.15	−1
卢森堡	75.23	20	75.08	23	0.16	3
俄罗斯	75.23	21	75.31	19	−0.08	−2
墨西哥	75.21	22	75.07	24	0.14	2
芬兰	75.12	23	75.15	22	−0.03	−1
以色列	75.02	24	75.20	21	−0.17	−3
巴西	74.91	25	75.21	20	−0.30	−5
葡萄牙	74.86	26	74.79	26	0.07	0
波兰	74.61	27	74.78	27	−0.17	0
沙特阿拉伯	74.05	28	74.10	28	−0.05	0
印度尼西亚	73.46	29	73.60	29	−0.14	0
匈牙利	73.45	30	72.99	35	0.46	5
土耳其	73.35	31	73.48	30	−0.12	−1
立陶宛	73.28	32	73.35	33	−0.07	1
希腊	73.15	33	73.44	32	−0.29	−1
阿根廷	73.06	34	73.46	31	−0.41	−3
拉脱维亚	72.64	35	73.01	34	−0.37	−1
南非	72.25	36	72.21	36	0.04	0

二、中国金融强国指数趋势分析

图 2-3 和图 2-4 分别展示了 2012～2023 年中国金融强国指数的得分变化趋势和排名变化趋势。2012～2023 年中国金融强国指数得分呈现持续强势上升趋势，从 2012 年的 79.57 分上升到 2022 年的 83.84 分，2023 年金融强国指数达到历史新高；2012～2023 年中国金融强国指数排名逐年赶超稳中求进，从 2012 年第五名到 2023 年第二名，近四年排名维持稳定在第二名。

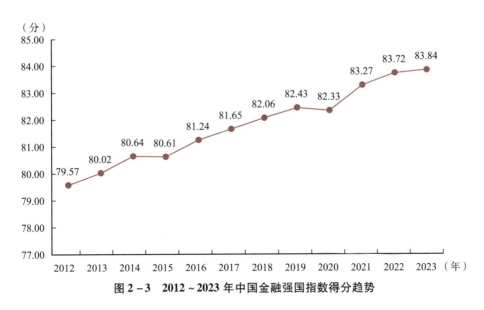

图 2 - 3　2012～2023 年中国金融强国指数得分趋势

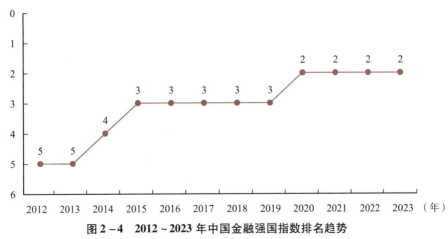

图 2 - 4　2012～2023 年中国金融强国指数排名趋势

2018 年，中国的金融强国指数为 82.06 分，得分较上年增长 0.41 个分值，在 36 个经济体中排名第三。2018 年，中国对金融监管体系实施系统改革，扩大金融业对外开放，加强金融实体经济服务能力，推动大宗商品定价权发展，严格监管金融机构资产管理业务。首先，中国国务院将中国银监会和保险监督管理委员会合并，金融监管体系开启了新格局——"一委一行两会"。通过这次金融监管框架改革，使得中国金融强国建设得到有效加强。其次，中国大幅放宽金融业的市场准入，放宽外资银行市场准入，多家外资银行在大陆设立机构；再次，改进优化小微企业金融服务，提升小微企业金融服务质效；又次，上海期货交易所原油期货正式上市交易，中国资本市场重新迎来原油期货，人民币作为定价货币，打破了原油美元计价的垄断格局；最后，发布了资管新规，打破刚性兑付、禁止资金池、抑制通道业务、消除多层嵌套。

2019 年，中国金融强国指数得分为 82.43，得分较上年增长 0.37 个分值，在 36 个经济体中排名第三，增长主要得益于货币指数、中央银行指数和金融人才指数，但国际金融中心得分有所回落。2019 年，中国金融市场对外开放程度不断深化，但利率市场化有待进一步深化，需进一步加强银行业和保险业的治理。中国进一步放宽外资持股比例限制，大幅削减对外资设立机构和开展业务的总资产、经营年限等数量型要求；同年，开通中日 ETF 互通和沪伦通，促进中国资本市场与国际市场相关联；对贷款市场报价利率进行改革完善，在报价方式、期限品种、报价行范围、报价频率等领域强化市场化改革，但仍然存在贷款基准利率和市场利率并存的"利率双轨"问题；针对银行保险机构监管提出了合规性评价和有效性评价两类指标，需加大对公司治理有效性及公司治理失灵等突出问题的关注评价力度。

2020 年，中国金融强国指数得分为 82.33，较上年下降 0.10 个分值，在 36 个经济体中排名由第三位赶超至第二位，其中中央银行指数和国际金融中心指数建设强势增长，但指数整体发生下降，原因在于经济基础和金融监管得分一定程度内下滑。2020 年，中国经济发展进入了新发展阶段，同时受到严重的疫情冲击，金融业全力支持抗击疫情和企业复工复产，继续推进利率市场化改革，颁布新修订的《中华人民共和国证券法》启动注册制推动金融资本市场改革。金融机构向疫情防控重点企业提供优惠利率贷款，实施普惠金融定向降准，强化金融支持疫情防控工作；启动存量浮动利率贷款定价基准转换工作；发布了一系列注册制的管理办法，为新三板推出转板机制奠定了制度基础。具体分析来看，2020 年总指数较上年发生增长主要得益于国际金融中心指数的增长。从国际金融中心维度来看，中国的金融辐射能力提升，尤其是对外直接投资 1537.1 亿美元，同比增长 12.3%，流量规模首次位居全球第一，并且存量达 2.58 万亿美元，仅次于美国（8.13 万亿美元）和荷兰（3.8 万亿美元）。同年中国防疫抗疫工作出色，增强了海外投资者的信心，促进了全年外资增长，使得国际资源配置能力也增强，中国吸引外国直接投资增长 4%，总投资额达 1630 亿美元，成为全球最大外资流入国。

2021 年，中国金融强国指数得分为 83.27，得分较上年上升 0.94 个分值，在 36 个经济体中排名第二，增幅强势上升，这得益于经济基础指数和金融监管指数的增长。该年中国金融建设面临复杂多变的国际经济金融形势，并且面对国内疫情多点散发、洪涝灾害等多重冲击，两次降准释放长期资金，推动绿色金融市场发展扩大金融市场定价能力，进一步完善系统重要性金融机构监管框架。同年，我国启动绿色债券支持项目和碳排放权交易市场，创设碳减排支持工具；中国人民银行、中国银行保险监督管理委员会发布了《系统重要性银行附加监管规定（试行）》，中国人民银行、中国银行保险监督管理委员会、中国财政部发布了《全球系统重要性银行总损失吸收能力管理办法》，强化审慎监管。具体分析来看，2021 年中国金融强国总指数的增长主要得益于经济基础指数和货币指数的增长。从经济基础维度来分析，2021 年中国经济增长国际领先，经济增速 8.1%，在全球经济体中名列前茅；创新动能有效增长，基础研究经费较上年增长 15.6%。从货币维度来看，2021 年因美联储收紧货币政策预期强化，美元指数持续走高，非美元货币普遍承压，但人民币表现亮眼。人民币币值稳定首先得益于经济的稳定增长；并且由于东南亚国家遭遇疫情导致订单回流，中国对外贸易持续快速增长，结汇需求支撑人民币汇率走强；进一步地，人民币资产具备较强吸引力，境外机构持有中国银行间市场债券同比增长27%，境外投资者增持人民币资产需求令人民币汇率易涨难跌。2021年刺激经济金融回暖的政策通过改善银行业负债状况从而增强信用投放能力、提升银行投资能力从而促进地方政府投资和消费、推动市场利率下行从而降低融资成本、增强金融机构信用功能从而缓解金融风险，对2022年经济金融运行产生维稳作用。

2022年，中国金融强国指数得分为83.72，得分较上年增长0.45个分值，在36个经济体中排名第二，其中货币指数和金融人才指数优势突出。首先，2022年中国加大实施稳健的货币政策，人民银行全年两次下调存款准备金率共0.5个百分点，通过公开市场操作维持市场流动性合理充裕；其次，创设科技创新专项再贷款、普惠养老专项再贷款、设备更新改造专项再贷款等结构性货币政策工具，增强对重点领域的金融支持力度；最后，推动金融支持房地产行业平稳发展，调整贷款市场利率，从银行信贷支持、债券融资支持到股权融资支持，拓宽房地产企业融资途径的"三支箭"政策组合。

2023年中国金融强国指数得分为83.84，得分较上年增长0.12个分值，在36个经济体中排名第二，增长贡献在于经济基础、货币和金融人才队伍的建设，但国际金融中心指数回落明显。2023年10月30日，中央金融工作会议在北京举行，会议鲜明提出"以加快建设金融强国为目标"，明确"以推进金融高质量发展为主题"，从金融大国向金融强国迈进。中国整体经济稳中向好，2023年中国经济基础指数较上年增长了0.48个分值。国内生产总值增速5.2%在世界主要经济体中名列前茅，对世界经济增长的贡献率有望超过30%；我国全社会研究经费支出超过欧盟国家平均水平，创新能力综合排名大幅跃升至第十二位，综合国力跃居世界前列。2023年货币指数得分较上年增长了0.87个分值，人民币汇率在合理均衡水平上保持基本稳定，国际影响力和国际融资功能得到进一步提升。2023年人民币跨境业务保持增长，同时在全球贸易融资中的占比排名上升到第二位，人民币外汇交易的市场份额排名由第八位上升到第五位。2023年金融人才队伍指数较上年增长了1.28个分值，金融人才学历持续提高，金融人才结构不断优化，数学计算机等信息化专业人才比重不断提升，从而起到持续发挥促进社会经济发展的作用。金融行业新发职位集中在一线城市，尤其是上海和北京作为国际金融中心，金融人才需求占比增加。2023年资管类企业新发职位需求明显，人才需求占比增长。2023年国际金融中心指数较上年下降了1.42个分值，中国吸引外资规模处于高位，但实际使用外资同比下降8%。

三、中美金融强国指数对比分析

我国的金融强国建设与美国相比还存在差距，但指数得分差距呈现逐年下降趋势，差距集中体现在货币、中央银行和国际金融中心方面。2012~2023年中美金融强国指数整体分差基本维持在 6~8 个分值，图 2-5 展示了 2012~2023 年中美金融强国总指数差距变化趋势，图 2-6 展示了 2012~2023 年中美金融强国各级分指数差距变化。2023 年总指数得分差值为 6.99 分，其中国际金融中心指数、中央银行、货币指数差值较大，得分差异分别为 15.97 分、7.25 分、5.70 分。

图 2-5　2012~2023 年中美金融强国总指数差距趋势

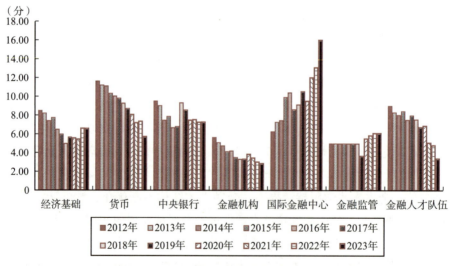

图 2-6　中美金融强国二级指数得分差距趋势

近年来，人民币国际影响力取得长足进展，在价值储藏、计价单位和交易媒介的国际使用中均占有一席之地，但美元仍是国际货币体系的主导货币。2022 年 5 月国际货币基金组织对特别提款权篮子货币进行了权重调整，提高了美元和人民币的权重，人民币权重由 10.92% 上调至 12.28%，美元权重由 41.73% 上调至 43.38%，这次权重上调是中国始终坚持扩大高水平对外开放的成果，也是国际社会对人民币进一步融入国际货币体系和承担责任的期盼。从储备货币职能来看，人民币作为各国外汇储备持有额的占比提升，从1.08%提高到2.69%，排名从第七位上升到第五位；同期，美元比重从65.36%降到58.36%，比重虽有下降，但仍是各国持有的最重要的外汇储备。从计价职能来看，美元仍是最主要的贸易计价货币，人民币的国际地位仍远低于中国在世界经济贸易中所占份额，人民币国际化还存在很大空间。

中美央行货币政策阶段性分化，中美两国央行均具有较高的独立性，但中国在金融基础设施建设方面还存在追赶空间。自2021年底以来，迫于通胀压力加大，美联储缩减购债采取货币紧缩政策，但中国央行坚持稳字当头、以我为主，连续降息降准，综合发挥货币政策工具的总量和结构双重功能，与美联储政策背向而行。近年来，中国央行联合多部门加强了金融基础设施的统筹和建设工作，其中包括金融资产登记托管系统、清算结算系统、交易设施、交易报告库、重要支付系统、基础征信系统等，并通过引入金融科技提升了金融基础设施的效率，但与美国相比总体上仍有较大差距。其中，美元的支付清算系统支撑了美元的主导地位，一方面构成了全球最重要的金融基础设施，另一方面也成为干预全球金融的工具。针对美国干预全球金融基础设施的挑战，中国开始建设自己的人民币跨境支付系统（CIPS），支持人民币跨境支付清算业务的批发类业务，有序推进人民币国际化，推进高质量发展和高水平对外开放。

中国在国际金融体系中的话语权和其世界贸易大国以及对外投资大国的地位不相匹配，制约中国国际金融中心的发展，美国占据国际金融市场主导地位，依然是全球外商资本青睐的对象，但中国资本市场正在走向开放和包容。从金融机构的辐射力来看，虽然中国的银行机构在世界十大银行中占据四席，但均未能进入最重要的基准利率定价机制的报价银行行列。从金融定价权来看，中国作为世界上石油天然气等能源商品和大宗商品的最大消费国，但在定价权上处于被动局面，美国仍是世界主要的大宗商品和金融衍生品的定价中心。世界大宗商品的定价权基本在美国三大证券交易所实现，农产品价格和金融衍生品价格形成于芝加哥交易所集团，纽约商品交易所是轻质低硫原油期货合约成交量最大的交易所。目前全球外汇市场交易主要集中在美国和欧洲，交易币种主要还是美元和欧元，人民币占比较低，人民币国际化任重道远。

四、排名前五国家金融指数对比分析

在总指数排名前五的国家中，美国总指数突破90门槛，各分指数处于领先地位。中国总指数逐年赶超增势强劲，经济基础、金融机构分指数成绩亮眼。英国总指数基础深厚且逐年上升，货币指数和国际金融中心指数仍处于强势地位。德国总指数整体稳健小幅波动，货币和中央银行分指数具有相对优势。日本总指数基本稳健小幅增长，中央银行和金融监管分指数有一定优势。图2-7报告了金融强国总指数排名前五国家在2012~2023年的趋势对比情况，图2-8展示了中国及排名前五的国家各分指数之间的雷达对比情况。

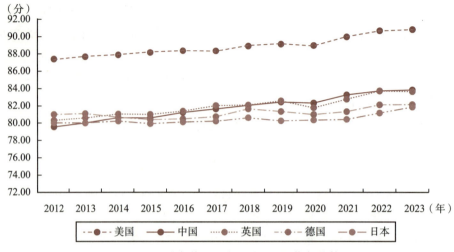

图 2-7　排名前五国家金融强国总指数趋势

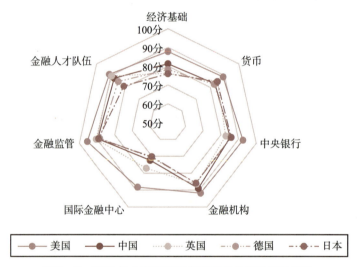

图 2-8　2023 年中国及前五名国家各分指数雷达对比

　　美国金融强国总指数和各分指数处于领先地位。其中总指数整体小幅波动呈强势增长趋势，如表 2-1 所示，2023 年金融强国指数得分为 90.83，指数得分较上年增加了 0.15 个分值。美国经济发达程度处于全球领先地位，金融建设程度处于强势地位。2023 年美国经济总量 27.36 万亿美元，同比增长 2.6%，其消费支出较为强劲，劳动力市场保持韧性。同年美国科研经费总投入 6075 亿美元，仍排名全球第一。美国 CPI 在 2022 年 6 月达到 9.1%，创 1981 年以来最高水平，2023 年美联储召开了八次利率会议，加息四次，美国通胀得到一定缓和。受美联储连续加息的影响，美国金融机构资产负债规模发生小幅增长，结构发生变化，现金类资产大幅增长；不良资产率逐季恶化，盈利能力普遍下滑；甚至美国硅谷银行经历股价暴跌并宣布破产，引发美国银行业流动性危机和恐慌。从债券市场来看，美国债务创新高，政府债务违约风险引发信用评级下调，美国国债从避风港转变为动荡之源，但目前美国仍是外国直接投资的首选地。

英国金融强国指数波动明显，整体呈上升趋势，2023年指数得分较上年下降了0.07个分值。英国是一个高度发达的资本主义国家，欧洲四大经济体之一，全球最大的金融服务净出口国，作为全球金融中心的地位短时间内仍难撼动。2023年英国经济停滞不前，GDP同比增长0.1%，增速较上年下跌4.2个百分点。目前英国仍然是世界第三大科技生态系统，欧洲排名第一的科技生态系统，同年3月英国政府发布《英国科技框架》旨在2030年巩固英国全球科技大国的地位。但英国通胀问题严重程度在欧洲区排在首位，英国通胀自2022年10月达到历史最高水平。为了缓解居高不下的通货膨胀，英国央行持续加息，在一定程度上拖累了英国经济的增长。进一步来看，英国央行持续高利率推动了银行的盈利增长，净资产收益率和净息差也跟随上涨；但利率持续上涨导致企业投资和居民消费意愿降低，信贷需求减弱，银行资产质量恶化有所增加；进一步使银行逐步收紧信贷供应，收缩风险业务规模。

德国金融强国指数整体平稳，整体分值在82~83分区间小幅波动，2023年金融强国得分82.16，指数得分较上年增长了0.03个分值。2023年德国的国内生产总值达到4.4万亿美元，同比下降0.3%，超过日本成为全球第三大经济体。德国整体经济发展陷入停滞，仍未从疫情严重衰退中得到缓和。同时德国的通货膨胀达到5.9%，处于较高水平，食品平均价格涨幅明显达到15.7%，能源产品价格同比上涨5.3%。2023年7月欧洲央行货币政策会议决定将欧元区三大关键利率上调25个基点，是自欧洲央行2022年7月以来第十次加息。在欧元区加息的推动下，德国银行的利润大幅跃升，净利息收入得到提升，但也抑制了信贷扩张，企业借款增速下降。同时投资者预期2024年欧洲央行降息，该预期支撑德国法兰克福Dax指数上涨。2023年德国吸收外国投资总额348亿欧元，同比增长37.5%，其中中国在德投资项目数量居第三位。另外，德国对中国的直接投资同比增长4.3%，创历史新高。

日本金融强国指数整体呈现先下降后上升趋势，2023年金融强国指数得分为81.88，指数得分较上年增加了0.7个分值。日本的金融市场在亚洲起步较早，规模较大、地位也较高。日元当前也是全球主要货币之一，全球外汇储备中日元的占比超过5%。2023年日本GDP为4.21万亿美元，降至世界第四，实际GDP同比增长1.9%；同年日本年度科研经费投入1264亿美元，仍排名全球第三。2023年日本核心CPI创历史新高为3.1%，连续28个月同比上涨，连续21个月超过日本央行2%的通胀目标。与美联储和欧洲央行不同，日本央行始终坚持长周期的宽松政策，短期利率仍处于负利率周期。由于日本长期的低利率和超宽松的货币政策影响，日本银行业息差空间逐步侵蚀，盈利能力大受影响。大型银行加大海外资产投放，降低对国内利率环境的敏感性；中小型银行加码中小企业贷款投放。但日本股市表现亮眼，日经225指数2023年全年涨幅30.13%，外资流入创10年新高。

五、金砖五国金融强国指数对比分析

在金砖国家中，中国金融强国总指数一马当先，俄罗斯近年下降趋势明显，巴西、印度和南非指数整体稳健小幅波动。图2-9展示了金砖五国金融强国总指数在2012～2023年期间的趋势对比情况。2023年中国、印度、俄罗斯、巴西、南非的金融强国指数排名分别为第2名、第18名、第21名、第25名、第36名，其中中国金融强国指数排名较上年维持，印度金融强国指数排名较上年上升7名，俄罗斯较上年金融强国指数排名下降2名，巴西金融强国指数排名较上年下降5名，南非排名较上年维持。

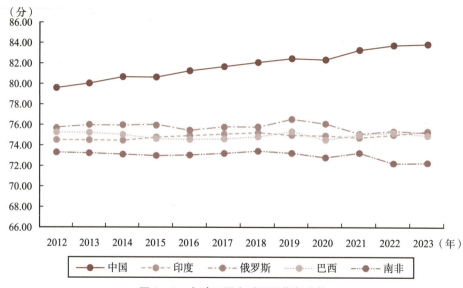

图2-9　金砖五国金融强国指数趋势

如表2-1所示，印度金融强国指数整体平稳，2023年金融强国指数得分为75.34，得分较上年增加了0.36个分值，排名较上年上升了7个位次。印度是世界经济增速最快的经济体之一，但是金融系统脆弱性明显。2023年印度GDP达到3.53万亿美元，同比增速7.7%，超过英国成为全球第五大经济体，经济增长得益于印度制造业和建筑业的增长。但是强刺激的财政政策推高了印度的通货膨胀水平，印度储备银行以控制通胀为目标，试图将通胀维持在4%的水平。近年来，印度央行推动了资产质量审查和国有银行改革促进了银行业的改善，2023年印度商业银行表现亮眼，信贷资产增长强劲，增速回升到9年以来最高水平。在股票市场，印度股市创下了八年连涨的纪录，股市市值突破4万亿元，成为全球第四大市场。但目前印度银行员工离职率增加，尤其是年轻员工的离职率，行业内部薪资不平等和性别不平等问题日益严重，金融领域人才流失严重。

俄罗斯金融强国指数整体波动较大，2023年指数回到历史平均水平上下，指数得分较上年下降 0.08 个分值，排名较上年下降 2 个位次。2023 年俄罗斯经济实现了 3.6% 的增长，扭转了 2022 年经济增速下降的局面，此外同年失业率为 3.2%，为 1992 年以来最低水平。2023 年西方国家对俄实施了新的经济制裁，例如海运原油禁运令和设置价格上限，但俄罗斯通过成立代理公司提供石油提炼业务和国际运输业务，绕开了多重制裁限制，石油收入成为俄罗斯经济复苏的基石。自俄乌冲突以来，俄罗斯的卢布稳定性下降，发生了巨幅贬值，同时通货膨胀率惊人。2023 年，俄罗斯央行不断加码货币政策，卢布停止了不断贬值的趋势，在一定程度上稳定了卢布汇率。在西方国家制裁不断加强的背景下，中国、印度、土耳其等国在俄对外贸易中的地位不断增强。2023 年，中国在俄罗斯对外贸易中的份额超过 1/3，双边贸易突破 2000 亿美元。2023 年俄罗斯央行货币政策促进了股市发展，扭转了 2022 年的颓势，莫斯科交易所指数（IMOEX）上涨 43.87%。

巴西金融强国指数整体稳定，2023 年金融强国指数得分为 74.91，指数得分较上年下降 0.3 个分值，排名较上年下降 5 个位次。巴西是拉美最大的经济体，巴西的金融体系以中央银行为主导，商业性金融机构为主体，政策性金融机构为补充。巴西 2023 年国内生产总值（GDP）达到 2.19 万亿美元，比上年增长 2.9%，一部分是由于农牧业是经济增长的重要驱动力，另一部分是由于石油天然气行业和铁矿业产值发生增长。同时因为美联储连续加息，新兴经济体货币发生了普遍贬值，巴西雷亚尔汇率单边贬值突破 1:5 大关，引发市场恐慌，因此卢拉政府随即宣布将采取行动打击对雷亚尔的攻击行为。2023 年巴西全年通胀率为 4.62%，低于 2021 年（10.06%）、2022 年（5.79%），也是两年来首次低于央行设置的通胀目标上限（2023 年为 4.75%）。为了对抗因通胀造成的贬值压力和稳定货币汇率，巴西央行决定加息将基准利率上调 25 个基点至 10.75%，为两年来首次加息。2023 年巴西银行业市场集中度下降，提供营运资金、非工资个人信贷和特殊支票服务的金融机构数量有所增加同时表现突出。巴西圣保罗期货证券交易所主要股指博维斯帕指数全年增长 2.57%。

南非金融强国指数整体呈下降趋势，2023 年金融强国指数得分为 72.25，得分较上年增加 0.04 个分值，位次维持稳定。南非拥有非洲规模最大、最成熟的金融市场，连续四年位于非洲国家之首。2023 年，南非的国内生产总值为 4057.1 亿美元，同比增长 0.6%，是非洲第三大经济体。但南非面临着大量失业等问题，2023 年失业率维持在 30% 左右。由于全球金融市场收紧、外部需求减弱和国内价格高企，南非本币进一步贬值。南非整体通胀在季度初加速接近区间上限，南非央行 2023 年以来已连续三次加息，旨在将通胀预期更坚定地"锚定"在 3% 至 6% 目标区间的中间水平。南非拥有强大的金融服务和深厚的资本市场，比非洲大多数市场都要成熟。南非 2023 年吸引了大量的外国直接投资流入，相当于 GDP 的 1.4%。

第三节　金融强国指数总结与展望

通过对 36 个代表性国家进行截面与时序对比发现，美国在国际金融领域仍占据主导地位，金融强国指数位列世界第一，强大的政治、经济、金融、科技和军事力量作为支撑主导了全球经济金融运行。中国经济高速发展在全球经济增长中发挥着举足轻重的作用，金融强国指数处于世界第二。虽然中美之间经济规模在逐步缩小，相比于美国的金融建设，中国的金融业无论是开放度还是国际竞争力还存在明显差距。

一、金融强国指数的总结

整体来看，金融强国指数整体呈现"一超多强"的格局，美国领头先行，中国新兴经济体迅速赶超崛起，英国基础深厚维持稳健。2012～2023 年中国金融强国指数呈现持续强势上升趋势，从 2012 年的 79.57 分上升到 2023 年的 84.84 分，2023 年金融强国指数达到历史新高；同时中国金融强国指数排名逐年赶超，从 2012 年的第五名到 2023 年的第二名，近 4 年排名维持稳定在第二名。但是我国的金融强国建设与美国相比仍有差距，差距集中体现为货币、中央银行和国际金融中心的建设。因此中国不断全面深化改革促进金融高质量发展，中美总指数差距逐年缩小，指数排名逐年赶超增势强劲，在金砖国家中一马当先，经济基础和金融机构分指数成绩亮眼且位于世界前列。

二、金融强国指数建议与展望

经济基础方面，以经济体制改革为牵引，稳中求进推进经济回升向好。促进财税和金融体制改革，优化 GDP 综合动力，提升贸易综合竞争力；增强科技创新综合能力，推动产学研深度融合，完善知识产权制度，实施教育强国、人才强国和创新驱动发展战略；加强军事实力建设，同时增强环境与可持续发展。

货币方面，践行人民币国际化战略，积极稳步推进多元化的国际货币体系。通过扩大"石油人民币""碳金融人民币"等机制提高人民币的国际结算份额；积极探索资本账户进一步开放以促进人民币自由兑换水平，不断扩大人民币跨境支付系统（CIPS）的覆盖与使用范围，深度绑定全球金融体系，避免与全球金融体系硬脱钩。

中央银行方面，坚持以我为主、内外平衡的稳健货币政策，平衡好短期和长期、稳增长和防风险、内部均衡和外部均衡的关系，为经济运行创造良好的货币金融环境。坚持稳健的货币政策强化逆周期和跨周期调节；保持人民币汇率弹性，及时释放贬值压力；强化市场预期管理和价格监管建立完善预期管理制度；优化外汇管理政策，促进贸易和投资便利化。

金融机构方面，引导大型金融机构优化布局同时维持稳健经营，积极推动中小金融机构深化改革化解风险。加强金融监管和风险管理，完善金融监管框架；推动金融机构业务与创新科技相互融合；提升金融服务的普惠性和包容性，加强"三农"工作和乡村振兴的金融支持；深化金融市场改革，促进金融高水平对外开放。

国际金融中心方面，推动金融高水平对外开放，持续推进上海市国际金融中心建设，继续发挥香港国际金融中心优势。以制度型开放推动金融市场制度开放；强化开放条件下金融安全机制；加快上海建设成为人民币金融资产全球配置中心和风险管理中心；继续推进金融基础设施升级；深化粤港澳大湾区的金融合作，抓住香港资本市场带来的增长潜力。

金融监管方面，深化金融监管体制改革，健全有效金融风险的体制机制。依法将所有金融活动纳入金融监管；增强宏观政策工具的多样性和灵活性；完善流动性缓冲要求，增强银行抵御风险的能力；完善消费者保护法律体系；强化资本监管效能和质量监管。

金融人才队伍方面，依靠政府、企业、金融机构、科研院校的协同作用和系统努力，用政府有限的资源最大限度地激发、撬动市场的力量，有效加强金融人才队伍建设；全面优化金融人才培养体系，提升人才质量与创新能力。推进金融全球化与开放合作，吸引、留住和聚集国际优秀金融人才；构建高效的企业专业化管理模式，促进金融人才创新与发展。

第三章

经济基础指数

◼ 第一节　经济基础指数构建

　　本书综合分析了不同国家经济发展的特点及其影响因素，旨在从经济实力、科技实力，以及综合国力三个核心维度构建国家经济基础的测度指标体系。这些维度不仅代表了国家发展的经济基础，而且直接影响着国家的长期竞争力和全球地位。在设计指标体系时，我们既考虑了指标的量化可能性，也兼顾了数据的获取难易度，确保了体系的实用性与科学性。以下是对各关键维度设计思路的详述：

　　首先，经济实力是指一个国家在产出能力、财富积累、投资和消费水平以及对外贸易等方面的总体表现，它综合反映了国家的生产力、市场规模和全球竞争力。这一概念之所以是衡量国家经济基础的重要因素，是因为它直接关联到国家财政的健全性、工业和服务业的发展程度以及人民生活水平的高低，它们共同构成了国家稳定发展、抵御外部风险和提升国际影响力的坚实基础。因此，经济实力是体现一个国家经济基础的最直观的指标。

　　其次，科技实力是指一个国家在创新和科技发展领域的能力，这通常体现在科研产出、技术发明专利数量、研发投资占 GDP 的比例以及人才在科技创新领域的活跃度上。科技实力对于国家经济基础至关重要，因为它直接关系到国家的竞争力和未来增长潜力。创新是推动经济增长和产业升级的关键驱动力，而科技实力强的国家能够在全球市场中引领新技术的发展趋势、培育新产业，从而创造更多高附加值的就业机会和产业。同时，一个坚实的科技基础可以促进国家在全球经济中更有效地分配资源，提高其产品和服务的竞争力，进而促进经济的持续和稳定发展。因此，科技实力不仅是衡量当下国家发展水平的指标，也是决定其未来可持续发展能力的关键。

　　最后，综合国力是指一个国家在国际关系中所能发挥的总体实力，它涵盖了军事、可持续发展、制度建设等多个维度的能力。综合国力反映了一个国家综合各方面因素后的国际影响力与内部稳定力，其中包括军事力量、持续发展能力以及制度构建的成熟度。它是衡量国家经济基础重要性的关键因素，因为它直接关联到国家的经济稳健性和扩展性。一个国家强大的综合国力意味着其在国际经济体系中有更大的参与度和塑造力，能够吸引跨国投资，推动国际贸易，以及促进科技交流与合作，从而促进本国经济的增长和全球竞争力的提升。综合国力的强化，是确保国家经济利益、加速经济发展步伐、增进民众福利的根本。

二级指标体现的是一个国家宏观层面的情况，因此为了更好地分析各个国家的经济基础，以下将进一步对二级指标进行分解。

一、经济实力

体现一个国家经济实力的指标有很多，本章基于数据的可得性和可量化性选取了 GDP 综合动力、财政平衡、贸易综合竞争力、就业稳定性四个指标来衡量一个国家的经济实力。

其一，GDP 综合动力是由 GDP 规模与 GDP 增速加权而成的。GDP 是指一个国家在一定时期内所生产的全部最终产品的总值，一个国家的 GDP 越高就说明一个国家创造出来的产品越多。GDP 增速是指一个国家生产总值相较于前一年的变化程度。如果值为正则代表该国相对于去年来说 GDP 有所增长，并且值越大代表该国家今年的经济情况相较于上一年越好，反之结果则相反。其二，财政平衡是指政府在一定时期内（通常为一个财政年度）的财政收入与财政支出的比值是大于 1 还是小于 1，即是赤字还是盈余的状态。若值大于 1 则说明有盈余（收入大于支出），反之则说明有赤字（支出大于收入），数值越接近于 1，其财政平衡状况越好。其三，贸易综合竞争力是由贸易规模和贸易竞争力加权而成，衡量的是一个国家的总体的贸易规模和竞争力的综合指标。其四，就业稳定性，本章用失业率的情况来衡量就业稳定性的情况，失业率是指一定时期满足全部就业条件的就业人口中仍有未工作的劳动力数字，旨在衡量闲置中的劳动产能，是反映一个国家或地区失业状况的主要指标。失业率越大表示闲置的劳动力越多，经济发展越不好，反之则代表经济发展状况良好。

二、科技实力

本章基于创新投入、创新产出以及创新转化三个维度来衡量一个国家的科技实力。

其一，对于创新投入，本章考虑采用研发投入进行衡量。研发投入是衡量科技投入强度和科技发展水平的重要指标，反映了该国在科技创新方面的投入和重视程度，也体现了科技创新对经济增长的贡献程度。比值越大说明一个国家的科技投入越大，对于科技越重视。其二，对于创新产出，本章将考虑将从专利、发表论文以及科技类诺贝尔奖获得者等方面进行考量。人均专利申请量，利用世界银行关于专利的相关研究报告，将每个国家居民的专利申请量与研发人员总数的比值作为衡量人均专利申请量的指标。人均国际科技论文发表数，利用国家科技论文的发表量与研发人员总数的比值来作为衡量人均国际科技论文发表数的指标。各国科技论文发表的数量越多说明该国家的科技成果就越多，相应的科技产出就有可能越多，科技的发展水平就可能越高。科技类诺贝尔奖得主累计数量，累计数越多证明该国的顶级科技人才就越多，进而能够更好地对科技进步发挥推动作用，促进该国的科技发展。其三，对于创新转化，我们则采用科技创新综合能力来衡量，对于科技创新综合能力的衡量是运用世界知识产权组织（WIPO）发布的全球创新指数（Global Innovation Index – GII）来作为衡量一个国家创新的程度。

三、综合国力

除了经济科技实力外，还有其他综合能力对一国的经济基础带来影响，因此本章从军事实力、环境与可持续发展以及制度建设进行综合国力的度量，指标选取如下：

其一，本章的军事实力包含两个维度：军费支出/GDP 比重、军费支出的规模。军费支出/GDP 比重是衡量一个国家军事投入和军事实力的重要指标之一，反映了国家在经济发展过程中对军事领域的投入程度，以及军事建设在国民经济中的相对地位。军费支出的规模则是衡量一个国家对于军事方面投入的绝对值。因此军事实力的值越大说明该国家的军事投入越大，对于自身的军事实力越重视。其二，环境与可持续发展，即同时满足当前及未来时代的经济、社会和环境需求的一种发展模式。在当今这个时代每个国家都应该做到人与自然和谐发展，只有这样的发展才是可持续的发展。本章采取二氧化碳排放量（人均公吨）、陆地和海洋保护区（占领土总面积的百分比）、可再生能源消耗量（占最终能源消耗总量的百分比）等指标以及人类发展指数化来加权作为衡量一个国家的可持续发展的能力。其三，制度建设，是指一个社会的政治系统保持动态的有序性和连续性，没有全局性的政治动荡和社会骚乱，政权不发生突发性质变。衡量政治稳定性的指标有很多，包括：政治秩序、政治制度、政治取向、政治参与和政治环境等方面。本章基于数据的可得性选取政府的稳定性、治理能力、法治和透明度四个维度采用加权平均的方法来作为衡量国家政治稳定性的依据。

经济基础指数评价指标体系如表 3 – 1 所示。

表 3 – 1 　　　　　　　　　　　经济基础指数评价指标体系

二级指标	三级指标	测算方式	数据来源
经济实力	GDP 综合动力	由该国 GDP 规模与 GDP 增速加权而成	CEIC 数据库
	财政平衡	由该国的财政收入与支出测算	IMF 数据库
	贸易综合竞争力	由该国贸易规模以及贸易竞争力加权而成	CEIC 数据库
	就业稳定性	失业率	经济合作与发展组织

续表

二级指标	三级指标	测算方式	数据来源
科技实力	科技创新综合能力	全球科技创新指数排名	世界知识产权组织（WIPO）
	研发投入	该国 R&D 总支出/GDP	世界银行
	人均专利申请量	该国专利申请总量/研发人员总数	世界银行
	人均国际科技论文发表数	该国国际科技论文发表文章总数/研发人员总数	世界银行
	科技类诺贝尔奖得主数量	该国获得科技类诺贝尔奖人数（累计）	诺贝尔奖官方数据
综合国力	军事实力	该国军费支出的规模、军费占 GDP 的比重加权而成	瑞典斯德哥尔摩国际和平研究所（SIPRI）
	环境与可持续发展	由该国陆地和海洋保护区（占领土总面积的百分比）、可再生能源消耗量（占最终能源消耗总量的百分比）、人类发展指数等指标加权而成	世界银行
	制度建设	由该国政府的稳定性、治理能力、法治和透明度加权而成	世界银行

第二节 经济基础指数测算与分析

一、中国经济基础的分析

根据表 3-1 构建的经济基础评价指标体系，我们计算得到 2012～2023 年中国的经济基础指数，如图 3-1 所示。中国 2012～2023 年的经济基础指数呈现波动式上升趋势，从 2012 年的 75.62 分上升到 2023 年的 81.25 分。

图 3-1 2012～2023 年中国经济基础指数趋势

从经济实力、科技实力、综合国力三个分项指标上看，如图 3-2 所示：（1）中国 2012~2023 年的经济实力总体来说是稳中有进，从 2012 年的 81.62 分提升到了 2023 年的 87.51 分；（2）2012~2023 年来中国的科技实力的提分也从 77.83 分提升到了 81.30 分；（3）中国的综合国力从 2012 年的 68.62 分提升到了 2023 年的 72.86 分。从图 3-2 中我们可以清楚地看到我国经济实力竞争力较强且进步最多，相对来说我国综合国力和科技实力略显不足。

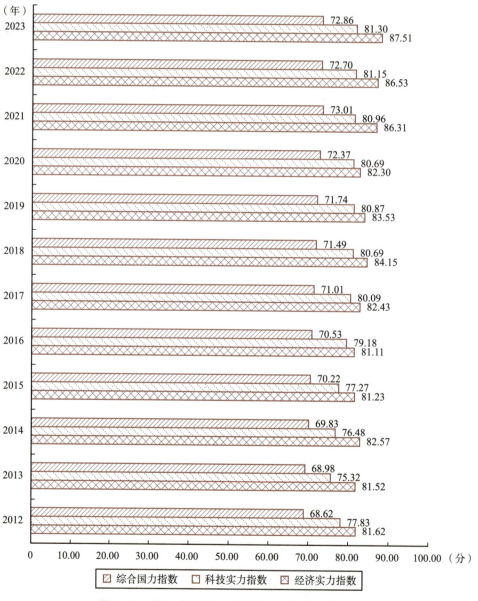

图 3-2　2012~2023 年中国经济基础分指数指标得分

　　表 3 – 2 重点关注中国 2012 ~ 2023 年在关键经济基础指数上的表现，包括经济实力、科技实力、综合国力以及经济基础综合指数。经济实力方面，中国的经济实力总体保持稳定，始终保持在前二，这表明中国的经济实力十分稳定，也反映出中国在全球经济中发挥的重要性。科技实力排名呈现出最为显著的正向发展趋势，从 2012 年的第 17 位稳步上升到 2023 年的第 6 位。这一趋势凸显了中国在科研投入以及科技产出方面的强劲增长。综合国力的排名从 2012 年的第 29 位逐步提高至 2023 年的第 23 位，这一指数通常涵盖军事、环境和制度建设等多方面因素，显示出中国在全球舞台上的综合竞争力和影响力稳步增强。总体而言，中国经济基础排名在 2012 ~ 2023 年呈现稳步上升趋势。现在我们进一步分析我国经济实力、科技实力、综合国力等方面的情况，具体表现如表 3 – 3 ~ 表 3 – 5 所示。

表 3 – 2   2012 ~ 2023 年中国经济基础指数排名变动

年份	经济实力排名	科技实力排名	综合国力排名	经济基础综合排名
2012	2	17	29	9
2013	2	14	29	7
2014	2	13	29	3
2015	2	11	29	4
2016	2	8	27	4
2017	2	6	27	3
2018	2	6	27	2
2019	2	6	25	2
2020	2	6	24	2
2021	2	6	23	2
2022	2	4	23	2
2023	2	6	23	2

表 3 – 3   2012 ~ 2023 年中国经济实力相关指标得分与排名

年份	GDP 综合动力	财政收支平衡	贸易综合竞争	就业稳定性
2012	75.14（2）	80.37（20）	82.81（1）	97.26（4）
2013	76.24（2）	71.08（28）	84.15（1）	97.32（4）
2014	76.95（2）	75.96（25）	85.23（1）	97.26（5）
2015	77.35（2）	64.10（33）	84.72（1）	96.01（9）
2016	77.57（2）	64.52（30）	83.36（1）	96.01（13）
2017	78.70（2）	66.59（30）	84.61（1）	97.51（7）

续表

年份	GDP 综合动力	财政收支平衡	贸易综合竞争	就业稳定性
2018	80.26（2）	74.94（27）	86.43（1）	96.22（15）
2019	80.38（2）	68.46（29）	86.53（1）	95.95（17）
2020	79.55（2）	60.00（35）	87.24（1）	95.38（14）
2021	84.84（2）	60.14（34）	93.36（1）	96.00（14）
2022	83.08（2）	68.79（31）	95.05（1）	95.51（20）
2023	83.73（2）	75.70（23）	94.35（1）	96.01（18）

注：表中指标对应的数据是该年的得分，括号里的是当年的排名。

根据表 3－3 可知，2012～2023 年，我国的 GDP 综合动力和贸易综合竞争力得分呈上升态势，并且始终排名前列，分别为第二名和第一名。根据表 3－3 可知，我国的 GDP 综合动力在 2012～2023 年总体保持稳定。与此同时我国的贸易综合竞争力则一直保持领先的势态，全球排名第一。对于就业稳定性，总体呈现下降趋势，但分值没有太大的变化。财政收支平衡 2012～2023 年总体来说有一定波动，但其排位仍然是相对靠后的。

表 3－4　　　　　　　　　2012～2023 年中国科技实力相关指标得分与排名

年份	科技类诺贝尔奖得主	研发投入	人均专利申请量	人均科技论文发表	科技创新综合能力
2012	60.00（23）	73.00（15）	79.65（1）	82.21（2）	77.37（24）
2013	60.00（23）	73.61（14）	84.67（1）	82.99（2）	77.37（24）
2014	60.00（23）	73.79（15）	87.47（1）	84.35（2）	79.19（20）
2015	60.13（17）	74.04（15）	91.47（1）	84.31（2）	80.05（20）
2016	60.13（17）	74.34（14）	97.68（1）	85.14（2）	83.01（19）
2017	60.13（17）	74.46（14）	98.11（1）	86.39（2）	84.82（17）
2018	60.13（17）	74.63（13）	100.00（1）	88.10（2）	85.39（15）
2019	60.13（17）	75.37（12）	91.69（1）	88.68（2）	87.02（12）
2020	60.13（17）	76.52（12）	91.79（1）	89.18（2）	85.58（12）
2021	60.13（17）	76.71（12）	92.02（1）	84.88（2）	87.02（11）
2022	60.13（17）	76.68（11）	91.99（1）	85.05（2）	87.49（10）
2023	60.13（17）	76.70（12）	92.01（1）	86.61（2）	87.49（11）

注：表中指标对应的数据是该年的得分，括号里的是当年的排名。

科技创新综合能力指标展现了中国在科研领域的持续提升。根据表 3－4 可知，从 2012 年的 77.37 分增长到 2023 年的 87.49 分，并且在国际排名上也由第 24 位上升至第 11 位。这一趋势与中国在研发投入方面的持续增加是相符合的，这个指标在五年间稳步上升，说明了中国对科技发展投资的重视。尽管人均专利申请量有一定程度的下降，但中国仍保持在全球第一的位置，这表明其在技术创新和知识产权产出上的强大能力。人均国际科技论文发表数在此期间相对稳定，这显示了中国科研人员在国际学术界的活跃度和影响力。科技类诺贝尔奖得主数量没有显著变化，这表明科技创新具有长期积累的特性，短期内难以实现突破，揭示了我国在科技创新方面所面临的挑战。

表 3 - 5　　　　　　　　2012～2023 年中国综合国力相关指标得分与排名

年份	军事实力	环境与可持续发展	制度建设
2012	65.92（3）	70.59（30）	70.26（33）
2013	66.56（3）	70.68（31）	70.48（32）
2014	67.10（3）	71.12（31）	72.20（31）
2015	67.55（3）	71.61（29）	72.39（29）
2016	67.67（3）	72.19（29）	72.68（30）
2017	67.99（3）	72.28（30）	73.77（29）
2018	68.65（3）	72.69（30）	74.07（28）
2019	68.90（3）	73.23（30）	74.04（28）
2020	69.52（3）	73.55（27）	74.99（27）
2021	70.31（2）	73.56（27）	76.07（27）
2022	70.24（2）	73.66（27）	75.02（28）
2023	70.27（2）	73.71（27）	75.45（28）

注：表中指标对应的数据是该年的得分，括号里的是当年的排名。

根据表 3 - 5 可以看出，在综合国力方面，2012～2023 年的数据显示，中国在军事实力方面维持了稳定的国际排名前三的位置，得分从 65.92 分增长到 70.27 分，反映了其持续的军事能力和全球战略影响力。然而，我国的环境与可持续发展和制度建设的表现不佳，存在较大的进步空间。环境与可持续发展的得分从 2012 年的 70.59 分增加到 2023 年的 73.71 分，虽然得分有所提升，但排名仅上升了三位。这可能表明，尽管有一些进展，中国在环境保护和可持续发展方面的努力与其他国家相比进步有限，或者是全球环境标准的提高使得改善速度看起来较为缓慢。制度建设方面的得分在这五年间相对稳定，略有起伏，但总体排名没有显著变化。这可能暗示制度的建设和改革是一个渐进的过程，需要时间来显现其成效。

二、主要国家经济基础的分析

我们计算出包含中国在内的世界 36 个国家 2023 年经济基础指数，并进行由高到低排名，如图 3-3 所示。其中，中国的经济基础指数为 81.25，排名第二位，仅次于美国。此外，各国的该项得分差距较大，各国的经济基础的发展存在较大差距。

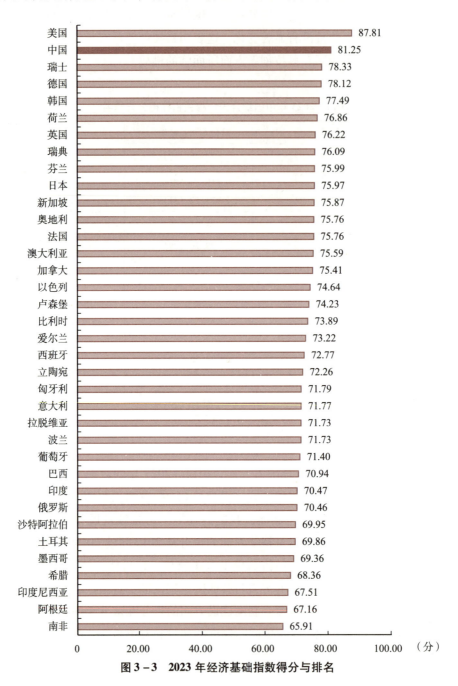

图 3-3   2023 年经济基础指数得分与排名

我们计算了 2023 年经济基础排名前十的国家的经济实力、科技实力、综合国力以及经济基础综合指数，如表 3-6 所示。可见，美国在各个维度上都排名领先，位居全球第一，从总体的经济基础来说我国居于第二位，经济实力竞争优势明显，科技实力居于第六位具有相对优势，但还存在一些进步的空间；然而，我国综合国力目前排名第二十三位，相对较弱，表明仍有巨大提升空间。未来发展中，除关注经济实力（如 GDP 增长动力、贸易竞争力）外，更需加大力度提升科技实力和综合国力，弥补短板，实现均衡发展。为深入分析我国经济基础，现将我国与经济实力、科技实力、综合国力均位居前十的国家进行对比，以期找出我国在这些方面的不足。

表 3－6 　　　　　　　2023 年主要国家经济基础指数和分指数得分与排名

国家	经济实力	科技实力	综合国力	经济基础指数
日本	74.71 (13)	78.08 (10)	75.55 (14)	75.97 (10)
芬兰	71.17 (30)	79.43 (9)	78.96 (2)	75.99 (9)
瑞典	70.11 (33)	81.35 (5)	78.81 (4)	76.09 (8)
英国	71.96 (28)	80.72 (7)	77.39 (8)	76.22 (7)
荷兰	76.10 (7)	77.88 (11)	76.85 (10)	76.86 (6)
韩国	76.09 (8)	81.88 (4)	74.99 (15)	77.49 (5)
德国	76.81 (4)	79.99 (8)	78.02 (5)	78.12 (4)
瑞士	75.53 (10)	82.85 (2)	77.55 (6)	78.33 (3)
中国	87.51 (2)	81.30 (6)	72.86 (23)	81.25 (2)
美国	91.22 (1)	86.74 (1)	84.33 (1)	87.81 (1)

注：表中指标对应的数据是该年的得分，括号里的是当年的排名。

图 3－4 显示，我国经济实力位居世界第二，仅次于美国，差距仅为 3.71 分。同时，我国与紧随其后的七国相比，优势显著，差距超过 9 分。这充分证明，近年来我国经济取得了飞速发展，已成功跻身世界第二大经济体之列。

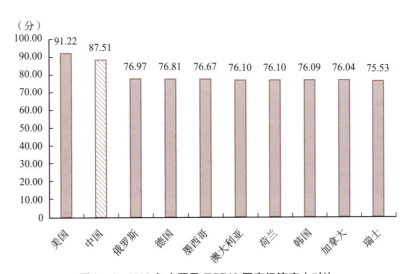

图 3－4　2023 年中国及 TOP10 国家经济实力对比

图 3-5 是我国与科技实力排名前十的国家的对比，我国的科技实力排名第六位，为 81.30 分，与美国相比还存在较大的差距，但与第二名到第五名的国家相比，已经十分接近了。从图 3-5 可以看出美国（86.74 分）与后面八名国家的差距巨大，中国与美国相差近 6 分。

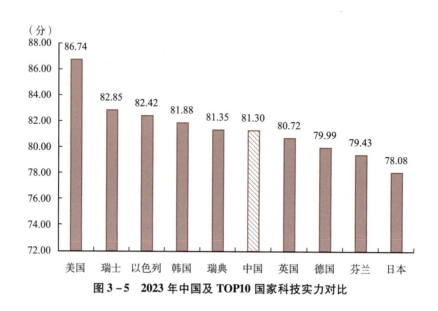

图 3-5　2023 年中国及 TOP10 国家科技实力对比

图 3-6 显示，中国与综合国力排名前十的国家相比存在明显差距。具体而言，中国与排名第十的国家相差近 4 分，而与排名第一的美国差距更是高达 11 分以上。然而，下一部分的分析为我国未来发展指明了方向：在保持经济实力持续增长的同时，需加大对科技实力和综合国力的投入，更加重视这两方面的发展。

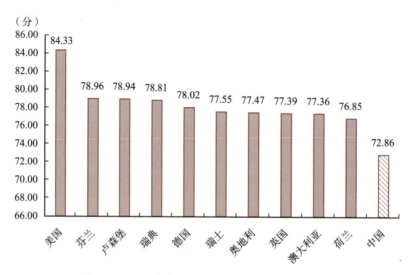

图 3-6　2023 年中国及 TOP10 国家综合国力对比

三、中美经济基础对比分析

美国是全球首屈一指的超级大国和第一大经济体，而我国紧随其后，位列第二。因此，深入分析中美两国在经济上的差距，对于提升我国经济实力、识别自身短板至关重要。我们依据经济基础这个一级指标，以及经济实力、科技实力、综合国力三个二级指标，对中美两国进行了比较分析，具体如图 3 - 7 ~ 图 3 - 10 所示。

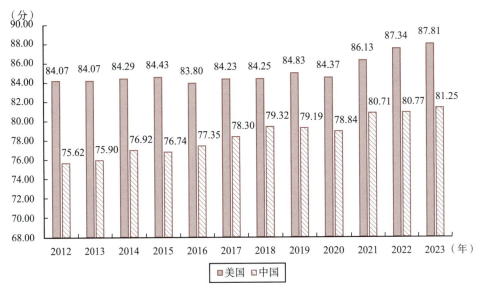

图 3 - 7　2012 ~ 2023 年中美经济基础指数趋势对比

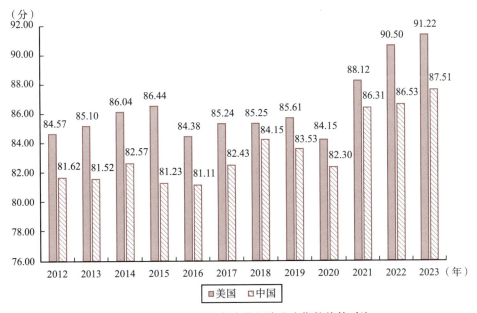

图 3 - 8　2012 ~ 2023 年中美经济实力指数趋势对比

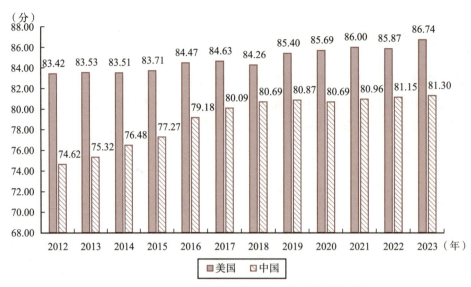

图 3 – 9　2012～2023 年中美科技实力指数趋势对比

图 3 – 10　2012～2023 年中美综合国力指数趋势对比

从经济基础上看，2012～2023 年这 12 年间，中国整体经济基础低于美国，但两国的经济基础差距正在不断减小。接下来本章将针对美国与中国经济实力、科技实力、综合国力等三个方面的具体情况进行进一步分析。

从经济实力上看，2012～2023 年，中国经济实力低于美国，但整体上呈现出稳步上升的态势。总体而言，中美两国在经济实力方面的差距并不大。具体对比分析如表 3 – 7 所示。

表 3 – 7　　　　　　　　　　　　　**2023 年中美经济实力各项指标分析**

指标	年份	美国	中国	差额
GDP 综合动力	2023	92.62（1）	83.73（2）	8.89
财政平衡	2023	86.23（19）	75.70（23）	10.53

续表

指标	年份	美国	中国	差额
贸易综合竞争力	2023	83.59（2）	94.35（1）	-10.76
就业稳定性	2023	97.85（10）	96.01（18）	1.84

注：表中指标对应的数据是该年的得分，括号里的是当年的排名。

根据表3-7，在分析中国与美国2023年经济实力的关键指标时，我们可以看到两国各有优势。在GDP综合动力方面，美国以92.62的得分位居全球第一，中国以83.73的得分紧随其后，两国之间的差额为8.89分，显示美国在经济规模和增长动力上保持领先。就财政平衡而言，中国的得分为75.70分，低于美国的86.23分，意味着相比之下，美国的财政状况更为健康。在就业稳定性方面，美国以97.85的高分居于第十位，而中国以96.01的分数居于第18位，两国之间的差距为1.84分，表明美国在就业市场的稳定性上具有较大优势。最后，在贸易综合竞争力上，中国以94.35的得分超过美国的83.59分，排名全球第一，这一显著的领先表明中国在全球贸易中具有较强的竞争力和平衡性。这些数据共同反映出中国和美国在经济实力多维度指标上的特征，同时也凸显出两国在特定领域的独特优势和面临的挑战。

从科技实力上看，2012~2023年，美国科技实力高于中国。因此，中国与美国在科技实力方面仍然存在较大差距。美国有较成熟的科技孵化程序，综合教育实力强于中国，因此这项得分均高于中国。但是，中国的科技实力在不断提高，与美国差距在不断缩小。具体来看中国与美国在科技实力方面的差距具体情况如表3-8所示。

表3-8 2023年中美科技实力各项指标分析

指标	年份	美国	中国	差额
诺贝尔奖得主	2023	100.00（1）	60.13（17）	39.87
研发投入	2023	83.19（3）	76.70（12）	6.49
人均专利申请量	2023	62.35（3）	92.01（1）	-29.66
人均科技论文发表	2023	67.11（3）	86.61（2）	-19.50
科技创新综合能力	2023	95.32（3）	87.49（11）	7.83

注：表中指标对应的数据是该年的得分，括号里的是当年的排名。

根据表3-8，我们对2023年中国与美国在科技实力的各项指标进行了对比分析。美国在科技创新综合能力方面以95.32分位列第三，而中国则以87.49分位列第十一，两国之间的差距为7.83分，这可能反映了美国在创新生态系统和科技发展方面的综合优势。然而，在人均专利申请量指标上，中国以92.01分高于美国的62.35分，显示中国在产出创新成果方面具有强劲的表现。在研发投入方面，美国以 83.19 分超越中国的 76.70 分，较大差距指出美国在科研资金投入方面的领先地位。关于人均国际科技论文发表数，中国以 86.61 分高于美国的 67.11 分，差额为 19.50 分。然而，我国在科技类诺贝尔奖得主方面的得分远低于美国，美国以满分 100 分显著领先中国的 60.13 分，强调了美国在全球科技领域的领导地位。从这一点我们可以看出我国在人才方面的储备，特别是高精尖的科技领域的相关人才的储备还是存在很大的不足。总体而言，尽管中国在某些科技领域展现出了卓越表现，但美国在科技创新与学术影响力方面依然稳坐全球领头羊的位置。中国在奋力追赶全球科技前沿的过程中取得了显著成就，同时也清晰地反映出与顶尖科技强国之间的差距。为此，我国未来应加大对科技人才的培养力度，提升研发投入水平，营造更具吸引力的人才环境和一流的硬件设施，以确保我国科研实力的持续进步，进而不断缩小与美国之间的差距。

从综合国力上看，2012~2023 年，中国的综合国力得分落后于美国，与美国存在较大差距。进一步，我们发现，中美两国的综合国力指数近 5 年波动较小，这主要是因为该项指标的改变往往需要较长时间，中国的综合国力指数明显低于美国，存在巨大的进步空间。现在我们进一步分析我国与美国在综合国力方面的具体差距，如表 3-9 所示。

表 3-9　　　　　　　　　　2023 年中美综合国力各项指标对比分析

指标	年份	美国	中国	差额
军事实力	2023	90.26（1）	70.27（2）	19.99
环境与可持续发展	2023	74.51（26）	73.71（27）	0.80
制度建设	2023	86.22（16）	75.45（28）	10.77

注：表中指标对应的数据是该年的得分，括号里的是当年的排名。

根据表 3-9，对比中国和美国在 2023 年的综合国力各项关键指标，我们可以看出，尽管美国在军事实力方面以 90.26 分稳居全球第一，中国以 70.27 分排名第二，但在环境与可持续发展及制度建设这两个领域，两国的得分以及在全球的排名均不在前列。具体而言，美国在环境与可持续发展领域的得分为 74.51 分，仅比中国的 73.71 分高出 0.8 分，并在全球排名第 26 位，反映出美国尽管在环境政策和技术上取得一定进步，但在全球范围内仍有显著提升的空间。在制度建设上，美国的得分为 86.22 分，排名第 16 位，这比中国的 75.45 分（排名第 28 位）要高，但差距并不显著。整体而言，这一分析强调了中国和美国在提高环境治理和制度建设方面的共同挑战，并揭示了两国在全球舞台上综合国力的优势与改进领域。

四、金砖五国经济基础的分析

　　图 3 – 11 中 2012 ~ 2023 年的经济基础指数数据显示，5 个国家的经济表现各具特点，同时也揭示了它们之间的相对排位。中国以其持续增长的经济基础指数领先于其他国家，从 2012 年的 75.62 分逐步提升至 2023 年的 81.25 分，显著高于其他国家。这一表现反映了中国在全球经济中的强劲地位，这得益于其广泛的工业基础和对高科技和制造业的大规模投资。印度的经济基础指数也显示出增长趋势，从 2012 年的 69.18 分增至 2023 年的 70.47 分。这种增长主要是由于印度政府推动的经济改革和强化科技行业的策略，使得印度在这些年中逐步强化了其经济的竞争力。俄罗斯的经济基础指数相对稳定，波动不大，整体上维持在 70 分左右，2020 年稍有下降至 69.35 分。尽管面临国际政治和经济的挑战，俄罗斯的经济结构依旧保持了一定的稳定性，这主要得益于其能源出口业的支撑。巴西的经济指数呈现先降低后回升的趋势，虽然有轻微波动，但整体趋势比较平稳，在 68.57 分到 71.32 分之间小幅波动，2023 年略低于 2012 年，显示出经济的逐步复苏。南非的经济指数则显示出下降趋势，从 2012 年的 67.66 分降至 2023 年的 65.91 分，是五国中表现最弱的。这反映了南非经济面临的多重困难，包括高失业率和社会政治不稳定等因素的影响。综合来看，中国和印度的经济增长在这五年中表现出较强的动力和潜力，而俄罗斯和巴西虽然稳定但增长有限，南非则面临较大的经济挑战。

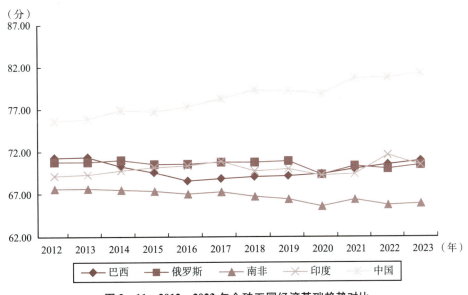

图 3 – 11　2012 ~ 2023 年金砖五国经济基础趋势对比

　　我们对 2023 年金砖五国的经济情况进行对比分析，如图 3 – 12 所示：我们可以观察到中国在这一领域表现出色，位列榜首。（1）中国经济基础指数位列第一，巴西第二，其他依次为印度、俄罗斯、南非；（2）中国经济实力指数位列第一，俄罗斯第二，其他依次为巴西、印度、南非；（3）中国科技指数位列第一，印度第二，其他依次为巴西、俄罗斯、南非；（4）中国综合国力指数位列第一，巴西位列第二，其他依次为印度、俄罗斯、南非。中国的经济实力指数也相当强劲，达到87.51分，进一步显示了其在经济领域的领先地位。巴西紧随其后，虽然经济基础指数略低于中国，但其综合国力指数也相对较高，为70.55分，表明巴西在综合国力方面有一定优势。印度、俄罗斯、南非的经济基础指数则分别处于中间水平，显示了这些国家在经济基础设施和发展方面的不同程度的挑战和优势。综合来看，中国在金砖五国中拥有最强大的经济基础，这为其在国际经济舞台上的影响力提供了坚实的支撑。

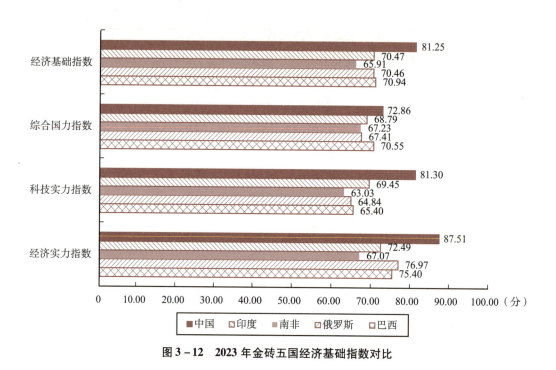

图3-12　2023年金砖五国经济基础指数对比

第三节　经济基础指数总结与展望

本节全面分析了中国经济基础综合指数的构成，包括经济实力、科技实力和综合国力三个核心维度，并探讨了2012~2023年中国经济基础指数的发展趋势。中国在经济实力和科技创新方面取得了显著提升，但与全球领先国家，尤其是美国的比较中，科技实力和综合国力方面的不足成为关键问题。科技实力的相对落后限制了中国在高科技领域的国际竞争力；同时，尽管综合国力有所进步，但在军事、环境保护和制度建设等方面相比顶尖国家还有较大的提升空间。这些挑战要求中国进一步加大科研投入，促进科技创新，优化经济结构，强化综合国力，以提升国家的国际竞争力和持续发展能力。

一、中国经济基础发展中存在的问题

一是经济实力的稳定性与可持续性有待加强。中国经济实力的增长是显而易见的，从 2012 年到 2023 年，中国的经济基础指数呈现波动式上升趋势，经济实力总体来说是稳中有进。然而，这种增长在很大程度上依赖于外部环境和政策刺激，内部经济结构的优化和升级尚未完成。相较于一些发达国家，中国经济的稳定性与可持续性仍有待加强。此外，中国经济还面临着人口老龄化、资源环境约束趋紧等长期性挑战，这些因素都可能对未来经济增长产生不利影响。

二是科技创新能力不足。科技实力是国家经济发展的重要支撑，但中国在科技创新能力方面与发达国家相比仍有较大差距。尽管近年来中国在科技创新方面取得了显著进步，但原创性、引领性科技成果相对较少，高端人才短缺，科技体制机制改革还需进一步深化。这在一定程度上限制了中国经济的转型升级和高质量发展。

三是综合国力提升缓慢。综合国力是一个国家在国际舞台上地位和影响力的重要体现。虽然中国的综合国力在近年来有所提升，但进步并不明显。这主要体现在制度建设、治理能力、法治和透明度等方面。与一些发达国家相比，中国的政治稳定性、政府治理能力和法治水平仍有待提高。这些因素不仅影响国内经济的稳定发展，也制约了中国在国际舞台上的话语权和影响力。

二、对策建议与展望

针对我国经济实力、科技实力和综合国力方面的不足，本书就此提出一些相关建议。

对于经济实力的提升。其一，优化 GDP 综合动力。实施积极的财政政策，加大对基础设施、教育、医疗等领域的投入，为经济增长提供持续动力；深化改革开放，完善市场体系，激发市场活力，促进经济稳定增长。其二，改善财政平衡的状况。加强税收征管，提高税收征收效率，确保财政收入稳定增长；优化财政支出结构，压缩非必要开支，提高资金使用效率，实现财政收支平衡；建立风险防范机制，有效应对可能出现的财政风险，确保财政安全。其三，提升贸易综合竞争力。实施积极的贸易政策，推动对外贸易多元化，拓展国际市场；加强与贸易伙伴的合作，推动贸易便利化，降低贸易成本；提高产品质量和附加值，增强品牌影响力，提升贸易竞争力。其四，降低失业率，提高就业的稳定性。实施积极的就业政策，创造更多就业机会，促进劳动力充分就业；加强职业教育和培训，提高劳动力素质和技能水平，适应产业发展需求；建立完善的劳动保障制度，保障劳动者合法权益，促进和谐劳动关系。

对于科技实力的提升。其一，增强科技创新综合能力。加大科技创新投入，提高研发经费占 GDP 的比重，为科技创新提供充足的资金保障；加强科研机构和高校的建设，培养高素质的科技人才，推动产学研深度融合；激励企业加大研发投入，推动技术创新和成果转化，形成以创新为主要引领和支撑的现代化经济体系。其二，提高人均专利申请量。完善知识产权保护制度，加强专利申请的审核和管理，提高专利申请的质量和水平；加强知识产权宣传和教育，提高全社会的知识产权意识，形成尊重和保护知识产权的良好氛围；激励企业和个人积极申请专利，推动科技成果的转化和应用。其三，增加人均国际科技论文发表数。加强科研国际合作与交流，提高我国科研人员在国际学术界的影响力和话语权；激励科研人员积极发表高水平学术论文，提升我国科研成果的国际影响力；建立完善的学术评价体系和激励机制，激发科研人员的创新热情和积极性。其四，培养科技人才，提升科技类诺贝尔奖得主数量。实施人才强国战略，加大对科技人才的培养和引进力度；优化人才发展环境，为科技人才提供良好的工作和生活条件；建立完善的科技奖励制度，对在科技领域做出杰出贡献的人才进行表彰和奖励。

对于综合国力的提升。其一，加强军事实力建设。合理规划军费支出，确保军事投入与经济发展相协调；加强军事科研和装备建设，提高军队的现代化水平和战斗力；加强国防教育和军事训练，提高全民国防意识和军事素质。其二，增强环境与可持续发展。为了实现可持续发展，我国应该积极推动绿色创新，可以利用市场机制推动可持续发展，通过税收、补贴等手段，引导企业和个人采取更环保的行为。例如，对高污染行业征收环境税，对使用清洁能源或采取节能措施的企业给予税收优惠或补贴。此外还可以通过宣传教育、媒体宣传等手段，提高公众对环境保护的认识和参与度，形成全社会共同参与的良好氛围。其三，加强制度建设。为了确保政府稳定，需优化权力配置，提升政策连贯性。在治理能力方面，应推进治理体系和治理能力现代化，强化政策执行和协调。在法治建设方面，则要完善法律法规，确保严格执法、公正司法。至于透明度，则需加大信息公开力度，保障公民知情权，接受社会监督。

第四章

货币指数

货币构成了金融体系的基石，其核心属性包括坚实的货币信用、稳定的货币价值以及广泛的国际应用。作为交易的媒介，货币是所有金融活动的基石，金融本质上是基于货币的经济活动形式，关键在于货币在经济体系内的流转与交换。在信用货币体系下，主权货币对于金融发展起着至关重要的作用，它不仅是国内金融活动的中心载体，也是国际金融活动的关键工具。一个国家的金融体系的强弱，主要体现在其主权信用的高低以及主权货币的国际使用范围上。

历史上，世界强国的崛起往往与本国货币的国际地位变化紧密相连。17 世纪，荷兰凭借其全球贸易地位的崛起，使得荷兰盾成为当时世界贸易的主要货币。随后，英国借助工业革命的力量，确立了金本位制度，英镑随之成为新的国际货币。二战后，美国通过布雷顿森林会议建立了以美元为中心的国际货币体系。即便在经历次贷危机之后，截至 2023 年末，美元信用本位依然以其强大的实力对国际贸易、投资和资本流动产生深远影响，并对其他国家产生显著的政策外溢效应。值得注意的是，国际社会中还出现了一定程度的美元化趋势，一些国家和地区甚至采取了盯住美元的货币局制度。

在经济全球化、金融化以及金融全球化的大背景下，拥有强大的货币主权信用、高国际地位和稳定购买力，对于一个国家在全球竞争中保持竞争力至关重要，同时也是影响其经济实力和国际地位的关键因素。在此背景下，探讨我国在全球金融体系中的定位，以及主要经济体货币政策和金融发展趋势对我国的影响，对于把握我国经济发展的未来方向具有重要意义。

本章将重点分析主要经济体的货币发展状况，特别是它们在对外币值稳定、国际影响力与控制力以及数字货币能力方面的表现。通过深入研究这些经济体的货币指数，我们可以更准确地评估我国货币在全球金融体系中的地位，以及我国在国际金融活动中的竞争力。

第一节　货币指数构建

结合各个国家货币发展的特征和影响其发展的相关特征指标模块分析，本节从对外币值稳定、国际影响力与控制力、数字货币能力三个维度出发，并下设 11 个三级指标，兼顾各因素量化的可行性与数据的可获得性，对货币指标体系进行设计，各级指标详情及数据说明见表 4 – 1。

表 4 – 1　　　　　　　　　　　货币指数评价指标体系

二级指标	三级指标	数据来源
对外币值稳定	名义汇率波动率	CEIC 数据库
	经济增速调整后的外汇储备规模/GDP	CEIC 数据库
	外债负债率	国际货币基金组织
国际影响力与控制力	在国际储备中的地位	国际货币基金组织
	净国际投资头寸	国际货币基金组织
	外汇市场交易货币占比	国际清算银行
	货币掉期交易规模	国际清算银行
	跨境头寸	国际清算银行
	在 SWIFT 中的份额	国际清算银行
	纳入篮子货币占比	国际货币基金组织
数字货币能力	全球央行数字货币指数	普华永道

一、对外币值稳定指数

　　对外币值稳定指数是衡量一个国家货币在国际金融市场上稳定性的重要指标，它直接关联到国家的经济信誉和国际投资者的信心。该指数的构建旨在综合反映货币价值的波动性及其在国际贸易和投资中的可靠性。为了确保指数的科学性和实用性，笔者选取了名义汇率波动率、经济增速调整后的外汇储备规模/GDP 和外债负债率三个关键指标来进行评估。

　　名义汇率波动率指标衡量的是该国货币相对于其他主要国际货币的波动情况。经济增速调整后的外汇储备规模/GDP 指标则反映了一个国家在面对外部冲击时，维持货币稳定和经济平衡的能力。外债负债率是一个用来衡量一个国家或地区外债水平的宏观经济指标，它通过将一个国家或地区的外债余额除以其国内生产总值（GDP）来计算得出。这个指标反映了外债相对于国家经济规模的比例，是评估一个国家债务可持续性的重要参数之一。

　　综合这三个指标，对外币值稳定指数为我们提供了一个全面的视角，用以评估和比较不同国家货币的稳定性。这一指数不仅对于政策制定者在制定宏观经济政策时具有重要的参考价值，也为国际投资者在全球范围内进行资产配置提供了重要的决策依据。通过持续监测和分析对外币值稳定指数，可以及时发现潜在的经济风险，采取相应的措施以维护国家货币的稳定和国际地位。

二、国际影响力与控制力指数

国际影响力与控制力指数是评价一个国家货币在全球经济和金融体系中作用和影响力的综合指标。该指数不仅反映了一国货币在全球范围内的使用情况，还体现了该国在全球金融事务中的参与度和话语权。国际影响力与控制力指数由多个维度的指标构成，包括在国际储备中的地位、净国际投资头寸、外汇市场交易货币占比、货币掉期交易规模、跨境头寸、在 SWIFT 中的份额以及纳入篮子货币占比。

在国际储备中的地位指标显示了该国货币在全球官方储备资产中的占比，这一占比越高，表明该国货币在全球范围内被更广泛地接受和持有。净国际投资头寸指标则揭示了一个国家的外部金融资产与负债的净值，反映了该国在全球资本市场中的实力和影响力。外汇市场交易货币占比指标衡量了该国货币在全球外汇市场中的交易份额，交易份额代表了该国货币在全球贸易和金融活动中的活跃度和重要性。货币掉期交易规模指标指示了该国货币在国际掉期市场中的活动水平，这是国际金融市场流动性和深度的重要体现。跨境头寸指标反映了该国货币在全球跨境资金流动中的角色。在 SWIFT 中的份额指标则衡量了该国在国际支付系统中的活跃程度。纳入篮子货币占比是指一种货币被纳入国际货币基金组织（IMF）的特别提款权（SDR）货币篮子中所占的比重，它体现了国际货币基金组织（IMF）对一国货币作为国际储备资产的认可程度。

通过这些指标的综合评估，国际影响力与控制力指数为政策制定者、投资者和经济学家提供了一个量化工具，用以分析和比较不同国家货币在全球金融体系中的地位和影响力。这一指数不仅有助于识别货币国际化的进展和挑战，也为制定相关经济政策和战略提供了重要的数据支持。随着全球金融市场的不断演变，该指数在监测国际金融动态和指导国际经济合作中发挥着越来越重要的作用。

三、数字货币能力指数

数字货币能力指数是衡量一个国家央行在数字货币领域研发、应用和管理能力的指标。随着金融科技的快速发展，数字货币已成为全球金融体系中的新兴力量，对货币政策、支付系统和国际金融交易产生深远影响。该指数的构建旨在捕捉一个国家在数字货币创新、技术实施和监管框架方面的进展和成效。本章的数字货币能力指数基于普华永道发布的全球央行数字货币指数排名构建。数字人民币是由中国人民银行发行的法定数字货币，属于央行货币，其主要目的是提供便捷、安全、高效的零售支付方式，并且与实物人民币长期并存。这种数字货币的设计和实施不仅体现了中央银行的能力和政策意图，而且在法律地位、技术实现、隐私保护以及货币政策工具等方面具有独特性和重要性。在本书中，暂时不考虑私人货币层面，同时由于数据可得性的限制，对指标选择进行了取舍，因此选择集中分析央行数字货币。

数字货币能力指数的高低直接关联到一个国家在全球金融科技竞争中的地位，以及其货币在未来国际金融体系中的潜在作用。一个高数字货币能力指数的国家不仅能够更有效地应对金融科技带来的挑战，还能够在制定未来全球金融规则中发挥关键作用。通过监测和提升数字货币能力指数，一个国家可以确保其金融系统在未来的全球经济中保持竞争力和创新力。

第二节　货币指数测算与分析

一、货币总指数

中国在 2012～2023 年的货币指数表现为逐年上升趋势，平均得分为 79.40 分。如表 4-2 所示，中国在 2012 年的货币指数得分为 76.52 分，而到了 2023 年，这一得分上升至 83.19 分，这一增长轨迹反映了人民币在全球金融体系中逐步增强的地位和影响力，显示出中国在提升人民币国际地位方面取得了实质性进展。

表 4-2　　　　　　　　　　2012～2023 年货币指数　　　　　　　　　单位：分

国家	2012 年	2013 年	2014 年	2015 年	2016 年	2017 年	2018 年	2019 年	2020 年	2021 年	2022 年	2023 年
美国	86.92	86.81	86.90	87.08	87.27	87.28	89.93	89.60	89.23	88.65	89.64	88.89
英国	79.05	79.75	79.73	80.04	81.01	81.03	83.63	84.68	84.58	85.16	85.35	85.05
日本	78.96	79.18	79.21	79.00	79.02	79.09	79.86	79.81	78.98	80.32	80.10	84.87
中国	76.52	76.66	76.68	77.49	77.79	77.86	80.70	80.93	81.20	81.49	82.32	83.19
德国	79.25	79.22	79.07	78.91	79.04	79.08	82.20	82.23	82.33	82.38	82.72	82.66
法国	78.86	78.76	78.56	78.43	78.41	78.36	80.68	80.70	80.67	81.10	81.55	80.59
澳大利亚	76.07	76.12	76.14	76.16	76.04	76.02	76.06	76.12	76.02	76.18	76.10	79.33
加拿大	75.97	76.04	76.04	75.88	76.19	76.24	78.77	78.84	78.76	79.36	79.75	78.92
印度	75.74	75.73	75.74	75.76	75.75	75.69	75.73	75.77	75.07	75.73	75.76	78.31
意大利	77.94	77.92	77.81	77.63	77.63	77.61	77.68	77.66	77.60	77.70	77.68	77.79
荷兰	77.07	77.09	76.97	76.88	76.96	76.99	77.13	77.13	77.19	77.19	77.21	77.49
南非	75.80	75.76	75.81	75.68	75.85	75.88	77.77	77.70	77.28	77.73	78.37	77.48

续表

国家	2012 年	2013 年	2014 年	2015 年	2016 年	2017 年	2018 年	2019 年	2020 年	2021 年	2022 年	2023 年
西班牙	77.29	77.26	77.18	77.08	77.12	77.08	77.21	77.29	77.19	77.36	77.30	77.41
韩国	75.75	75.78	75.80	75.84	75.92	75.86	76.66	76.67	76.67	76.71	77.48	77.05
比利时	77.06	77.11	76.93	76.81	76.84	76.86	76.94	76.95	76.92	77.00	76.99	76.94
瑞典	75.51	75.54	75.49	75.59	75.60	75.55	77.08	77.09	76.72	77.11	77.53	76.82
瑞士	76.50	76.50	76.46	76.48	76.48	76.51	76.92	76.89	72.14	76.96	77.14	76.73
俄罗斯	76.95	77.09	76.38	76.77	76.44	76.53	76.43	76.28	75.27	76.26	76.15	76.63
奥地利	76.77	76.77	76.59	76.48	76.51	76.51	76.60	76.60	76.53	76.59	76.59	76.57
立陶宛	76.70	76.71	76.53	76.42	76.44	76.43	76.52	76.53	76.53	76.49	76.51	76.49
拉脱维亚	76.65	76.66	76.47	76.37	76.39	76.38	76.49	76.49	76.04	76.48	76.48	76.46
葡萄牙	76.62	76.62	76.44	76.35	76.38	76.37	76.46	76.47	76.39	76.46	76.47	76.45
希腊	76.62	76.61	76.42	76.30	76.32	76.34	76.42	76.41	76.31	76.37	76.39	76.41
芬兰	76.67	76.68	76.48	76.39	76.42	76.42	76.48	76.46	76.38	76.45	76.44	76.31
新加坡	75.32	75.36	75.35	75.36	75.56	75.57	78.11	78.54	74.91	78.91	79.25	76.22
爱尔兰	76.23	76.21	76.01	75.93	75.98	76.02	76.09	76.09	76.12	76.14	76.20	76.19
以色列	75.47	75.46	75.43	75.48	75.48	75.46	75.47	75.48	74.02	75.49	75.44	75.83
印度尼西亚	75.61	75.51	75.60	75.61	75.61	75.62	75.62	75.59	75.20	75.63	75.65	75.65
墨西哥	75.51	75.62	75.60	75.59	75.53	75.58	75.60	75.58	75.04	75.64	75.62	75.59
巴西	75.66	75.77	75.78	75.55	75.50	75.73	75.74	75.67	75.65	75.71	75.59	75.57
波兰	75.39	75.42	75.38	75.42	75.44	75.31	75.44	75.44	75.44	75.44	75.45	75.40
匈牙利	75.32	75.36	75.31	75.38	75.40	75.32	75.40	75.41	75.37	75.36	75.34	75.34
土耳其	75.38	75.63	75.57	75.63	75.62	75.55	75.95	75.98	76.00	76.51	76.06	75.06
沙特阿拉伯	75.71	75.74	75.75	72.57	72.95	75.74	76.12	74.07	74.01	76.51	76.54	74.45
卢森堡	73.30	73.24	72.23	71.69	71.72	72.10	72.34	72.66	73.12	73.26	73.56	73.68
阿根廷	75.48	75.62	75.61	75.61	75.57	75.51	75.20	75.55	75.59	75.54	75.47	73.21

中国的这一积极表现可以归因于几个关键因素。首先，中国经济的持续增长为人民币的国际化提供了坚实的基础。其次，中国政府推动的金融市场开放和改革措施，如扩大外资准入和完善金融监管体系，提高了金融市场的效率和透明度。再次，中国在国际金融合作方面的积极参与，包括"一带一路"倡议等多边项目，促进了人民币在跨境交易中的使用。最后，中国在数字货币领域的探索和创新，如数字人民币的研发和试点，不仅提升了支付系统的现代化水平，也增强了人民币在全球金融科技竞争中的领先地位。

尽管如此，与美国相比，中国的货币总体指数得分仍存在较大差距。2023 年，美国以其强大的经济实力和金融市场深度，以 88.89 分位居榜首，显示了美元在全球金融体系中的主导地位。中国未来需要继续深化改革，扩大金融市场的开放，加强国际合作，以进一步提升人民币的国际地位和影响力。随着中国经济的持续增长和金融市场的进一步改革，人民币有望在全球货币体系中发挥更加重要的作用。

如图4-1所示，2023年货币指数排名前五名的国家分别为美国、英国、日本、中国、德国；后五名分别为匈牙利、土耳其、沙特阿拉伯、卢森堡、阿根廷。美国以88.89分排名第一，领先其他国家，第二名至第六名国家得分位于80~86分，其余国家位于80分以下。

图4-1 2023年货币指数得分与排名

图4-2展示了货币总指数得分排名前五国家的得分情况，美国排名第一，得分显著高于其他国家。这表明美元在全球金融体系中的影响力和重要性无人能及。美国的经济实

力、金融市场的深度和广度，以及美元作为国际储备货币的地位，共同促成了其在货币总体指数上的领先地位。

英国位列第二，英镑作为传统的国际货币之一，在全球金融体系中占有重要地位。伦敦作为全球金融中心之一，对英镑的国际使用起到了推动作用。

日本位列第三，日本作为世界经济大国，拥有坚实的经济基础和高度发达的金融市场，加之日本政府积极推动金融自由化和日元国际化政策，以及日元作为避险货币的稳定性，使得日元在国际贸易和金融交易中得到了广泛使用和认可。尽管面临经济增长放缓和美元竞争等挑战，日元依旧保持了其作为主要国际货币的地位。

中国位列第四，这一得分反映了中国在国际货币体系中的影响力较大，人民币在国际货币体系中的影响力正在逐步提升。中国的经济持续增长、对外开放政策的深化，以及在数字货币等领域的积极探索，都有助于增强人民币的国际地位。不仅在传统金融领域表现突出，也在新兴的数字货币领域展现出竞争力。但与美国分差较大，在总体水平上，美元的影响力和重要性比人民币更强。美国作为全球最大的经济体，其货币政策、经济规模和金融市场的深度与广度都对全球金融体系产生深远影响。美元作为全球最重要的储备货币和交易媒介，其国际影响力和控制力远超人民币。相比之下，尽管中国的经济增长迅速，人民币的国际使用也在逐步增加，但在国际金融体系中的影响力和控制力仍有待进一步提升。

德国位列第五，这一排名反映了欧元作为国际货币的稳定性和广泛使用。德国在国际金融体系中的地位，以及其在欧元区的核心作用，都是其在货币总体指数上得分较高的原因。

图 4 - 2　2012~2023 年前五名国家货币指数趋势对比

图 4-3 展示了中国与其他金砖国家在货币指数得分情况对比。中国显著高于其他金砖国家。中国的经济规模、对外开放政策的深化，以及在数字货币等领域的积极探索，都

有助于其在国际货币体系中的地位提升。其他金砖国家虽然也在努力提升其货币的国际地位，但在整体影响力和控制力方面还未达到中国的水平。

同时，图 4–3 显示出中国的得分变化趋势，2012～2023 年中国货币总体呈现稳定上升。中国在这一指数上的稳定增长显示了人民币在全球经济中的地位和国际影响力稳步上升。随着中国经济的持续增长和金融市场的进一步改革，人民币的国际地位有望进一步提升，未来可能在国际货币体系中扮演更加重要的角色。

图 4–3　2012～2023 年金砖五国货币指数趋势对比

二、对外币值稳定指数

2012～2023 年，中国的对外币值稳定状况整体上表现出了稳健性。这段时间内，中国的对外币值稳定指数始终保持在接近满分的水平，这一成绩凸显了人民币在国际货币体系中的稳定性和信誉。如表 4–3 所示，2012 年，中国的指数得分为 100.00，随后几年虽然面临全球经济波动和国际贸易紧张等挑战，但中国的指数得分依然稳定在 99.9 至 100 之间，这反映了中国在宏观经济管理和外汇市场调控方面采取了有效策略和措施。

表 4–3　　　　　　　　　　　　2012～2023 年对外币值稳定指数　　　　　　　　　　单位：分

国家	2012 年	2013 年	2014 年	2015 年	2016 年	2017 年	2018 年	2019 年	2020 年	2021 年	2022 年	2023 年
中国	100.00	99.99	99.98	99.98	99.95	99.93	99.97	99.99	99.93	99.97	99.94	99.99
印度	99.97	99.90	99.96	99.97	99.96	99.87	99.95	99.97	97.61	99.96	99.93	99.96
以色列	99.93	99.90	99.80	99.95	99.96	99.87	99.89	99.91	95.04	99.94	99.78	99.95
韩国	99.86	99.95	99.95	99.92	99.96	99.80	99.95	99.95	99.90	99.88	99.91	99.94

续表

国家	2012 年	2013 年	2014 年	2015 年	2016 年	2017 年	2018 年	2019 年	2020 年	2021 年	2022 年	2023 年
印度尼西亚	99.96	99.62	99.94	99.91	99.88	99.92	99.94	99.86	98.50	99.93	99.93	99.94
立陶宛	99.83	99.83	99.75	99.75	99.83	99.61	99.84	99.86	99.73	99.81	99.85	99.84
美国	99.80	99.80	99.80	99.80	99.81	99.80	99.81	99.81	99.77	99.80	99.81	99.81
墨西哥	99.83	99.93	99.85	99.77	99.68	99.85	99.90	99.86	97.98	99.92	99.86	99.81
南非	99.94	99.73	99.93	99.43	99.56	99.63	99.86	99.82	98.38	99.93	99.93	99.79
拉脱维亚	99.69	99.70	99.59	99.62	99.69	99.48	99.73	99.76	98.14	99.74	99.78	99.78
日本	99.85	99.67	99.81	99.85	99.79	99.78	99.78	99.80	96.66	99.77	99.71	99.77
澳大利亚	99.77	99.64	99.73	99.67	99.72	99.61	99.69	99.72	99.31	99.75	99.75	99.77
巴西	99.98	99.95	99.96	99.02	99.09	99.90	99.91	99.91	99.67	99.94	99.73	99.73
波兰	99.71	99.83	99.69	99.79	99.83	99.44	99.85	99.89	99.87	99.86	99.87	99.73
意大利	99.55	99.53	99.62	99.66	99.74	99.53	99.74	99.74	99.32	99.67	99.72	99.73
奥地利	99.57	99.57	99.48	99.55	99.65	99.45	99.67	99.68	99.34	99.66	99.71	99.70
俄罗斯	99.79	99.95	97.72	99.58	99.27	99.79	99.82	99.60	96.34	99.92	99.82	99.69
加拿大	99.81	99.81	99.77	99.02	99.73	99.67	99.72	99.66	99.13	99.66	99.71	99.69
德国	99.64	99.65	99.55	99.60	99.68	99.47	99.68	99.69	99.44	99.60	99.66	99.67
西班牙	99.40	99.39	99.51	99.56	99.64	99.42	99.63	99.64	98.98	99.55	99.62	99.63
瑞典	99.53	99.56	99.31	99.60	99.60	99.39	99.60	99.62	98.36	99.61	99.53	99.59
匈牙利	99.51	99.66	99.49	99.69	99.75	99.51	99.78	99.80	99.66	99.63	99.57	99.56
葡萄牙	99.45	99.48	99.38	99.45	99.56	99.35	99.57	99.59	99.23	99.56	99.63	99.54
芬兰	99.50	99.52	99.41	99.47	99.58	99.39	99.52	99.52	99.15	99.52	99.52	99.52
比利时	99.38	99.43	99.32	99.37	99.40	99.22	99.46	99.44	99.07	99.40	99.47	99.47
法国	99.56	99.55	99.43	99.47	99.55	99.33	99.51	99.50	99.09	99.41	99.46	99.45
希腊	99.47	99.44	99.32	99.29	99.35	99.29	99.49	99.47	99.00	99.30	99.41	99.44
瑞士	99.50	99.50	99.34	99.44	99.41	99.37	99.44	99.41	83.30	99.35	99.41	99.43
英国	99.19	99.31	99.33	99.39	99.11	99.22	99.34	99.33	98.61	99.31	99.29	99.37
荷兰	98.76	98.75	98.58	98.61	98.70	98.55	98.83	98.92	98.76	98.98	99.09	99.16
爱尔兰	97.89	97.91	97.78	98.01	98.17	98.17	98.35	98.36	98.35	98.47	98.72	98.63
土耳其	99.17	99.92	99.76	99.91	99.91	99.73	99.76	99.82	99.89	98.57	99.65	98.15
沙特阿拉伯	100.00	99.99	99.99	89.40	90.71	99.98	99.98	93.14	92.89	99.95	99.97	95.43
阿根廷	99.54	99.93	99.91	99.89	99.75	99.62	98.55	99.72	99.86	99.70	99.49	91.92
新加坡	99.06	99.04	99.00	99.02	99.04	99.01	99.10	99.07	86.87	99.95	99.17	91.26
卢森堡	88.43	88.20	85.35	83.92	84.02	85.10	85.82	86.91	88.31	88.91	89.92	90.36

2020 年，全球经济受到新冠疫情的严重冲击，许多国家的货币稳定性受到了考验，然而中国的对外币值稳定指数依然保持在 99.93 分的高位，这一成绩得益于中国政府采取的一系列应对措施。中国政府迅速采取行动，包括实施严格的疫情防控措施、推出大规模的经

济刺激计划，以及优化货币政策，以确保经济的平稳过渡和恢复。此外，中国还加强了金融监管，提高了金融市场的透明度和效率，这些措施共同提升了人民币的稳定性和国际信誉。

尽管在 2012～2023 年，中国对外币值稳定指数有所波动，但中国金融体系的整体稳定性并未受到根本性影响。这表明中国在维护货币价值稳定方面具备较强的能力和经验。未来，中国有望继续通过宏观经济政策的优化、金融市场的进一步开放和创新，以及国际合作的深化，来巩固和提升人民币的国际地位。特别是随着数字货币的研发和试点项目的推进，中国在全球支付体系和货币政策中可能会发挥更加重要的作用，推动全球金融体系的创新和发展。

通过对 2023 年对外币值稳定指数排序后，得到图 4-4 所示各国对外币值稳定指数，

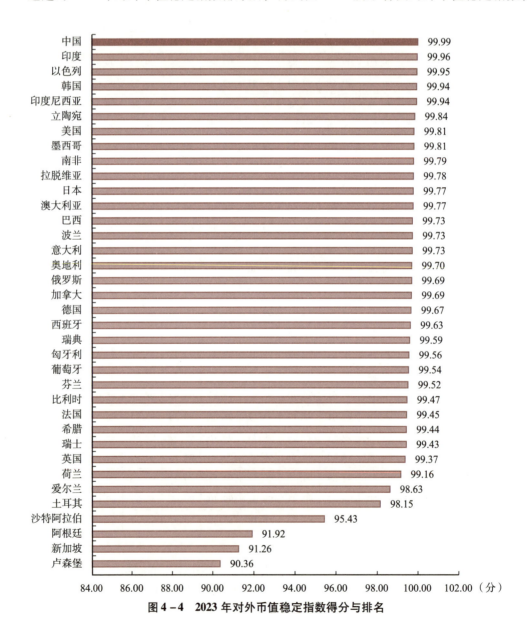

图 4-4　2023 年对外币值稳定指数得分与排名

前五名为中国、印度、以色列、韩国、印度尼西亚。整体指标呈现平缓下降趋势，但整体指标得分较高。该指标整体得分较高，原因为下设三级指标出现个别极端值，导致归一化后大部分国家得分密集，集中于高分区域。

图 4 - 5 展示了对外币值稳定得分排名前五国家趋势对比情况，图 4 - 6 展示了 2012 ~ 2023 年中国对外币值稳定指数趋势情况。

图 4 - 5　2012 ~ 2023 年前五名国家对外币值稳定指数趋势对比

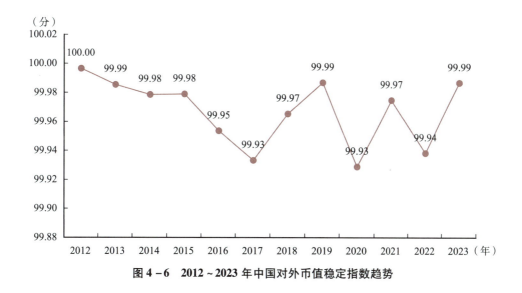

图 4 - 6　2012 ~ 2023 年中国对外币值稳定指数趋势

印度之所以在对外币值稳定方面排名第二，主要得益于该国经济的多元化和内需驱动，这可能为其货币卢比提供了一定程度的自然稳定性。国内市场的强大吸收能力有助于缓和外部冲击对货币价值的影响。此外，印度央行采取的审慎货币政策和外汇市场干预措施也有助于维护卢比的稳定。以色列之所以在对外币值稳定指数中排名第三，是因为该国拥有发达的金融体系和创新驱动的经济结构，这些因素为谢克尔提供了坚实的支撑。以色列政府采取的稳健财政政策和有效的货币政策，以及其在科技创新领域的全球领导地位，进一步增强了谢克尔的稳定性。韩国央行可能会在市场过度波动时进行干预，以维护经济和金融稳定。印度尼西亚的货币稳定性得益于其经济的强劲增长和稳健的政策框架，加之政府采取的一系列宏观经济稳定措施和积累的外汇储备，为其货币印尼盾提供了坚实的支撑。

2012～2023年，中国对外币值稳定指数极高且稳定在100分左右，位列第一。人民币的对外货币稳定程度较高。中国的经济规模和增长速度，以及中国政府在宏观调控和外汇市场管理方面的有效措施，是人民币稳定性的主要原因。

各国的对外币值稳定指数均在2020年有小幅下降，其原因可能为：2020年，全球各国受到COVID-19疫情的暴发和蔓延的影响，导致经济剧烈震荡和不确定性增加。这种经济不确定性以及贸易紧张局势加剧，引发了各国汇率波动相对较大的现象。同时，各国央行采取了货币政策干预措施应对疫情带来的挑战，原油价格下跌和投资者避险需求也对汇率产生了影响。在这些因素的影响下，2020年各国汇率波动相对较大，呈现出复杂而不确定的态势。

三、国际影响力与控制力指数

如表4-4所示，中国在2012年的得分为67.53分，2012～2023年呈现稳步上升趋势，2023年达到71.99分，表明中国在国际金融领域的影响力在稳步提升。此得分反映了中国在全球经济中的重要作用，以及中国政府在推动人民币国际化方面所作出的努力。

表4-4　　　　　　　　　　2012～2023年国际影响力与控制力指数　　　　　　　　单位：分

国家	2012年	2013年	2014年	2015年	2016年	2017年	2018年	2019年	2020年	2021年	2022年	2023年
美国	84.97	84.78	84.93	85.24	85.55	85.57	85.14	84.58	83.99	83.01	84.05	82.79
英国	72.15	73.26	73.22	73.71	75.46	75.44	75.48	77.22	77.42	77.44	77.15	77.22
日本	71.68	72.13	72.11	71.74	71.80	71.92	72.00	71.90	72.09	72.17	71.83	75.46
德国	72.27	72.21	72.02	71.71	71.89	72.07	72.31	72.35	72.65	72.64	72.58	73.08
中国	67.53	67.78	67.80	69.16	69.67	69.80	69.98	70.05	70.22	70.38	71.18	71.99
法国	71.66	71.49	71.21	70.98	70.91	70.93	71.07	71.11	71.27	71.23	71.34	70.71
意大利	70.12	70.10	69.88	69.55	69.51	69.58	69.59	69.56	69.67	69.67	69.61	69.78
荷兰	69.06	69.11	68.99	68.83	68.92	69.04	69.13	69.09	69.27	69.17	69.13	69.56
西班牙	69.11	69.07	68.87	68.69	68.71	68.76	68.87	69.00	69.16	69.16	69.02	69.21
比利时	68.74	68.80	68.55	68.34	68.37	68.48	68.51	68.53	68.66	68.64	68.58	68.51
加拿大	66.72	66.84	66.85	66.96	67.12	67.23	67.19	67.33	67.47	67.56	67.61	68.36
瑞士	67.76	67.75	67.77	67.75	67.75	67.84	67.87	67.85	67.97	67.98	67.95	68.17
奥地利	68.17	68.17	67.91	67.70	67.69	67.78	67.83	67.83	67.89	67.83	67.80	67.77

续表

国家	2012 年	2013 年	2014 年	2015 年	2016 年	2017 年	2018 年	2019 年	2020 年	2021 年	2022 年	2023 年
爱尔兰	68.11	68.07	67.79	67.55	67.55	67.61	67.64	67.64	67.69	67.66	67.64	67.66
葡萄牙	67.97	67.97	67.71	67.52	67.52	67.61	67.65	67.65	67.71	67.66	67.64	67.64
希腊	67.97	67.97	67.71	67.53	67.52	67.59	67.62	67.62	67.68	67.62	67.61	67.64
卢森堡	67.95	67.96	67.71	67.52	67.52	67.62	67.66	67.65	67.71	67.64	67.64	67.61
立陶宛	67.92	67.93	67.67	67.49	67.49	67.58	67.62	67.61	67.68	67.62	67.60	67.56
拉脱维亚	67.91	67.92	67.66	67.48	67.48	67.57	67.61	67.60	67.66	67.60	67.58	67.55
芬兰	68.04	68.04	67.77	67.58	67.58	67.67	67.70	67.67	67.73	67.67	67.64	67.42
韩国	66.33	66.32	66.36	66.43	66.55	66.53	66.57	66.60	66.62	66.69	66.76	66.79
澳大利亚	66.89	67.04	67.03	67.09	66.88	66.89	66.93	67.01	67.05	67.09	66.95	66.77
俄罗斯	68.35	68.50	68.43	68.17	67.77	67.66	67.47	67.34	67.28	67.14	67.00	66.75
南非	66.36	66.40	66.39	66.41	66.64	66.66	66.66	66.57	66.58	66.55	66.41	66.46
新加坡	66.00	66.09	66.08	66.09	66.41	66.45	66.40	66.52	66.56	66.54	66.44	66.41
沙特阿拉伯	66.18	66.23	66.26	66.25	66.24	66.24	66.27	66.29	66.29	66.33	66.38	66.37
印度尼西亚	66.05	66.04	66.04	66.07	66.07	66.07	66.07	66.06	66.09	66.09	66.12	66.12
印度	66.25	66.27	66.26	66.28	66.26	66.22	66.24	66.29	66.31	66.24	66.30	66.10
巴西	66.11	66.30	66.32	66.40	66.29	66.26	66.28	66.16	66.24	66.21	66.12	66.09
墨西哥	65.94	66.06	66.07	66.11	66.05	66.04	66.05	66.03	66.07	66.11	66.10	66.09
阿根廷	66.03	66.06	66.07	66.07	66.07	66.05	66.06	66.06	66.06	66.06	66.05	66.05
土耳其	66.05	66.09	66.07	66.10	66.08	66.05	66.09	66.11	66.11	66.16	66.03	66.02
瑞典	66.08	66.11	66.16	66.18	66.19	66.22	66.24	66.25	66.27	66.30	66.42	66.01
以色列	65.82	65.82	65.82	65.82	65.83	65.84	65.84	65.84	65.85	65.84	65.84	65.85
波兰	65.79	65.79	65.79	65.81	65.81	65.79	65.80	65.80	65.80	65.81	65.82	65.81
匈牙利	65.77	65.78	65.78	65.78	65.78	65.78	65.78	65.78	65.78	65.78	65.78	65.78

中国在国际影响力与控制力指数上的进步，可以归因于几个关键因素。首先，中国经济的持续增长为人民币的国际化提供了坚实的基础。作为全球第二大经济体，中国的经济增长为世界经济贡献了显著的份额，这增加了国际社会对人民币的需求和接受度。其次，中国政府在推动金融市场的开放和改革方面采取了一系列措施。这些措施包括扩大外资银行和金融机构的市场准入、推动人民币跨境使用，以及参与国际金融合作项目，如"一带一路"倡议，这些都有助于提升人民币的国际地位。此外，中国在国际金融组织中的积极参与和贡献，如在国际货币基金组织（IMF）和世界银行等机构中的角色，也增强了人民币的国际影响力。中国还通过参与国际金融规则的制定，提升了在全球金融治理中的话语权。

尽管如此，中国在国际影响力与控制力方面与美国等国家相比仍有差距。美元、英镑、欧元、日元作为主导国际货币，在国际储备中的地位、外汇市场交易占比和货币掉期交易规模上优势明显。产生上述短板的主要原因包括：在国际储备中的占比、外汇市场交易货币占比、货币掉期交易规模及纳入篮子货币占比指数较低，人民币国际支付结算空间有限。美国以 82.79 的指数位居第一，显示了美元在全球金融体系中的主导地位。

中国需要继续努力，通过进一步的金融改革和国际合作，提升人民币的国际使用和影响力。随着人民币在特别提款权（SDR）货币篮子中的权重提升，人民币国际影响力与控制力有所增强。未来，随着中国经济的持续增长和金融市场的进一步改革，人民币的国际影响力和控制力有望进一步提升。中国在数字货币领域的积极探索和试点项目，如数字人民币（DCEP），也可能为人民币的国际化带来新的机遇。通过这些努力，中国有望在全球货币体系中扮演更加重要的角色，推动全球金融体系的创新和发展。

通过对 2023 年国际影响力与控制力指数排序后，得到图 4-7 所示各国国际影响力与

图 4-7　2023 年国际影响力与控制力指数得分与排名

控制力指数。前五名为美国、英国、日本、德国、中国；后五名为土耳其、瑞典、以色列、波兰、匈牙利。美国显著高于其他国家，以82.79分位居第一，英国以77.22分位列第二，第二名以后指标下降较为平缓。第三名到第六名得分位于70～76分，其余国家位于70分以下。

图4-8展示了国际影响力与控制力指数得分排名前五国家的得分情况。美国在国际影响力与控制力指数方面显著高于其他国家。这一结果反映了美元在全球金融体系中的主导地位。美国的经济规模、产业结构和创新能力等方面在国际舞台上具有重要影响力，这些因素共同促成了美元的强势地位。

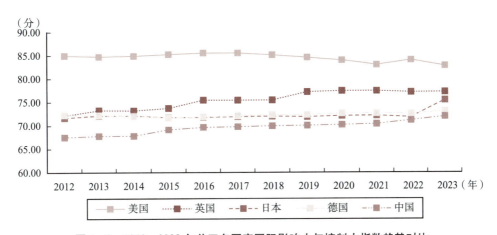

图4-8 2012～2023年前五名国家国际影响力与控制力指数趋势对比

英国、日本、德国紧随美国之后。表明英镑、日元、欧元在国际储备和交易中的强大影响力，因此在国际影响力与控制力指数中位列前列。

中国位列第五，人民币在国际金融体系中也具有较强的影响力。中国经济的快速增长和对外开放政策，以及在多边合作机制中的积极参与，如"一带一路"倡议和亚洲基础设施投资银行（AIIB），都有助于提升人民币的国际地位。

中国与美国在国际影响力与控制力指数上的差距较大。美国作为全球最大的经济体之一，其货币政策、经济规模和金融市场的深度与广度都对全球金融体系产生深远影响。美元作为全球最重要的储备货币和交易媒介，其国际影响力远超其他货币。相比之下，尽管中国的经济增长迅速，人民币的国际使用也在逐步增加，但与美国相比，仍存在一定差距。

图4-9展示了中国与其他金砖国家在国际影响力与控制力指数得分情况对比。在金砖国家中，中国的国际影响力与控制力指数显著高于其他金砖国家。这一差距的原因可能包括：（1）经济规模和增长速度：中国是全球第二大经济体，其经济规模和增长速度远超其他金砖国家。（2）对外开放政策：中国政府积极推动对外开放，包括"一带一路"倡议等多边合作，这些都有助于提升人民币的国际地位。（3）金融市场的改革与发展：中国

金融市场的逐步开放和国际化，提高了人民币的国际使用范围和便利性。

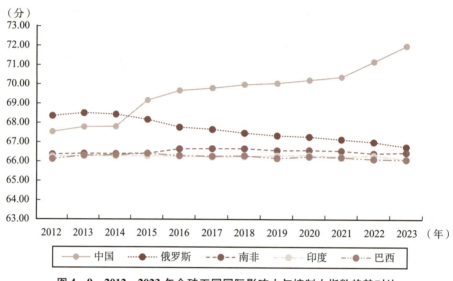

图 4 - 9　2012 ~ 2023 年金砖五国国际影响力与控制力指数趋势对比

同时，图 4 - 9 显示出中国在 2012 ~ 2023 年的得分变化趋势。2012 ~ 2023 年中国的国际影响力与控制力指数整体呈现稳步增长。随着中国经济的持续增长和金融市场的进一步改革，人民币的国际影响力和控制力有望进一步提升。

四、数字货币能力指数

由于数据来源于普华永道全球央行数字货币指数，只披露了各年在该指数中排名前十的国家，因此如表 4 - 5 所示，本指数只展示该 18 国。

表 4 - 5　　　　　　　　　　2012 ~ 2023 年数字货币能力指数　　　　　　　单位：分

国家	2012 年	2013 年	2014 年	2015 年	2016 年	2017 年	2018 年	2019 年	2020 年	2021 年	2022 年	2023 年
中国	71.53	74.03	76.52	79.01	81.51	84.00	87.27	89.09	90.91	92.73	96.36	100.00
日本	60.00	60.00	60.00	60.00	60.00	60.00	67.27	67.27	67.27	70.91	70.91	96.65
澳大利亚	60.00	60.00	60.00	60.00	60.00	60.00	60.00	60.00	60.00	60.00	60.00	93.35
美国	83.24	84.07	84.90	85.73	86.56	87.39	89.09	89.09	89.09	89.09	92.73	92.73
新加坡	78.75	80.13	81.51	82.88	84.26	85.64	85.45	89.09	89.09	92.73	96.36	90.00
德国	87.05	87.36	87.67	87.98	88.29	88.61	89.09	89.09	89.09	89.09	92.73	89.09
英国	77.28	78.53	79.77	81.02	82.27	83.52	85.45	85.45	85.45	89.09	92.73	89.09
印度	60.00	60.00	60.00	60.00	60.00	60.00	60.00	60.00	60.00	60.00	60.00	86.65

续表

国家	2012 年	2013 年	2014 年	2015 年	2016 年	2017 年	2018 年	2019 年	2020 年	2021 年	2022 年	2023 年
法国	75.85	76.80	77.75	78.69	79.64	80.58	81.82	81.82	81.82	85.45	89.09	83.35
加拿大	86.81	86.75	86.70	86.65	86.60	86.55	85.45	85.45	85.45	89.09	92.73	80.00
南非	75.70	76.10	76.51	76.91	77.32	77.72	78.18	78.18	78.18	78.18	85.45	76.65
瑞典	73.76	73.90	74.04	74.18	74.32	74.46	74.55	74.55	74.55	74.55	78.18	73.35
韩国	60.33	61.34	62.35	63.37	64.38	65.39	67.27	67.27	67.27	67.27	74.55	70.00
沙特阿拉伯	56.36	57.45	58.55	59.64	60.73	61.82	63.64	63.64	63.64	67.27	67.27	68.36
俄罗斯	60.00	60.00	60.00	60.00	60.00	60.00	60.00	60.00	60.00	60.00	60.00	66.65
瑞士	61.09	61.45	61.82	62.18	62.55	62.91	63.64	63.64	63.64	63.64	65.45	65.09
土耳其	61.09	61.45	61.82	62.18	62.55	62.91	63.64	63.64	63.64	63.64	65.45	65.09
以色列	60.00	60.00	60.00	60.00	60.00	60.00	60.00	60.00	60.00	60.00	60.00	63.35

如表 4-5 所示，在数字货币能力领域，中国 2012~2023 年的指数稳步上升，近几年得分极高，居全球首位，显示出中国在数字货币的研发、应用和推广方面取得了显著的进展。这一成就得益于中国政府对数字货币领域的高度重视和积极的政策支持，特别是中国人民银行在数字货币研发上的大力投入和数字人民币（DCEP）试点项目的推进。2023年，数字人民币跨境试点深入推进，货币桥项目将进入商业应用阶段。多地试行工资数字人民币发放，数字人民币 App 使公民无网无电支付与跨境支付更加便利。

中国的金融科技创新环境为数字货币的发展提供了坚实的技术基础。国内金融机构和科技企业在区块链和移动支付等关键技术领域的深入探索，为数字货币的实际应用奠定了技术基础。此外，中国庞大的互联网用户群体和成熟的电子商务市场为数字货币的推广提供了广阔的应用场景和市场需求。

中国还积极参与国际金融合作，推动数字货币国际标准的制定，通过与国际清算银行等国际组织的合作，中国在全球数字货币发展中发挥了重要作用，推动了数字货币的国际兼容性。

尽管在数字货币领域取得了显著成就，中国仍需面对技术安全性、监管框架完善以及国际合作与竞争平衡等挑战。未来，中国需持续加强数字货币的技术研发，完善相关法律法规，并与国际社会合作，共同推动数字货币的健康发展。随着数字货币技术的进一步成熟和广泛应用，中国有望在全球支付体系和货币政策中发挥更加重要的作用，对全球金融体系产生深远影响。

通过对 2023 年数字货币能力指数排序后，得到图 4-10 所示各国数字货币能力指数。前五名分别为中国、日本、澳大利亚、美国、新加坡。中国和日本位列第一和第二，显示了两国在数字货币研发和应用方面的世界领先地位。第三名到第五名得分位于 90~95 分，第六名到第十名得分位于 80~90 分，其余国家位于 60~80 分。

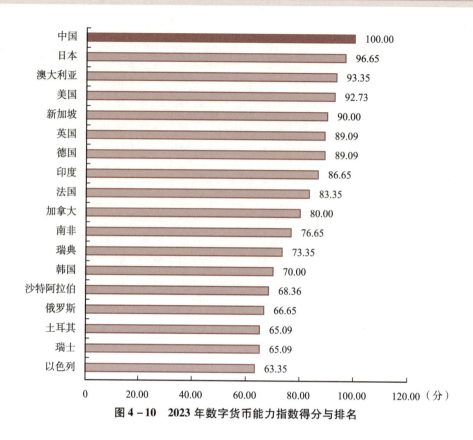

图 4-10 2023 年数字货币能力指数得分与排名

图 4-11 展示了数字货币能力指数得分排名前五国家得分情况。中国的数字货币能力指数稳步提升，跃居第一。这一排名显示了中国在数字货币研发和应用方面的积极进展。中国央行已经在一些城市展开了数字货币试点项目，如数字人民币（DCEP），这些试点项目在推动数字货币的研发和应用方面取得了一定的进展。

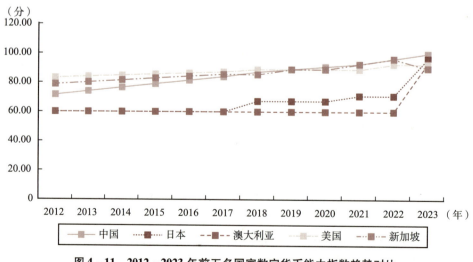

图 4-11 2012～2023 年前五名国家数字货币能力指数趋势对比

日本位列第二，是因为该国在金融科技领域的创新能力和对数字货币发展的重视。日本央行积极开展数字货币技术的研究和测试，推动了数字货币技术的发展。

澳大利亚位列第三，显示出该国在数字支付和金融科技领域的投资和发展，金融机构和政府都在积极探索数字货币的潜力和应用。

美国位列第四，反映了该国在金融科技领域的创新能力和对数字货币发展的重视。

新加坡位列第五，表明新加坡在数字货币领域的发展同样迅速。新加坡作为一个国际金融中心，对金融科技创新持开放态度，积极推动数字货币和其他相关金融科技的发展。

同时，图 4-11 显示出中国在 2012~2023 年的得分变化趋势。中国数字货币能力稳步提升，跃居第一。数字货币能力指数是一个反映国家在新兴数字货币领域发展潜力和进展的重要指标。中国在这一指数上的高分显示了其在全球数字货币发展竞赛中的领先地位。随着数字货币技术的不断成熟和应用的广泛推广，预计中国将继续在这一领域发挥重要作用，并可能对全球支付体系和货币政策产生深远影响。

第三节　货币指数总结与展望

一、主要结论

（一）人民币国际影响力持续增强

中国在货币稳定性、国际影响力与控制力以及数字货币能力等方面均展现出强劲的发展势头和显著的国际竞争力。中国的经济增长、宏观调控措施、对外开放政策和金融科技创新，特别是数字货币的研发和试点，都有助于提升人民币的国际地位和影响力。未来，随着中国经济的持续增长和金融市场的进一步改革，人民币有望在全球货币体系中扮演更加重要的角色，成为更加广泛使用的国际货币之一。同时，中国在数字货币领域的领先地位预示着其在全球支付体系和货币政策中可能产生的深远影响。

（二）人民币国际化进程中仍存在挑战与不足

首先，人民币国际使用范围有限。虽然人民币已被纳入国际货币基金组织（IMF）的特别提款权（SDR）货币篮子，成为全球第五大支付货币，但其在国际贸易和金融交易中的使用比例仍然较低。人民币在全球外汇储备中的占比也相对较小，表明其作为国际储备货币的地位尚未完全确立。其原因可能为资本账户限制；金融市场发展限制；国际信任与认可限制：中国的资本账户尚未完全开放，这限制了人民币在跨境交易中的自由流动；中国金融市场的开放程度和深度相较于发达国家仍有差距，影响了国际投资者对人民币资产的需求；尽管中国经济规模庞大，但国际社会对人民币的信任和认可程度仍需提升。

其次，金融市场开放和深化程度有待提高。中国金融市场虽然已经取得了一定的开放进展，但与国际金融中心相比，仍存在市场准入限制、金融产品创新不足、市场流动性和透明度有待提高等问题。其原因可能为：金融市场的监管框架和法规体系需要进一步完善，以适应国际化的要求；金融市场的基础设施，如交易、清算和结算系统，需要进一步升级和国际化；金融产品和服务的创新能力相对较弱，限制了市场的多样性和竞争力。

再次，数字货币发展面临国内外挑战。中国在数字货币研发方面取得了进展，但在全球范围内，数字货币的竞争日趋激烈，同时国内对于数字货币的监管和安全问题也亟待解决。其原因可能为：技术竞争、监管挑战和安全问题。全球多个国家和私营部门都在积极研发数字货币，中国需要在技术上保持领先；数字货币的匿名性和跨境特性给监管带来挑战，需要制定有效的监管政策；数字货币系统的安全性是用户信任的关键，需要确保系统的稳定性和安全性。

最后，国际货币体系中的地位尚需提升。人民币虽然在国际货币体系中的地位逐步提升，但在全球经济治理和国际金融活动中的话语权和影响力仍需加强。现有的国际货币体系以美元为主导，人民币要获得更大的影响力仍需要时间和努力。国际经济政策的协调和合作对于提升人民币地位至关重要，需要加强与其他国家的经济合作。提升国际社会对中国经济政策和金融市场稳定性的信任是提升人民币地位的关键。

二、建议与展望

（一）深化人民币汇率稳定性的战略

中国在维持人民币稳定方面取得了显著成效，这得益于中国央行实施的一系列宏观审慎政策和外汇市场干预措施。为了进一步增强人民币币值的稳定性，中国需深化汇率形成机制和外汇管理机制的改革。这包括推进汇率市场化，提高汇率弹性，以及增强汇率对市场供求变化的响应能力。同时，应加强宏观审慎管理，完善外汇市场的供求关系，确保汇率能够更加灵活地反映市场力量，同时防范和应对外部冲击。通过这些措施，中国能够确保人民币汇率在合理均衡水平上的基本稳定，为国际贸易和投资提供一个可预测的货币环境，从而增强人民币的国际信誉和吸引力。

（二）全面提升人民币的国际影响力与控制力

随着中国经济的稳健增长和对外开放程度的日益加深，人民币在全球金融体系中的地位正迎来显著提升的机遇。中国政府积极推进的"一带一路"倡议和亚洲基础设施投资银行（AIIB）等多边合作框架，为人民币在国际投资和融资领域的广泛应用提供了有力支持，并有助于其在国际储备货币体系中发挥更加重要的作用。

为了进一步增强人民币的国际影响力，中国需采取多管齐下的策略。首先，应加强人民币与全球贸易、投资和产业链的紧密联系，提升跨境交易、贸易融资、外商直接投资及海外直接投资等服务的质量和效率。通过这些措施，不仅可以推动国际贸易与投资的结构优化和升级，还能加速数字化转型，加快中国向国际贸易强国的迈进。其次，中国应加快国际金融中心的建设步伐。上海和深圳作为中国内地的国际金融中心，香港则作为国际金融枢纽，共同承担着提升人民币资产供给水平的重要任务。此外，发展国债市场、增强金融要素的交易权和定价权也是关键，这将有助于形成一个与现代化经济体系相适应的全球金融要素配置中心。最后，中国需稳步推进人民币国际化进程。以市场需求为基础，遵循市场化原则，持续优化跨境贸易人民币结算机制，加强离岸人民币市场的建设。同时，改善大宗商品的人民币计价体系，扩大境内金融市场的开放，并丰富人民币金融资产的供给，这些都是推动人民币国际化的关键环节。

（三）推动人民币作为计价单位的广泛应用

作为全球第二大经济体，中国在国际贸易中占据重要地位。人民币作为计价单位的使用正在逐步增加，特别是在与中国有密切贸易往来的国家和地区。人民币加入 SDR 和权重的上升对中国、IMF 和其成员国都是一个重要事件，利在长远。在可预见的未来，SDR 篮子里的货币将会继续担任全球主要储备货币。但与美元在国际金融体系中的作用相比，人民币国际化还有很长的路要走，可谓任重道远。人民币的进一步国际化，离不开中国经济持续增长的支持、高水平的对外开放、金融体系和市场不断完善等方面的努力。随着中国金融市场的进一步开放和人民币国际化的推进，人民币在国际计价和结算中的应用有望进一步扩大。中国需要继续推动人民币在大宗商品交易和国际债券发行中的使用，加强与主要贸易伙伴的货币互换协议，提升人民币资产的吸引力。通过增加金融产品的多样性并提升其质量，吸引国际投资者持有人民币资产，将有助于人民币在国际计价和结算中得到更广泛的接受和使用。

（四）加速数字货币的研发与国际合作

中国在数字货币领域的发展处于全球领先地位。中国人民银行正在积极推进数字货币（DCEP，数字货币/电子支付）的研发和试点工作，旨在提高支付系统的效率和安全性。中国的数字货币探索不仅有助于推动国内支付系统的现代化，也可能对全球支付体系和货币政策产生深远影响。为了应对数字货币领域的国际竞争和技术挑战，中国需要加快数字货币的研发和试点，特别是在零售支付和跨境支付领域的应用。同时，要加大与国际监管机构合作的力度，共同制定数字货币的国际标准和监管框架，加强对数字货币系统的安全性和稳定性的研究。这些措施将有助于中国在全球支付体系和货币政策中发挥更加重要的作用，同时为国内支付系统的现代化提供支持。通过这些努力，中国不仅能够巩固其在数字货币领域的领先地位，还能够在全球金融科技的发展中发挥关键作用，推动全球支付体系的创新和变革。

第五章

中央银行指数

第一节　中央银行指数构建

结合各个国家中央银行发展的特征和影响其发展的相关特征指标，本节从货币政策自主权、物价稳定、国际收支平衡、金融稳定、金融基础设施、国际协调治理 6 个方面出发，并下设 22 个三级指标，兼顾各因素量化的可行性与数据的可获得性，对中央银行测度指标体系进行设计，各二级指标的具体设计思路如表 5－1 所示。

表 5－1　　　　　　　　　　　中央银行指数评估指标体系

二级指标	三级指标	数据来源
货币政策自主权	货币工具独立性	OECD 数据库－政策利率－基准利率
物价稳定	通货膨胀目标偏离度	Wind 数据库－按 GDP 平减指数衡量的通货膨胀（年通胀率）
	通货膨胀率波动率	Wind 数据库－按 GDP 平减指数衡量的通货膨胀（年通胀率）
	PPI 偏离度	Wind 数据库－生产者价格指数（PPI）
国际收支平衡	国际收支差额波动	World Bank、OECD 数据库－国际收支差额
	货物与服务贸易差额波动	World Bank、OECD 数据库－货物与服务贸易差额
	资本项目差额波动	World Bank、OECD 数据库－资本项目差额
金融稳定	政府部门杠杆率	BIS 数据、IMF 数据－杠杆率－政府部门
	企业部门杠杆率	BIS 数据、IMF 数据－杠杆率－非金融企业部门
	居民部门杠杆率	BIS 数据、IMF 数据－杠杆率－居民部门
	资产价格泡沫	EPS 数据库、OECD 数据库－股票、不动产价格
	房价波动率	OECD 数据库－实际房价指数，2015＝100
	股票市场波动率	Wind 数据库、World Bank－S&P 全球股票指数（年变化率）
	债券市场波动率	OECD 数据库－债券市场政府债券利率

二级指标	三级指标	数据来源
金融基础设施	提供支付服务的机构数	BIS 数据 – BIS 关于支付与金融市场基础设施的统计指标、World Bank – Clearing members
	无现金支付占 GDP 比重	BIS 数据 – BIS 关于支付与金融市场基础设施的统计指标、World Bank
	终端数	BIS 数据 – BIS 关于支付与金融市场基础设施的统计指标、World Bank、Wind – 电子货币卡支付终端
	选定支付系统处理的支付交易额占 GDP 比重	BIS 数据 – BIS 关于支付与金融市场基础设施的统计指标、World Bank – Payment systems
	国内使用 SWIFT 机构数量	BIS 数据 – BIS 关于支付与金融市场基础设施的统计指标、World Bank – S：Swift
国际协调治理	参与国际经济金融组织份额	国际货币基金组织（IMF）、世界银行（WB）、经济合作与发展组织（OECD）官方网站
	参与国际经济金融组织投票权	国际货币基金组织（IMF）、世界银行（WB）、经济合作与发展组织（OECD）官方网站
	国际信用评级机构	国际前五大信用评级机构

一、货币政策自主权

货币政策自主权是中央银行在制定和执行货币政策时，能够独立于政府和其他外部机构的干扰，根据国内经济状况和目标自主决定货币政策工具和方向的能力。

利率是货币政策调控的最有效的工具之一，兼顾数据可得性和国际可比较性，我们采用艾森曼、钦和伊藤在 2008 年提出的货币独立性指标来衡量独立性。该指标主要是使用母国与基准国货币市场利率的年度相关性的倒数（MI）来刻画。MI 值越高，说明中央银行的货币政策越不受外部影响，自主权越大，如式（5-1）所示。

$$MI = 1 - \frac{Corr(i_i, i_j) - (-1)}{1 - (-1)} \tag{5-1}$$

式（5-1）中的 i_i 和 i_j 分别是本国和基准国的货币市场基准利率。中国选择的是上海银行间同业市场拆借利率，一般基准国选择为美国，为联邦基金有效利率。

二、物价稳定

物价稳定是中央银行货币政策的核心目标之一，它对于维持经济的健康运行和公众的购买力至关重要。本节基于数据的可得性和可量化性选取通货膨胀目标偏离度、通货膨胀率波动率以及 PPI 偏离度三个指标来衡量一个国家的物价稳定水平。

通货膨胀目标偏离度衡量的是实际通货膨胀率与中央银行设定的通货膨胀目标之间的差距。若偏离度在通货膨胀目标上下合理区间范围内（赋值为1），说明中央银行在控制通货膨胀方面的效果较好；通货膨胀率波动率则衡量了通货膨胀率的波动程度，低波动率表明物价较为稳定；PPI偏离度是指各国生产者价格指数（PPI）与测算国当年平均水平间的差距，它反映了生产成本的稳定性，对该国未来的消费者价格稳定有重要影响。

三、国际收支平衡

国际收支平衡反映了一个国家与世界其他国家进行经济交易时的总体状况。基于数据的可得性和可量化性，本节依次选取了国际收支差额、货物与服务贸易差额以及资本项目差额三个指标来衡量一个国家的国际收支平衡水平。

国际收支差额是指一个国家的经常账户、资本账户和金融账户的总体平衡情况。货物与服务贸易差额是指货物与服务出口与进口之间的差额，它反映了贸易平衡状况。资本项目差额是指资本流入与流出之间的差额，它反映了资本流动的平衡状况。加入这些指标对于评估目标国对外经济状况和中央银行在外汇市场上的干预效果至关重要。

四、金融稳定

金融稳定是指金融体系能够有效地抵御冲击，保持金融市场和金融机构的正常运作。基于数据的可得性和可量化性，本节依次选取了政府部门杠杆率、企业部门杠杆率、居民部门杠杆率、资产价格泡沫、房价波动率、股票市场波动率以及债券市场波动率七个指标来衡量一个国家的金融稳定水平。

政府部门杠杆率、企业部门杠杆率和居民部门杠杆率衡量了三部门债务水平相对于GDP的比例，高杠杆率可能增加金融体系的脆弱性。资产价格泡沫使用房地产、股票等资产当前的市盈率（PE Ratio）与该资产的历史市盈率、资本市场当前的平均市盈率进行比较，差值越大表示当前该国可能存在的泡沫越明显，进而导致金融的不稳定性。房价波动率、股票市场波动率和债券市场波动率衡量了该国各自市场的价格波动程度，高波动性可能表明金融市场的不稳定性较强。

五、金融基础设施

金融基础设施是指金融体系的硬件和软件设施，基于数据的可得性和可量化性，本节在此指标体系中下设了无现金支付占GDP比重、提供支付服务的机构数、支付终端数、选定支付系统处理的支付交易额占GDP比重和国内使用SWIFT机构数量五个三级指标，有效全面地衡量了支付服务的普及程度、支付系统的效率以及金融交易的便利性。

作为国家金融体系的重要组成，金融基础设施在连接金融机构、保障市场运行、服务实体经济、防范金融风险等方面发挥着至关重要的作用，其建设和发展水平直接关系到能否更好发挥金融功能、推动经济高质量发展。金融新基建的"新"，一方面体现在如何有效利用新型的前沿技术优化传统的金融市场硬件设施，另一方面体现在如何革新现有的制度、原则和法规以适应新型金融服务的需求等。一个高效、安全的金融基础设施对于促进金融交易、降低交易成本和提高金融服务的可获得性至关重要。

六、国际协调治理

国际协调治理指不同国家和地区在金融领域的合作与协调机制，旨在通过国际组织、协议和规则促进全球金融稳定，同时支持可持续的经济增长和发展。通过国际合作，可以更有效地应对跨境金融问题，如资本流动、汇率波动、金融创新等带来的挑战。通常涉及政策协调、监管合作、危机管理、标准制定等方面。基于数据的可得性和可量化性，本节依次选取了参与国际经济金融组织份额、参与国际经济金融组织投票权和国际信用评级机构三个指标来衡量一国的国际协调治理能力水平。

参与国际经济金融组织份额和参与国际经济金融组织投票权分别用测算国当年在三大主要国际经济金融组织：国际货币基金组织（IMF）、世界银行（WB）、经济合作与发展组织（OECD）中所占份额或投票权来衡量；国际信用评级机构数量主要以测算国在国际前五大信用评级机构：标准普尔（美国）、穆迪（美国）、惠誉国际（美国）、贝氏A. M. Best（美国）、DBRS（加拿大）中所占数量来衡量。

■ 第二节　中央银行指数测算与分析

一、中央银行总指数

中央银行是金融系统中枢。在金融强国的六大关键核心金融要素中，强大的中央银行与其他要素关联紧密，并为其他要素建设提供支持。通过对 2023 年中央银行指数平均排序后，得到各国的中央银行指数图，36 个国家的中央银行综合指数的总体平均值为 81.23分。其中美国、日本、德国、中国、比利时分别排名第一、第二、第三、第四、第五，如图 5 – 1 所示。

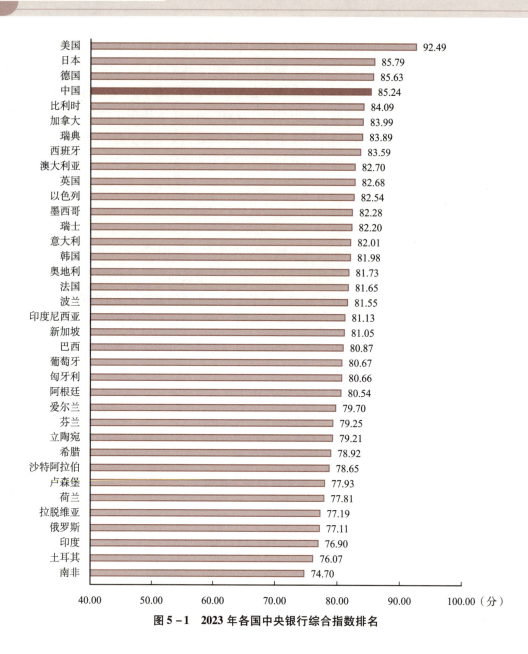

图 5 - 1　2023 年各国中央银行综合指数排名

　　如图 5 - 2 所示，根据每年各国的中央银行综合指数来看，美国在 2023 年位列世界第一，得分为 92.49 分，表明美国在中央银行方面有着明显的领先优势，中国中央银行综合得分为 85.24 分，排名第四。前 30% 国家中央银行综合平均指数为 84.78 分，得分与中国相比低 0.46 分。此外，2012～2023 年，国际金融中心指数排名前五位的国家虽然每年都有些许变化，但是总体排名较为稳定。

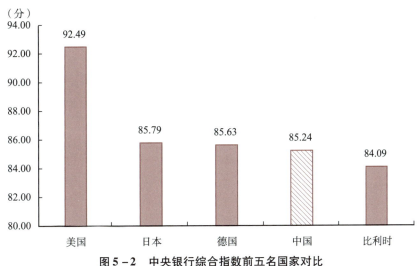

图 5 - 2　中央银行综合指数前五名国家对比

国际视角下中央银行制度演变进入了新阶段。过去，中央银行在关注价格稳定时，往往忽视金融稳定；有一些发达国家物价指数稳定，但大宗商品和资产价格飙升，积累了系统性金融风险；面对金融市场的过度创新以及监管机构之间的监管竞争，中央银行职能过于单一，不能有效与金融监管机构进行信息共享和政策协调。面对此种情况，各国普遍推动强化中央银行的金融监管职能。因此，中国作为全球第二大经济体，发展强大的中央银行要更加注重金融监管，要重新审视、定位中央银行的职责及其在金融监管中的作用，要强化央行维护金融稳定和统筹宏观审慎监管的作用。

如图 5 - 3 所示，整体来看，2012 ~ 2023 年中国人民银行综合指数呈稳步上升趋势，2015 年略有回落。中国人民银行综合指数在 36 国中的排名从 2012 年的第 16 位逐年提升，到 2020 年稳定在第 4 位，显示出中国人民银行在国际金融体系中的地位显著提高。近年来，中国人民银行在货币政策、金融市场改革等方面采取了一系列改革措施以应对经济和国际贸易局势变化。与此同时，我国金融市场在过去几年中经历了一系列改革，包括资本市场的开放、人民币国际化以及金融产品和服务的创新；对外积极参与国际金融合作，使得我国在全球金融体系中的地位稳步提高。其中，2012 ~ 2018 年，排名有较大的波动，这可能反映了我国金融市场和政策在适应国际标准和全球经济变化中所经历的调整期。到 2020 年，我国中央银行指数排名进入前五，这表明中国在国际金融体系中的影响力和竞争力得到了国际社会的广泛认可。

2023 年总指数位列 36 个国家中的第 4 位，在一定程度上体现了中国的中央银行综合表现在全球范围内的领跑水平，也体现了自党的十九届四中全会提出建设现代中央银行制度以来，我国加快建设现代中央银行制度，健全货币政策和宏观审慎政策双支柱调控框架的显著成效。

图 5 - 3　2012～2023 年中国中央银行综合指数变化趋势及排名变化

二、货币政策自主权

货币政策自主权是一国决定货币调控和金融改革发展的自主权；在基础货币发行上，一国的货币主权体现为自主选择货币发行方式的权力，具体选择何种发行方式则服从国家经济金融整体利益。通过对 2023 年货币政策自主权指数平均排序后，得到图 5 - 4 所示各国平均趋势。36 个国家的货币政策自主权平均值为 95.72 分，在一定程度上反映了这些国家在制定和执行货币政策方面的自主程度。

我国货币政策自主权呈现震荡上行趋势，体现坚持"以我为主"、适度微调的特征。中国在货币政策操作方面坚持"以我为主"，基于我国宏观基本面的发展态势适度微调货币政策，不断强化结构型货币政策工具的创新及应用，强调跨周期和逆周期相结合的调控基调。无论是美国加息周期还是降息周期均能够自主把控货币政策意图和取向，使得我国货币政策自主权保持稳定。

另外，在全球化和资本跨境流动背景下，主要发达经济体货币政策的外溢影响较强，由此会对其他经济体产生显著影响。其中由于美联储稳定的货币政策和美元极高的国际货币地位，美国位居第一，显示了其在货币政策自主权方面的绝对优势。可以看到，较多欧元区国家排名靠后，主要是因为欧元不是主权货币，各国在遇到债务危机、经济停滞等类似危机时无法使用财政工具和货币工具直接解决问题。欧元区这些年多次爆发债务危机，欧元的"僵硬死板"是其中的主要原因。

综合来看，美国、以色列、瑞典、中国和德国的货币政策自主性得分较高，均在 95 分以上，在经济管理和金融稳定方面具有较强的自主权和控制力；相反，印度等国的得分低于80分，表明这些国家的货币政策自主性相对较低，可能在制定政策时更多地受到如经济冲击、债务问题或其他外部因素的限制。

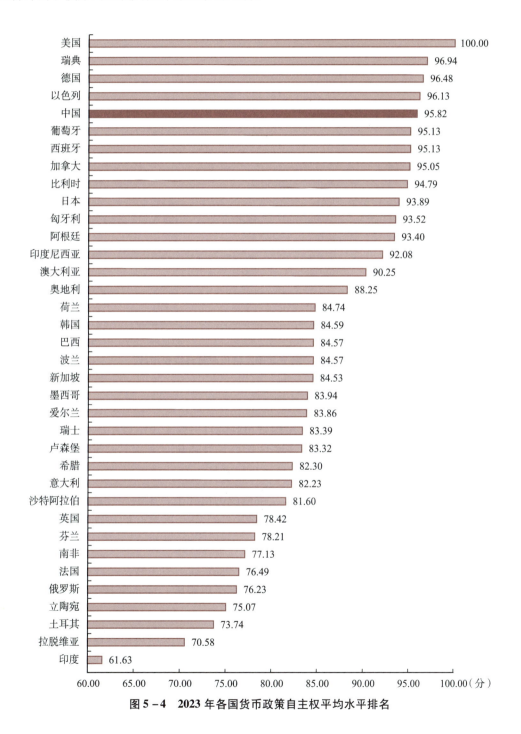

图5-4　2023年各国货币政策自主权平均水平排名

如图5-5所示，中国在所有目标国中排名第五，货币政策自主权值为95.82分，位于前 30% 行列，但与排名第一的美国货币政策自主权相比，中国低了约 4.18%。这表明中国在国际收支管理方面表现良好，但与美国、以色列、瑞典等货币政策独立性强的国家相比仍有提升空间，需更加强调规则和稳健的重要性，趋向于让经济自由发展，充分发挥市场的作用。

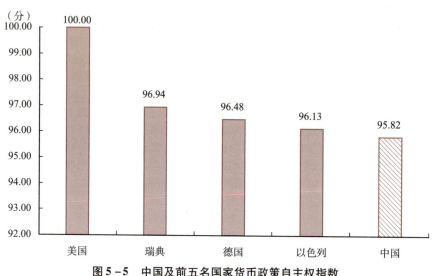

图 5-5 中国及前五名国家货币政策自主权指数

如图 5-6 所示，2012~2023 年中国的货币政策自主权总体上呈上升趋势，但在最近几年里出现了一些波动。整体上来讲与美国货币政策自主权表现出较小的相关性。2018 年中国货币政策自主权指数为 89.36 分，之后逐年呈上升趋势。然而，在 2021 年有所下降。而在刚刚过去的 2023 年，虽然全球经济整体延续复苏态势，但在增长前景分化、主要经济体普遍面临"高通胀、高利率、高债务"等挑战的情况下，中国央行首次选择动用价格型的总量宽松工具，货币政策自主权指数回升至 95.82 分。受美联储持续大幅加息、美债供给冲击等因素影响，国际金融市场大幅波动，外部环境更趋复杂严峻。我国经济在波折中，伴随一系列政策组合拳出台，总体恢复向好。面对近年来主要发达经济体利率水平大幅变化的外部环境，中国在货币政策操作上并没有简单跟随，而是坚持"以我为主"，同时兼顾内外均衡来实施宏观调控。

总体上，中国坚持根据自身调控需要调节货币政策，与美国货币政策调控节奏和幅度相比出现了一定程度的分化，以相对平稳、成本更低的自主货币政策操作，保持了经济金融体系稳定，应对了来自内外部的多重冲击，实现了较好的调控效果，促进了经济高质量发展。

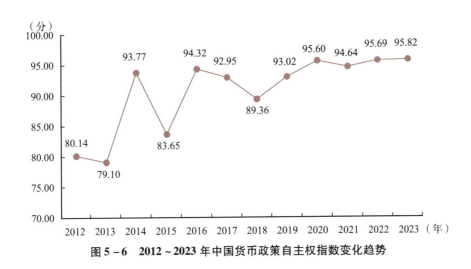

图 5 - 6　2012～2023 年中国货币政策自主权指数变化趋势

三、物价稳定指数

物价是反映国民经济运行与发展的重要指标。通过对 2023 年物价稳定指数平均排序后，得到图 5 -7 所示各国平均趋势。36 个国家的物价稳定指数的平均值为 87.31 分，瑞士、日本和中国位列前三，瑞士以 92.75 分位居第一。相较而言中国物价运行整体平稳，可以看到当前全球通胀压力显著上升，西方之"涨"与中国之"稳"形成鲜明对比。最后两位分别是土耳其和阿根廷，这表明这些国家在物价稳定方面表现较弱。作为南美洲第三大经济体阿根廷，受新冠疫情和经济等多重因素影响，近年来物价水平出现较大幅度上涨。俄乌战争以及土耳其政府在物价上涨时期强行下调基准利率的货币政策是导致土耳其物价上涨的主要原因。近年来，中国与世界的互动关系深刻调整，中国日益走近世界舞台的中心，成为世界经济的系统性关键国家，日益发挥着全球物价"稳定器"的重要作用。同时，世界其他国家也会对我国产生通胀溢出效应，但近年来国际政治格局演化及产业链调整，加之我国采取稳健货币政策等措施，使得通胀输入风险较小，但物价稳定的同时还需要警惕通缩风险。

如图 5 -8 所示，中国的物价稳定指数在金砖国家中排名第一，南非和俄罗斯的物价稳定指数排名位于后两位。由于发达国家实施了量化宽松货币政策，不但推高了国内需求，而且导致国际大宗商品价格上涨，给其他较弱经济体带来新的风险。中国始终实施负责任的货币政策，为全球物价稳定作出了特殊贡献。俄乌战争让诸多国家抵制俄罗斯能源，打破了能源的正常供应，更使原料和食品的价格大大提高。而中国与俄罗斯的商贸合作相对紧密，在其他国家因为抵制俄罗斯而导致能源危机、原料危机，甚至化肥和农药缺乏带来粮食危机时，中俄的贸易没有受到影响，这让中国暂时避开了国际化的大通胀。

图 5 - 7　2023 年各国物价稳定平均水平排名

　　如图 5 - 9 所示，平均来看，中国物价稳定程度排名第三，物价稳定指数为 90.16 分，处于较为靠前水平。但得分与排名第一位的瑞士相比低 2.59 分。

　　如图 5 - 10 所示，纵向来看，中国 2012～2023 年物价稳定指数总体呈上涨态势，我国

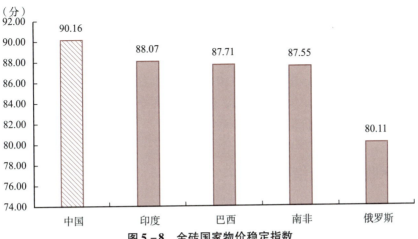

图 5 - 8　金砖国家物价稳定指数

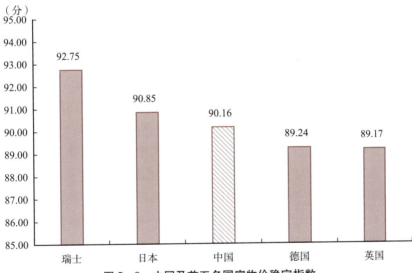

图 5 - 9　中国及前五名国家物价稳定指数

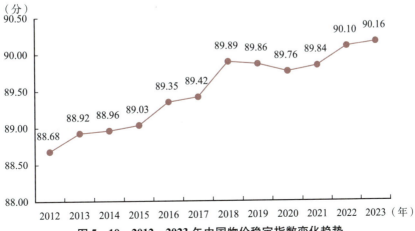

图 5 - 10　2012～2023 年中国物价稳定指数变化趋势

物价总水平持续平稳运行。受新冠疫情、乌克兰危机等多重因素影响，近年来国际粮食、能源等商品价格大幅上涨，全球通货膨胀水平创下新高。而我国物价水平保持总体稳定，显著低于主要发达国家和新兴经济体。这主要是由于近年特别是新冠疫情发生以来，我国宏观政策始终保持适度积极，没有"大水漫灌"，劳动力市场和供应链井然有序，消费品生产、流通顺畅，价格调控政策及时有效，使得我国在全球发生粮食和能源危机、各国普遍遭遇严重通货膨胀时，物价仍能够保持总体稳定。

四、国际收支平衡指数

国际收支统计是国民经济核算的子体系之一，它集中记录一个经济体与世界其他经济体之间的各类交易以及对外金融资产负债状况。由此产生的国际收支平衡表反映一定时期内的一国居民与非居民发生的一切经济交易。

近年来全球经济增长动能趋弱，欧美主要发达经济体维持紧缩货币政策，地缘政治局势依然复杂。通过对 2023 年国际收支平衡指数平均排序后，得到图 5 – 11 所示各国平均趋势图。总体来看 36 个国家的国际收支平衡的平均值为 94.01 分。处于前 30% 的国家（排名前 12 位）的平均国际收支平衡指数为 98.13 分。这些国家在国际贸易和金融流动方面表现较好，具有较高的国际收支平衡能力。

从国际收支平衡指数来看：我国国际收支自主平衡格局得以延续，未来将更加趋向均衡。受到国际产业链演化及总体经济规模的影响，中国国际收支平衡指数位居世界第九，在主要金砖国家中排名第二，在传统大国排名第一，国际收支平衡表现较为稳健，自主平衡格局得以延续。我国持续推进产业升级以及外贸多元化发展，来华各类投资呈现恢复发展态势，外商直接投资延续净流入。非储备性质的金融账户逆差与经常账户顺差保持自主平衡格局。未来我国将加大宏观政策调控力度，国际收支稳健运行的内在基础更加稳固。预计经常账户顺差维持在合理均衡水平，跨境资本流动逐步趋向均衡。

根据指数趋势，发达国家的国际收支平衡普遍较好：从图 5 – 11 可以看出，排名靠前的国家多为发达国家，如加拿大、瑞典等国，这些国家的国际收支平衡数值较高，表明其经济体系相对稳定；新兴市场国家的国际收支平衡正在改善：虽然新兴市场国家如印度、俄罗斯等在国际收支平衡上排名相对较低，但与 2022 年相比，它们的数值有所提高，显示出这些国家在经济上的增长和调整；欧洲国家的国际收支平衡状况各异：例如德国这样的欧洲大国，其国际收支平衡数值较高，显示出较强的经济竞争力；而荷兰、希腊等国的数值较低；此外，还有一些国家的国际收支平衡幅度发生了显著变化。例如，西班牙、匈牙利等国在某些年份的国际收支平衡数值出现了较大的波动。

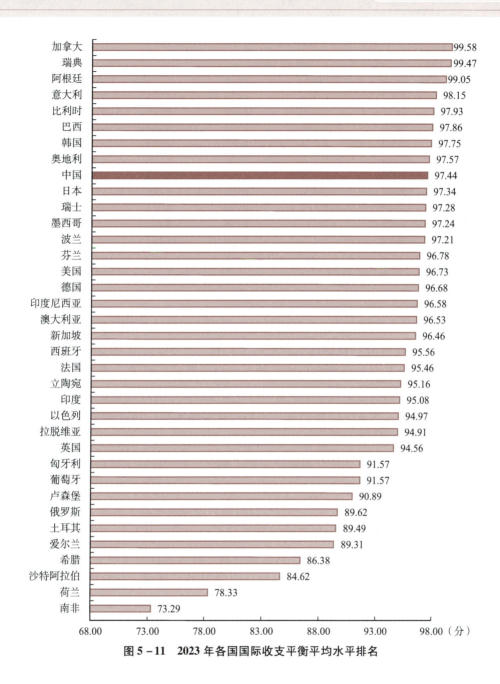

图 5 – 11　2023 年各国国际收支平衡平均水平排名

　　五个金砖国家（BRICS）的金砖国家国际收支平衡平均指数对比如图 5 – 12 所示。金砖国家中，中国的国际收支平衡指数排名第二（得分为 97.44 分），巴西国际收支平衡指数略高于中国，得分 97.86 分；印度和俄罗斯分别位于第三、第四名；而南非国际收支平衡指数最低，得分仅为 73.29 分，并与其他四个国家出现较大断层。

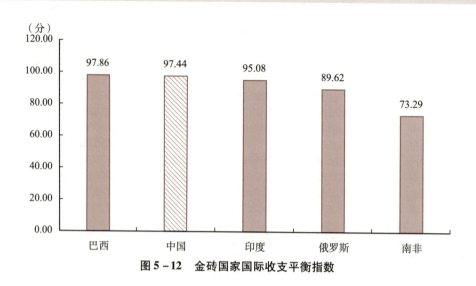

图 5 – 12　金砖国家国际收支平衡指数

　　如图 5 –13 所示，平均来看，中国国际收支平衡指数得分为 97.44 分，排名第九，相比第一名加拿大低 2.14 分。数据显示，发达国家中一类是以美国为代表的"经常项目逆差＋非储备性质金融账户（金融账户减去储备账户）顺差"模式，其经常账户的逆差主要来自货物，而服务和收益则为顺差。非储备性质金融账户的顺差主要来自证券投资和包括存贷款、贸易信贷、其他应付款等其他投资。从阶段来看，这些国家呈债权减损国特征，国内储蓄不足，投资收益顺差又不足以抵销贸易逆差。另一类是以德国、日本为代表的"经常项目顺差＋非储备性质金融账户逆差"模式。德国长期保持商品贸易顺差和服务贸易逆差，非储备性质金融账户逆差则主要由证券投资和其他投资带动。日本经常账户顺差主要来源于商品贸易和投资收益，其直接投资账户逆差也带动了其非储备性质金融账户的逆差。2023 年我国国际收支保持基本平衡态势，经常账户与非储备性质金融账户延续"一顺一逆"格局。经常账户作为国际收支基本盘，继续发挥稳定跨境资金流动的作用，储备资产保持正增长。2023 年，中国经常项目顺差 4175 亿美元，同比增长 32%；资本项目（含净误差与遗漏）逆差 3176 亿美元，增长 1.46 倍；储备资产增加 1000 亿美元，减少 47%。全年来看，在海外俄乌冲突、美联储超预期紧缩，国内疫情多点散发等超预期因素冲击下，国际收支维持了自主平衡。

　　如图 5 –14 所示，中国 2023 年的国际收支平衡指数为 97.44 分，高于平均水平。中国与其他金砖国家（如俄罗斯、印度和南非等）相比，其国际收支平衡表现更为稳健，与加拿大、瑞典等排名靠前的国家有一定差距。预计未来我国国际收支将保持基本平衡。一方面，主要发达经济体货币政策逐步调整，全球流动性收紧局面将有所缓解。另一方面，随着各项宏观政策效应持续释放，我国经济延续回升向好态势，基本面对国际收支的支撑作用也将进一步增强。

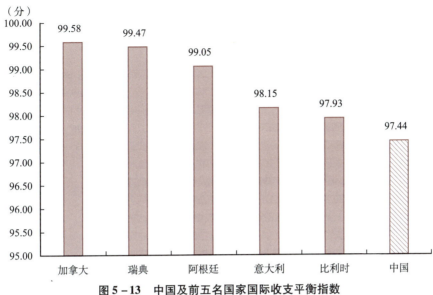

图 5 – 13　中国及前五名国家国际收支平衡指数

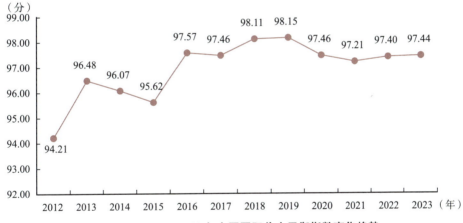

图 5 – 14　2012 ~ 2023 年中国国际收支平衡指数变化趋势

五、金融稳定指数

　　近年来，受地缘政治冲突、主要经济体货币紧缩政策等因素影响，全球经济在"困"与"韧"之间艰难博弈。高通胀与高利率环境下，加息后遗症的"魅影"显现，金融脆弱性攀升。通过对 2023 年金融稳定指数平均排序后，得到图 5 – 15 所示各国平均趋势。36 个国家的金融稳定指数的平均值为 87.97 分。

　　综合来看，中国金融稳定排名相对不高，有提升较大空间。葡萄牙、荷兰和卢森堡位于最后三名，需要注意经济周期的波动、金融市场的不稳定以及国内外经济政策的变化都可能对金融安全产生的影响，从而导致金融稳定的不确定性增强。受金融市场波动、居民杠杆率等因素的影响，中国金融稳定指数的排名相对不高。近年来中美贸易争端、新冠疫情引发了金融稳定的不确定性和市场波动。未来，我国中央银行不断完善宏观审慎调控框架，合理控制金融杠杆率，提升金融稳定性总体表现。

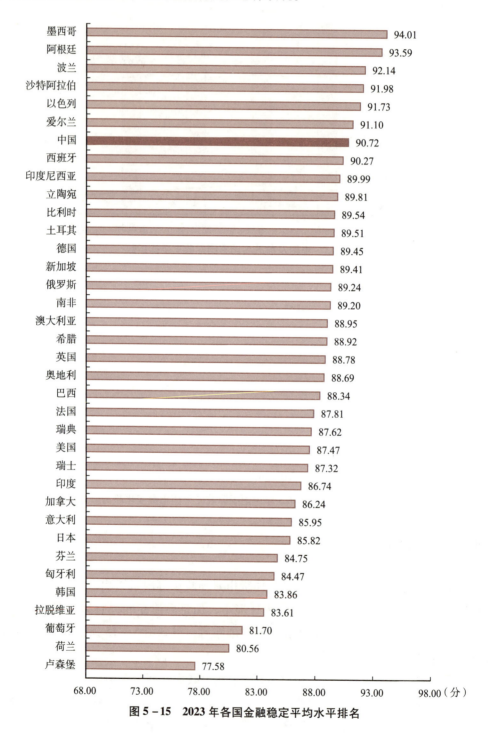

图 5 - 15　2023 年各国金融稳定平均水平排名

如图 5 - 16 所示，五个金砖国家（BRICS）中，中国的金融稳定指数排名第一，在金砖国家中处于较高水平。金砖主要国家的金融稳定平均指数低于全球平均水平。可能是因为新兴市场国家通常更容易受到外部冲击的影响，例如全球商品价格的波动、国际资本流动的不确定性等，加之近年来俄乌冲突等地缘政治风险，共同作用导致了金砖主要国家特别是俄罗斯的金融稳定指数的下降。

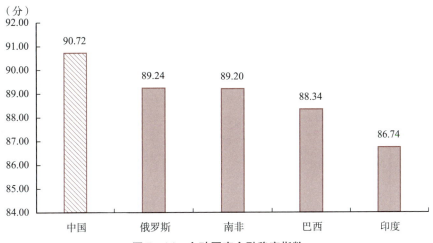

图 5 - 16　金砖国家金融稳定指数

如图 5 - 17 所示，平均来看，2023 年各国金融稳定指数中，墨西哥、阿根廷和波兰排名前三，虽然期间国家排名有上下浮动，但始终保持在靠前区间。这可能归因于多种因素，包括强劲的创业机会、获得资本的便利性和熟练的劳动力。此外，沙特阿拉伯的人均国内生产总值（GDP）与西欧国家相当，并且拥有阿拉伯世界最具竞争力经济体的称号。中国排名第七，金融稳定指数为 90.72 分，与排名第一位的墨西哥相比低了 3.29 分，主要是由于股市波动性及房地产市场波动性等三级指标排名较低，导致排名相对靠后。

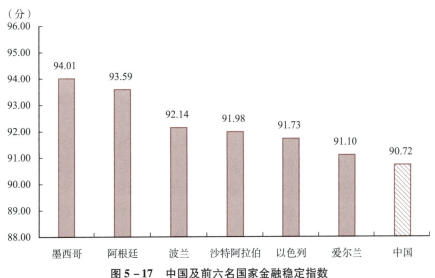

图 5 - 17　中国及前六名国家金融稳定指数

如图 5-18 所示，2012~2023 年，中国金融稳定指数总体呈现先下降后上升态势。2018~2020 年金融稳定指数逐年稳步上升，表明中国政府近年来采取了一系列积极的宏观经济政策，包括财政刺激和货币政策的调整。这些政策措施有助于稳定经济增长、促进就业和控制通胀，维护金融稳定安全。金融稳定指数自 2020 年逐渐平稳。

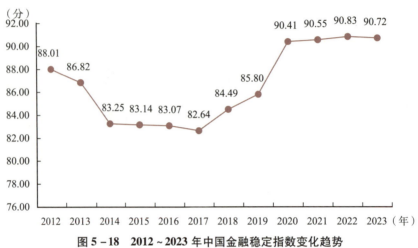

图 5-18　2012~2023 年中国金融稳定指数变化趋势

六、金融基础设施

在金融基础设施竞争力方面，金融基础设施指数得分主要反映了该国家或地区在支付、清算、登记等各项设施方面的完备程度和使用效率。通过对 2023 年金融基础设施指数平均排序后，得到图 5-19 所示各国平均趋势，36 个国家的金融基础设施指数的平均值为 63.67 分，总体来看各国差异较大。

中国金融基础设施 2018 年以前进步较快，近期发展速度放缓。我国金融基础设施竞争力优势主要体现在支付领域的硬件设施，尤其是无现金支付相关的硬件基础设施，以及国内提供支付结算服务的系统数量等。美、英作为传统金融强国排名前两位，主要由于在金融基础设施软硬件方面都较为完备，在提供支付结算服务的系统数量、国内使用 Swift 数量等指标上相对领先。

综合来看，处于前 30% 的国家（排名前 11 位）的平均金融基础设施指数为 69.01 分。排在第一位的美国金融基础设施得分明显高于英国、日本、中国等第二梯队国家。金融基础设施指数在各国之间存在显著的差异，金融基础设施指数较高的国家主要集中在北美、东亚和西欧地区。美国以 81.94 分位居第一，显示出金融基础设施方面的全球领跑地位。英国、日本和法国，分别以 72.07 分、69.21 分和 68.55 分位居第二、第三、第四名。这些国家拥有较为成熟的金融市场和完善的基础设施，为金融活动提供了良好的环境。

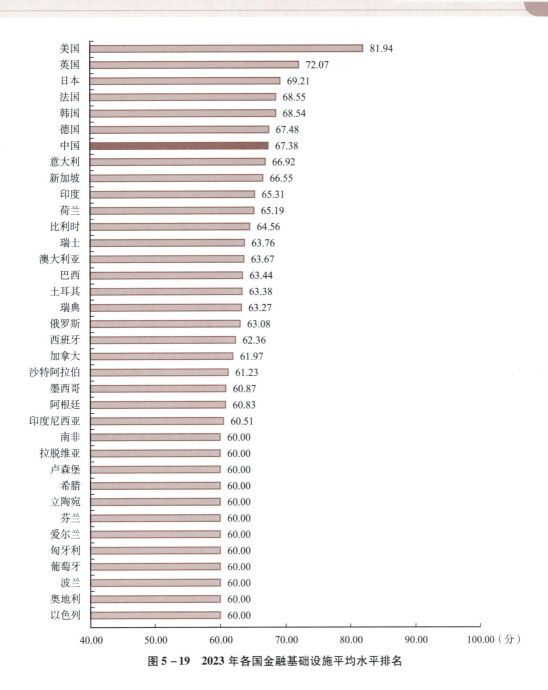

图 5 - 19　2023 年各国金融基础设施平均水平排名

　　如图 5 - 20 所示，平均来看，2023 年金融基础设施得分排名前五位的分别是美国、英国、比利时、韩国和法国。中国金融基础设施指数的得分为 67.38 分，在 36 个国家或地区中排名第七。中国与排名前 30% 的国家的金融基础设施指数相比较为接近，仅比平均水平低 1.38 分。

　　从细分项来看，我国金融基础设施竞争力优势主要体现在支付领域的硬件设施，尤其是无现金支付相关的硬件基础设施，以及国内提供支付结算服务的系统数量等。美国、英国作为传统金融强国，得分排名前两位，主要系由于在金融基础设施软硬件方面都较为完备，在提供支付结算服务的系统数量、国内使用 Swift 数量等指标上相对领先。

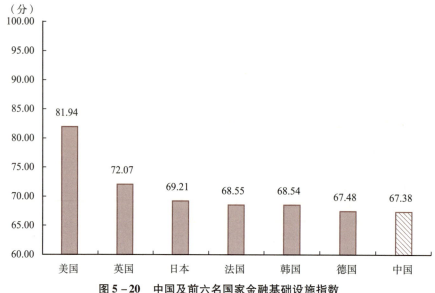

图 5 − 20　中国及前六名国家金融基础设施指数

如图 5 − 21 所示，中国金融基础设施指数在 2012 ~ 2023 年整体呈上升趋势，2017 年有一定程度的下滑，2019 ~ 2023 年总体呈稳定发展态势，2023 年得分达到 67.38 分。可以看到，随着我国金融基础设施的不断完善，当前我国已拥有全球第一大银行业、第二大股票市场和第三大债券市场。经过多年建设逐步形成了为货币、证券、基金、期货、外汇等金融市场交易活动提供支持的基础设施体系。金融基础设施运行整体稳健，功能不断完善，具体体现在证券存管与结算功能逐步夯实、中央对手方清算规模持续上升、交易所体系日趋完善等方面。

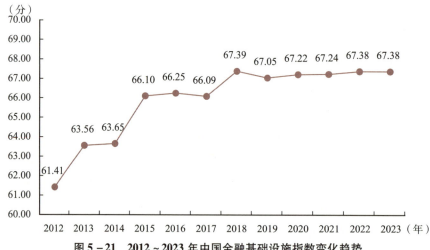

图 5 − 21　2012 ~ 2023 年中国金融基础设施指数变化趋势

七、国际协调治理

通过对 2023 年国际协调治理指数平均排序后，得到图 5 – 22 所示各国平均趋势，36 个国家的国际协调治理指数的平均值为 68.66 分，总体来看各国差异较大。总体来看发达

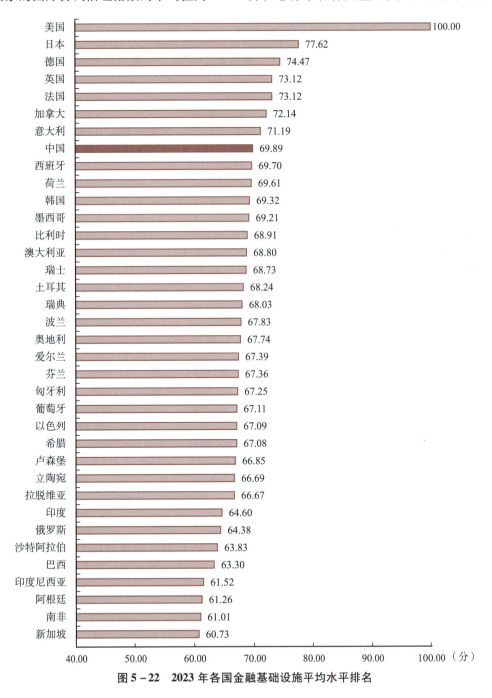

图 5 – 22　2023 年各国金融基础设施平均水平排名

国家的国际金融治理能力整体偏强，中国的国际金融治理能力得分 69.89 分，高于均值 68.66 分，排名第八，处于中上水平，且领先于其他发展中国家。

近年来，中国人民银行全方位、多层次、务实灵活地参与全球经济治理和政策协调。主动推进绿色金融国际合作，凝聚国际共识，建设性参与多边债务协调，夯实区域金融安全网，贯彻"共商、共建、共享"理念，不断完善市场化、多元、开放、绿色的"一带一路"投融资体系。未来将继续主动参与全球经济金融治理与合作。

如图 5 – 23 所示，发达国家的协调治理能力整体偏强，中国的协调治理能力得分 69.89 分，高于均值 68.66 分，排名第八，属于中上水平，且领先于其他发展中国家。具体来看，在国际协调治理方面得分排名前十的国家除中国属于发展中国家外，其他 9 个均属于发达国家。其中，美国（100.00 分）协调治理指数位居榜首；日本（77.62 分）、德国（74.47 分）紧随其后。在 36 个国家中，大多数发达国家的协调治理指数得分均高于均值；除中国外，其他发展中国家的协调治理指数得分均低于均值（68.66 分）。

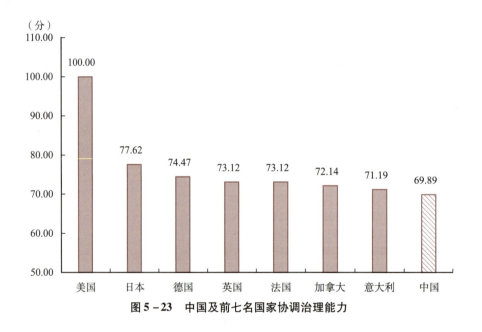

图 5 – 23　中国及前七名国家协调治理能力

近年来，中国与国际金融机制的互动关系更为主动和频繁。一方面，中国应对金融危机发挥的突出作用促使西方国家与新兴国家在 2009 年 G20 匹茨堡会议上就推动国际金融机制改革议题上达成共识。从而，G20 成功地取代 G7 成为全球金融治理的核心平台。随后，中国在世界银行和 IMF 两大国际金融机构中的投票份额也分别上升至 4.42% 和 6.39%，一跃成为仅次于美国和日本的第三大股东。同时，人民币最终在 2016 年 10 月被纳入 SDR 货币篮子也是中国推动国际金融机制变革的重要里程碑事件。自此，人民币正式获得了与美元、欧元、英镑和日元相同的国际储备货币地位，推进人民币国际化进程转向快车道。

另一方面，中国通过创设世界信用评级集团、亚投行、新开发银行、应急储备安排和人民币跨境支付系统等一系列新机制，展现了中国独立进行国际制度建设的经济能力和强大的政治动员能力。作为现有国际金融机制的补充和平行机构，这些新机制覆盖了基础设施投资与融资、短期国际收支平衡和货币结算等国际金融体系的主要领域，基本满足了中国在区域内、跨区域、南北合作与南南合作方面产生的多层次全球金融治理新需求，并为提升新兴国家和发展中国家在国际金融体系中的代表性与话语权提供了新的发声平台。

如图 5-24 所示，从金砖五国的协调治理指数排名看，中国的协调治理指数得分最高，远超印度、俄罗斯、巴西和南非。特别是自 2015 年 IMF 份额改革方案得以通过，中国的份额从此前的 3.994% 大幅上升至 6.390%，跃身为 IMF 第三大份额国。与此同时，亚洲基础设施投资银行和新开发银行相继成立，中国在区域金融治理的影响力获得显著提升。这些进展使得我国在国际金融治理能力的评价中排名全球第八位。

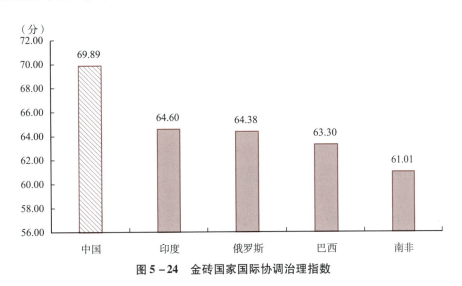

图 5-24　金砖国家国际协调治理指数

第三节　中央银行总结与展望

一、中国中央银行自身情况分析

综合来看，2012~2023 年我国中央银行建设稳步发展。中国人民银行综合指数呈稳步上升趋势，2023 年指数水平为 85.24 分，位列 36 个国家中的第四，与美国（92.49 分）相差 7.25 分，是排名前十的国家中唯一一个发展中国家，表明近年中国人民银行在推动金融改革、优化金融服务、加强金融监管等方面取得了显著成果。这充分体现了自党的十九届四中全会提出建设现代中央银行制度以来，中国加快建设现代中央银行制度，健全货币政策和宏观审慎政策双支柱调控框架的显著成效。

分指标来看，在货币政策自主权方面中国得分为 95.82 分，与排名前列的美国、瑞典等国仍存在有一定差距，且得分在 2018 年和 2021 年均有一定程度下降。物价稳定方面，中国排名第三，物价运行整体平稳。可以看到当前全球通胀压力显著上升，西方之"涨"与中国之"稳"形成鲜明对比。国际收支平衡方面中国得分为 97.44 分，排名第九，比第一名加拿大低 2.14 分，差距较小，国际收支差额、货物与服务贸易差额与资本项目差额等三级指标中货物与服务贸易差额得分相对较低。金融稳定方面，中国金融稳定指数为 90.72 分，排名第七，在主要金砖国家中排名第一，落后于墨西哥等国，主要囿于股市波动性及房地产市场波动性等得分较低。金融基础设施方面，中国金融基础设施指数的得分为 67.38 分，排名第七，与排名前 10% 的国家的金融基础设施平均水平较为接近。从细分项来看，我国金融基础设施竞争力优势主要体现在支付领域的硬件设施，尤其是无现金支付相关的硬件基础设施，以及国内提供支付结算服务的系统数量等。国际协调治理方面，发达国家的协调治理能力整体偏强，中国的协调治理能力得分为 69.89 分，高于均值 68.66 分，排名第八，属于中上水平，且领先于其他发展中国家。特别是自 IMF 份额改革方案通过后，中国的份额从此前的 3.994% 大幅上升至 6.390%，跃升为第三大份额国。与此同时，亚洲基础设施投资银行和新开发银行相继成立，中国在区域金融治理的影响力获得显著提升。

二、中国中央银行发展战略展望

中央银行在金融强国建设中扮演着至关重要的角色，所面临的新要求和新使命既是挑战也是机遇，这就要求中央银行不断创新和适应，以更好地支持国家经济的稳定增长和金融市场的健康发展。

当前，中国经济已经从高速增长阶段转入高质量发展阶段。在转变发展方式、优化经济结构的攻坚期，强大的中央银行既要能支持经济转型升级，服务于长期增长目标，确保现代化进程顺利推进；又要能达成短期目标，防止发生严重的通货膨胀或者通货紧缩，防范化解系统性金融风险，维护国家金融安全。这是当前阶段对于强大的中央银行的最主要要求。

（一）货币政策自主权方面

货币政策自主权是中央银行实现宏观经济调控、维护经济稳定和金融安全的重要手段。我国需要继续坚持"以我为主"，进一步提升利率政策的自主性和有效性。

在开放市场环境中，汇率是内外部均衡的目标实现的关键。2020 年 11 月，货政报告中明确提出人民币汇率是联系实体和金融部门、国内外经济、国内外金融市场的重要纽带，是协调好本外币政策、处理好内外部均衡的关键支点。

具体而言，要保持人民币汇率弹性，发挥汇率调节宏观经济和国际收支自动稳定器的作用，及时释放贬值压力，但也要关注动态调整中货币冲击可能带来的短期汇率超调风险，这与我国所实行的参考一篮子货币、有管理的浮动汇率制度相适应，汇率调整的灵活性、充足的汇率管理工具箱和应对单边贬值的经验，均对国内利率政策自主性起到保护作用。

更要深化改革持续推进利率市场化。以我为主兼顾内外平衡。继续健全市场化利率形成、调控和传导机制，完善中央银行政策利率和利率走廊机制，稳定市场预期，推动降低企业综合融资成本。灵活运用多种货币政策工具，包括公开市场操作、存款准备金率调节等，以实现货币政策目标，确保货币政策的针对性和有效性。

（二）物价稳定方面

物价稳定是货币政策的核心目标之一。首先，央行通过控制货币供应量、调整利率等手段，抑制通货膨胀压力。其次，进一步完善价格调控机制，坚持"调高"与"调低"并重，注重预调微调，完善突发应急调控机制，提升调控能力，有效保障粮油肉蛋菜果奶等供应，防止价格大起大落。最后，建立价格区间调控制度，健全以储备调控、进出口调节为主的调控手段，强化价格与补贴、储备、保险、金融等政策的协同联动。

另外，要强化市场预期管理和价格监管建立完善预期管理制度。聚焦价格总水平和重点商品，提高预期管理的前瞻性和预见性；创新丰富预期管理手段，通过解读市场基本面的积极变化、政府保供稳价举措等，强化政府与市场双向沟通与信息交流，释放正面信号，合理引导市场预期。运用现代信息技术，健全价格监测预测预警系统，完善价格监测分析制度和风险预警框架。深化相关部门与行业协会、市场机构合作，提升分析预测科学性。强化价格监管，积极应对价格异常波动风险，及时纠正捏造散布涨价信息、恶意炒作等行为。通过建立价格监测体系，央行可以全面掌握市场价格动态，为制定和调整货币政策提供有力支持。

（三）国际收支平衡方面

国际收支平衡对于维护国家经济安全具有重要意义。一方面，进一步优化外汇管理政策，促进贸易和投资便利化。通过简化外汇管理流程、降低外汇交易成本等措施，央行可以鼓励企业扩大对外贸易和跨境投资，推动国际收支平衡。还要综合运用宏观审慎调控和微观审慎管理措施，防范金融开放进程中跨境资金流动风险。外汇管理部门需要在改进微观审慎管理的基础上，落实宏观审慎调控框架的运用，加强逆周期调节政策工具和预案储备，有效抑制短期资本过度投机套利。不断丰富和完善外汇宏观审慎政策工具。改进当前结售汇综合头寸、外债宏观审慎管理的传导机制，增加管理弹性，平衡监管与业务创新的关系。探索运用价格调节手段增加短期投机套利资金流动成本的方法。

另一方面，综合运用宏观审慎调控和微观审慎管理措施，防范金融开放进程中跨境资金流动风险，并积极服务于国内供给侧结构性改革，维持适应内部经济发展的外部均衡格局。近年来，国内供给侧结构性改革为经济发展持续注入活力。在开放经济下，作为调节内部与外部经济均衡的手段，国际收支调节管理应在涉外部门和个人的供给侧结构性改革中发挥积极作用。

（四）金融稳定方面

金融稳定是经济健康发展的重要保障。应着力推进中国金融体系的市场化。市场化改革的目的是实现金融业态的多样化和金融功能的转型、多元，业态多样是金融功能转型的基础。金融市场化改革的重点在于金融体系结构性改革。因此要强化市场规则，打造规则统一、监管协同的金融市场，促进长期资本形成。从金融功能的转型趋势看，中国要从金融大国迈向金融强国，必须推动金融的市场化改革，以完成金融业态的多样性和功能的多元化，这样才能更好地为实体经济服务。

同时，更要着力推进中国金融体系的法治化。金融法治和规则体系是重要的金融基础设施，是推动中国金融现代化、实现金融强国最重要的条件。金融强国下的现代金融一定是法治化的金融。公开透明是现代金融和资本市场稳定运行的重要基础。要坚持在市场化法治化轨道上推进金融创新发展的同时，加强金融法治建设，及时推进金融重点领域和新兴领域立法，为金融稳定发展保驾护航。

（五）金融基础设施方面

金融基础设施是支撑金融市场稳定运行的重要基础。首先，需优化监管体系。明确各类金融基础设施的监管主体，理顺跨市场、跨地区、跨机构的监管协同机制，突出中央银行在金融基础设施监管中的重要地位。其次，借鉴《金融市场基础设施原则》等国际监管实践，完善金融基础设施监管框架体系。将金融基础设施纳入宏观审慎监管，借鉴系统重要性金融机构管理框架，探索制定系统重要性金融基础设施评估体系，对金融基础设施进行系统重要性分类，并采取差异化监管措施。积极发挥行业自律机制作用，给予金融市场基础设施必要的自律监管职责和权利。最后，要丰富和优化治理模式。金融基础设施具有公共品属性，其经营管理要兼顾经济和社会效益。应继续坚持政府在金融基础设施建设中的主体作用，特别是针对支付清算等重要金融基础设施，应发挥人民银行的主导型作用。结合不同金融基础设施特点，丰富治理模式，推进交易所和中央交易对手向营利型模式转型，强化公司治理约束机制。

（六）国际协调治理方面

要进一步拓宽全球金融治理合作新领域，增强全球金融公共产品供给能力。当前经济环境种种迹象表明爆发全球性经济衰退和金融危机的风险在不断上升。对此，国际社会产生了极为迫切的金融公共产品供给需求，并亟须国际金融机制作出快速有力的回应。同时，也敦促了亚投行、新开发银行与世界银行、国际货币基金组织（IMF）在后续全球经济恢复增长、缓解国际收支流动性风险和增加卫生基础设施领域的金融公共产品供给等方面加强交流与合作。

　　具体来看，可进一步通过深化国际合作，继续加强与国际金融组织如 IMF、世界银行等的联结，参与全球金融治理规则的制定，推动建立更加公正合理的国际金融秩序；通过 G20 等多边平台，在全球治理中坚持多边主义原则，推动解决全球性金融问题；进一步完善区域金融安全网，提高其应对金融危机的能力，同时探索与全球金融安全网的更有效对接。

　　全球治理体系正处于调整变革的关键时期，中国积极参与全球金融治理和政策协调、积极开展多边合作，现代中央银行建设取得积极成效，将推动经济全球化朝着更加开放、包容、普惠平衡、共赢的方向发展。

第六章

金融机构指数

第一节　金融机构指数构建

　　金融机构是一国金融系统的重要组成部分，能够为市场提供金融服务，是市场经济主体之一。金融机构的发展程度和完善程度，不仅能反映一国的经济实力强弱，还能有力地反哺实体经济，提高资源要素的配置效率。因此，评价一国金融的强弱，需要对其金融机构进行分析。

　　针对金融机构强国的评估，我们根据金融机构的特点，及相关已有文献研究，结合数据的可获得性和可比性，构建适用的评估指数。本章指标的构建采用宏观和微观经济指标的聚合，数据主要来源为 IMF 和世界银行数据库。

　　在综合分析指标的代表性、经济意义及数据可得性的基础上，我们采用的具体指标体系如表 6 – 1 所示。

表 6 – 1　　　　　　　　　　金融机构强国评估指标体系

二级指标	三级指标	数据来源
金融机构稳定性	银行资本比风险加权资产	IMF
	银行业一级资本总额	IMF
	银行业 Zscore	Global Financial Development Database
	银行业不良贷款比总存款	IMF
	银行业附属资本总额	IMF
	银行业贷款比存款	IMF
	不良贷款准备金	CEIC
金融机构竞争力	金融机构总资产占 GDP 的比例	世界银行
	存款银行资产总额	CEIC
	金融系统存款总额	世界银行

续表

二级指标	三级指标	数据来源
金融机构竞争力	共同基金资产总额	世界银行
	保险公司资产总额	Global Financial Development Database
	银行业 ROE	CEIC
金融机构普惠性	信用卡持有人数	Financial Access Survey
	总人口中信用卡持有比例	
	借记卡持有人数	Financial Access Survey
	总人口中借记卡持有比例	
	ATM 总数	世界银行
	每十万人拥有的 ATM 数量	
	银行分支机构总数	世界银行
	每十万人拥有的银行分支机构数量	
	电子支付使用人数	Global Financial Development Database
	电子支付的使用比例	
服务实体经济	银行净息差	Global Financial Development Database
	银行借贷利差	世界银行
	银行私有信贷总额	世界银行
	银行私有信贷占 GDP 的比例	
国际影响力	银行综合外债总额	Global Financial Development Database
	外国银行资产总额	Global Financial Development Database
	全球租赁量总额	Global Financial Development Database
	全球系统重要性银行排名	世界系统重要性金融机构

金融机构部分总共包括 5 个二级指标，分别是金融机构稳定性、金融机构竞争力、金融普惠性、服务实体经济和国际影响力。

金融机构稳定性涉及一个国家金融体系的健全性和弹性。具体而言，它描述了金融市场及其基础设施如何在运作中有效应对外部冲击，同时保持高效的资金流动性，确保储蓄能够有效转化为投资。在没有重大波动的环境下，金融体系能够更加高效地充当资金流转的中介。这一指标的得分表征了一个国家金融市场和金融机构对风险的抵御能力。分数越高，意味着该国金融机构更为稳固，具备更强的风险管理和抗风险能力。

金融机构的竞争力反映了一个国家金融市场的规模与活力，它不仅衡量当前的金融体系规模，还预示了其未来发展潜力。这一指标揭示了金融机构之间的竞争程度和整个市场的活力。高分代表国家的金融体系不仅规模庞大，还具备强大的市场竞争力和发展潜力。这一指标的高低直接反映了该国金融机构的市场竞争能力和整体金融市场的健康度。

金融普惠性涵盖了居民能否轻松、广泛地接触和使用金融服务。这个指标反映了金融市场对各层社会成员的开放程度和金融服务的普及率，旨在评估金融体系在服务普通民众方面的能力和效率。较高的金融普惠性分数意味着国家金融机构为广大居民提供的金融服务更为便捷、全面，确保金融资源的公平分配和高效利用。这一指标的提升显示了该国金融系统在普及和公平性方面的优越表现。

服务实体经济衡量的是金融机构和市场如何高效地支持实体企业，包括金融服务的提供效率和企业获得这些服务的成本的能力。金融体系的主要功能之一是优化资源配置，通过跨主体、跨空间的资金流动，支持需要资金的企业。实体经济的繁荣反过来也促进了金融机构的收益增长。此指标得分的高低直接反映了国家金融机构和市场在服务实体经济方面的能力，包括资源配置的效率和效果。分数越高，意味着金融机构更有效地支持实体经济，资源分配也更加高效。

国际影响力指标衡量的是一个国家金融市场在全球金融舞台上的地位和影响力。这一指标高低反映了国家在国际金融市场中的重要性。具有较高国际化水平、在全球金融市场中占有显著份额的国家，其国际影响力指标的得分通常较高。这表明该国金融市场不仅对本国经济有着重要影响，而且在全球金融体系中扮演着关键角色，对国际资本流动和金融交易产生显著影响。这一得分的高低揭示了一国在全球金融体系中的地位和作用。

具体而言，针对五个子维度的衡量，将从以下测度着手。

一、金融机构稳定性

金融机构稳定性指标由银行业资本比风险加权资产、银行业一级资本总额、银行业Z-score、银行业不良贷款比总贷款、银行业附属资本总额、银行业贷款比存款、不良贷款准备金等三级指标构成。

银行业资本比风险加权资产表明该国存款银行的经营稳定性，该指标越高，说明同等风险加权资产下的资本越多，银行抵抗风险的能力更强，金融系统更加稳定。银行业一级资本总额表明该国存款银行持有的一级资本的数量，该指标越高表明银行业持有的一级资本越多，金融系统更加稳定。银行业 Z-score 表明该国的商业银行违约概率，该指标越高，说明违约率低，金融系统更加稳定。银行业不良贷款比总贷款表明银行业的不良贷款占总贷款的比重，不良贷款表示本金和利息违约 90 天或以上的贷款，该指标越高，说明银行业的不良贷款越多，金融机构更不稳定。银行业附属资本总额表明该国存款银行持有的附属资本的数量，该指标越高表明银行业持有的附属资本越多，金融系统更加稳定。银行业贷款比存款表明银行业发放的贷款占存款的比例，该指标越高，说明发放的贷款多、存款少，金融机构更不稳定。不良贷款准备金表明银行为应对不良贷款而提取的准备金占不良贷款的比例，该指标越高，说明银行应对不良贷款的准备越充分，金融系统越稳定。

二、金融机构竞争力

金融机构竞争力指标由金融机构总资产占 GDP 的比例、存款银行资产总额、金融系统存款总额、共同基金资产总额、保险公司资产总额、银行业 ROE 这 6 个三级指标构成。

金融机构总资产占 GDP 的比例表明金融机构总资产在 GDP 中的规模，该指标越高，说明金融机构资产在 GDP 中的比重大，金融机构的竞争力越强。存款银行资产总额表明银行业的总资产规模，该指标越高，说明银行业资产越多，金融机构的竞争力更强。共同基金资产总额表明共同基金持有的资产总额，该指标越高，说明共同基金持有的资产越多，金融机构的竞争力更强。金融系统存款总额表明存款银行和其他金融机构的存款总额，该指标越高，说明金融系统的存款更多，金融机构的竞争力更强。保险公司资产总额表明保险公司持有的资产总额，该指标越高，说明保险公司的总资产多，金融机构的竞争力更强。非银行金融机构资产表明了除银行外的其余金融机构的资产总额，该指标越高，说明非银行金融机构总资产多，金融机构的竞争力更强。银行业 ROE 表明银行业的净资产收益率，该指标越高，说明该国银行业净资产的盈利能力强，金融机构的竞争力更强。

三、金融机构普惠性

金融机构普惠性指标由信用卡持有人数、信用卡持有比例、借记卡持有人数、借记卡持有比例、ATM 总数、每十万人拥有的 ATM 数量、银行分支机构总数、每十万人拥有的银行分支机构数量、电子支付使用人数、电子支付使用比例等指标构成。

ATM 总数和每十万人拥有的 ATM 数量这两个指标越高，说明 ATM 的密度更大，金融机构普惠性越高。信用卡总数、信用卡持有比例、借记卡总数和借记卡持有比例这四个指标表明了信用卡和借记卡的普及程度，指标得分越高，表明金融机构普惠性越高。银行分支机构数量和每十万人拥有的银行分支机构数量说明了银行设立的分支机构的数量和密度，该指标越高，说明分支机构数量更多、密度更大，金融机构普惠性越高。电子支付使用人数和电子支付使用比例代表了一国居民有多少人使用移动支付作为支付手段，该指标越高，说明使用移动支付的居民越多，金融机构普惠性越高。

四、金融机构服务实体经济

金融机构服务实体经济指标由银行净息差、银行借贷利差、银行私有信贷总额及占 GDP 比例等指标构成。

银行净息差表明银行净利息收入占平均计息资产的比重，该指标越高，说明净利息收入高，对实体经济的服务成效好。银行借贷利差表明银行贷款利率和存款利率之差，该指标越小，说明银行的贷款利率低，实体经济融资成本低，金融机构能够很好地服务实体类经济。银行管理费用表明在经营中产生的管理费用，该指标越高，说明银行的管理费用高，对实体经济的服务质量更高。银行私有信贷总额及占 GDP 比例越高，说明银行为私有企业提供的贷款多，为实体经济提供了更多的服务。

五、国际影响力

国际影响力指标由银行综合外债总额、外国银行资产总额、全球租赁量、系统重要性银行排名这 4 个指标构成。

银行综合外债总额表明了银行所有外债的价值，该指标越高，说明银行的国际化程度高，国际影响力更大。外国银行资产总额是指经济体中外国银行资产的总价值，该指标越高，说明该经济体的金融国际化程度高，国际影响力大。全球租赁量表明了经济体的国际租赁市场发达程度，该指标越高，说明全球租赁量大，金融机构的国际影响力大。系统重要性银行排名表明了经济体拥有的系统重要性银行的数量及银行的重要程度，该指标越高，说明经济体拥有的系统重要性银行多，金融机构的国际影响力大。

第二节　金融机构指数测算与分析

一、金融机构总指数

根据表 6-2，中国金融机构在整体指数评价方面表现出显著的进步和稳定性。2012~2023 年，中国的金融机构指数评分逐年上升，显示出金融机构的综合实力和市场地位。2012 年，中国的得分为 83.84 分，位于较高水平。此后十年，中国的评分稳步上升，2013 年为 84.49 分，2014 年为 85.02 分。到了 2020 年，中国的得分上升至 87.95 分，显示出中国金融机构在面对全球经济挑战（如 COVID-19 疫情）时的适应能力和弹性。2021 年的得分进一步上升至 88.65 分，显示出在连续的挑战中金融机构的稳定性和成熟度。2022

年，得分上升至89.03分，显示出中国金融机构的整体实力在不断增强。到了2023年，中国的金融机构指数得分为89.00分，显示出中国金融机构在全球经济不确定性和内部市场调整背景下，仍能保持其竞争力和服务效能。这种逐年提升的趋势反映了中国金融机构在应对内外部挑战、适应市场变化以及提升服务质量等方面的能力。

表6-2　　　　　　　　　　金融机构总指数　　　　　　　　　　单位：分

国家	2012 年	2013 年	2014 年	2015 年	2016 年	2017 年	2018 年	2019 年	2020 年	2021 年	2022 年	2023 年
美国	89.44	89.53	89.74	89.75	90.02	90.25	90.40	90.63	91.75	92.06	92.01	91.81
中国	83.84	84.49	85.02	85.67	85.87	86.80	87.13	87.33	87.95	88.65	89.03	89.00
英国	83.64	83.79	85.68	86.27	86.18	86.36	85.73	86.05	85.84	86.77	86.85	86.41
德国	84.25	84.83	85.12	84.78	84.57	85.01	85.05	84.93	85.09	85.54	85.20	85.65
日本	85.19	84.91	85.62	85.23	85.53	85.70	85.55	85.65	85.95	86.04	85.92	85.82
法国	82.94	83.97	82.77	84.19	84.13	84.26	84.04	83.74	84.53	84.83	83.68	84.55
加拿大	81.31	81.56	80.96	79.85	80.36	82.42	81.87	82.61	82.88	83.12	83.10	83.06
瑞士	79.39	79.17	78.93	79.10	78.56	79.79	79.80	79.46	80.18	80.30	80.72	81.08
澳大利亚	79.09	77.25	77.41	77.52	78.84	78.47	79.77	79.69	80.48	81.39	80.28	80.47
韩国	76.38	78.06	78.96	78.56	79.22	78.81	79.39	79.16	79.73	78.94	79.39	80.50
瑞典	79.62	80.05	80.96	80.20	79.91	80.80	79.35	78.81	80.53	81.20	81.71	79.43
荷兰	78.42	78.51	78.69	78.70	79.33	79.10	79.07	78.24	78.64	78.46	78.67	78.23
意大利	78.90	78.61	79.23	79.48	79.16	81.48	81.32	81.36	82.25	82.65	82.58	80.90
新加坡	73.98	73.26	73.41	73.73	73.35	75.07	75.38	75.72	75.13	75.04	76.85	75.27
西班牙	79.76	79.85	81.79	80.33	82.06	82.15	80.51	81.61	82.56	83.04	81.62	80.64
比利时	76.65	78.11	77.86	77.65	77.50	79.75	77.88	77.57	78.60	77.83	77.72	77.71
奥地利	74.61	75.66	74.61	74.82	75.44	76.03	74.29	76.39	78.45	78.13	77.78	78.57
印度	77.08	75.51	74.97	75.90	76.89	77.36	78.38	78.53	79.36	80.39	79.87	79.83
爱尔兰	74.80	74.94	75.97	73.92	73.53	74.25	74.09	74.27	75.67	76.37	77.13	75.77
卢森堡	72.67	73.30	73.30	74.67	74.39	75.26	74.65	74.80	74.58	75.60	75.51	75.22
俄罗斯	76.47	76.53	76.32	75.11	75.62	76.53	77.19	77.40	77.06	76.36	75.16	74.84
墨西哥	75.00	77.48	76.36	76.80	77.02	76.51	76.16	77.68	77.87	78.21	76.42	77.72
芬兰	72.35	73.10	71.75	72.57	72.43	72.74	71.99	72.00	72.50	73.31	72.93	72.34

续表

国家	2012 年	2013 年	2014 年	2015 年	2016 年	2017 年	2018 年	2019 年	2020 年	2021 年	2022 年	2023 年
以色列	72.66	73.14	72.10	72.16	72.55	72.51	73.29	74.65	73.02	74.09	75.06	74.65
巴西	80.21	79.76	79.58	79.05	79.64	80.20	80.23	80.86	79.67	79.99	81.57	80.56
葡萄牙	73.48	72.21	73.49	72.42	72.47	75.19	74.92	75.81	75.59	75.26	75.11	75.10
波兰	74.86	77.34	75.55	75.84	75.92	77.63	76.36	77.89	77.50	78.07	77.12	77.67
沙特阿拉伯	76.20	77.40	76.04	77.23	76.87	77.80	77.83	78.65	78.91	77.24	76.22	77.05
印度尼西亚	73.19	72.71	74.75	73.63	74.07	75.23	74.82	74.44	75.47	77.03	76.55	76.10
匈牙利	70.67	71.09	69.97	72.00	71.68	72.72	71.96	72.29	72.51	72.42	72.31	73.14
土耳其	75.10	76.28	75.20	75.41	76.09	76.05	75.84	76.01	77.50	75.62	77.37	77.30
立陶宛	67.25	66.49	67.55	68.09	67.03	67.29	68.05	67.15	68.95	68.15	68.54	68.96
希腊	69.08	71.43	69.66	67.49	70.10	70.67	69.74	70.68	71.09	71.20	71.55	71.48
阿根廷	72.16	73.18	71.78	72.75	72.53	73.17	72.58	72.47	72.71	72.67	74.95	74.86
拉脱维亚	68.86	68.18	68.83	68.63	68.78	69.11	67.84	67.66	68.03	69.07	69.50	68.09
南非	75.63	75.25	74.89	75.16	75.00	75.12	74.83	75.36	75.16	76.66	75.98	74.55

在全球范围内，中国的金融机构总指数在多个主要经济体中处于较高水平。与全球金融领域的"领头羊"美国相比，中国的金融机构评分虽略显逊色，但总体差距较小。美国的评分在 2016～2022 年始终保持在 90 分以上，而中国在 2023 年接近 90 分。这反映了中国金融机构在近年来的迅速发展，以及在全球经济和金融市场中扮演越来越重要的角色。相较于其他主要经济体如英国、德国、日本等，中国金融机构的总体实力和国际影响力展现出显著的优势，确立了其在全球金融市场中的领先位置。而在亚洲区域内，中国的金融机构总指数也显著高于许多邻国，例如印度、印度尼西亚和韩国，这进一步凸显了中国金融机构的区域领先地位。

（一）金融机构总指数截面排名

从图 6-1 中可以看出，2023 年中国的金融机构指数为 89.00 分，位于第二名，仅次于美国，略高于日本和英国。各国的金融机构指数存在较大差异，最高分和最低分之间相差 23.80 分。各国的平均得分为 78.45 分，中位数为 77.72 分。中国该指数较高主要得益于中国在金融系统改革、风险控制及国际化方面的努力，但与第一名仍存在近 3 分的差距，表明中国的金融机构仍有进步和改善的空间。

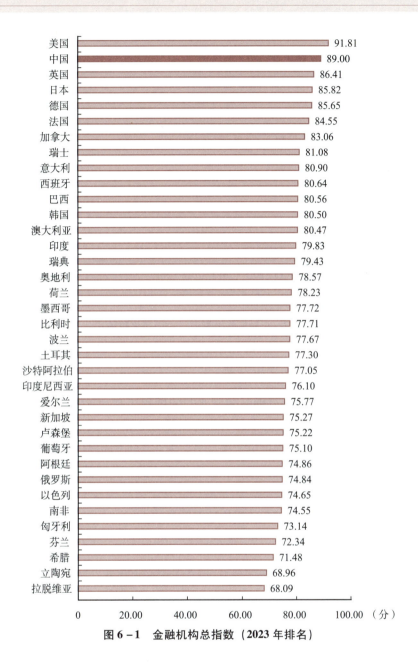

图 6 - 1　金融机构总指数（2023 年排名）

（二）中国的趋势变化

从图 6 - 2 可以看出，中国的金融机构指数呈现明显的上升趋势，从 83.84 分上升至 89.00 分，排名稳定于前五名，且于 2017 年升至第二名，仅次于美国，说明中国的金融机构的整体实力稳中有进，竞争力、稳定性、普惠性、服务实体经济和际影响力整体在缓慢上升。这得益于中国市场经济体制的不断完善和发展。

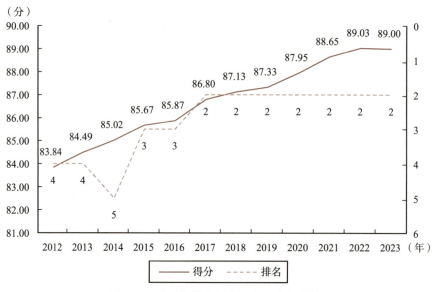

图 6-2 金融机构总指数（中国变化趋势）

（三）中国与前五名国家对比分析

从图 6-3 可以看出，排名前五的其余国家与美国相比有一定差距，且金融机构指数相差较大，位于第五名的德国与第一名的美国有 6 分的差距。这是因为美国的金融机构发展历史悠久，相关制度完善。中国虽位于第二名，但与美国仍相差 3 分左右，这说明中国在金融机构方面还存在着一定的进步空间，需要不断加强对金融机构的建设，增强金融机构的经营稳定性和竞争力，不断发展普惠金融，完善金融机构服务实体经济的体制机制，坚持金融机构的国际化，增强中国金融机构的国际影响力。

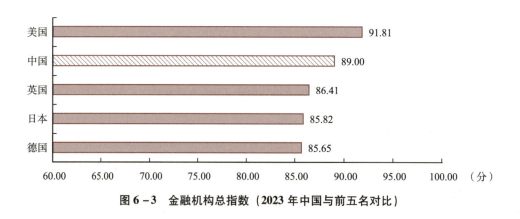

图 6-3 金融机构总指数（2023 年中国与前五名对比）

（四）中国与金砖五国对比分析

从图 6-4 可以看出，中国的金融机构指数在金砖五国之中排名第一，这说明了我国金融机构实力较强，在新兴发展中国家的金融机构中具有强劲的实力。巴西位于第二名，其余三国均在平均分数上下，表明其金融机构的整体表现位于世界平均水平，仍存在较大的进步空间。

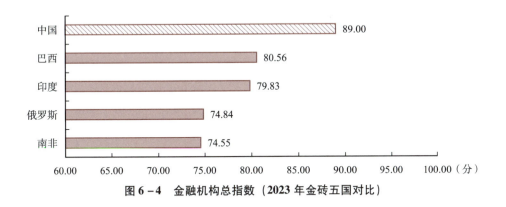

图 6 - 4　金融机构总指数（2023 年金砖五国对比）

二、金融机构稳定性指数

如表 6 - 3 所示，中国金融机构的稳定性在 2012 ～ 2023 年表现出了一致性和稳健性。自 2012 年以来，中国的金融机构稳定性得分始终保持在 80 分以上，呈现出逐年上升的趋势。具体来看，中国在 2018 年的金融稳定性指数为 86.44 分，到 2019 年上升至 87.04 分，表明在这一年间，中国金融体系保持稳定并有所提升。2020 年，指数进一步上升至 87.56 分，这可能反映出中国在应对全球经济变化，特别是面对新兴挑战（如 COVID - 19 疫情和贸易紧张）时的适应能力。2021 年，指数微幅上升至 87.66 分，2022 年，金融稳定性指数达到 89.56 分，到 2023 年，指数继续保持小幅增长，至 89.58 分，总体上中国的金融体系维持在较高的稳定水平。

对比中国与其他国家的金融机构稳定性指数，可以发现中国的指数在 2012 ～ 2023 年保持了较高和稳定的水平。与之相比，发达国家虽然在某些年份有较高的评分，但其变动幅度相对更大，波动较大。例如，德国的指数略有波动，由 82.06 分上升至 88.25 分，而法国的指数则从 80.88 分上升到 83.26 分，整体上呈现上升趋势但波动明显。在亚洲其他国家方面，日本的金融稳定性指数从 82.13 分下降到 80.47 分，显示出一定程度的波动。韩国则相对稳定，从 74.54 分略微上升到 76.87 分。此外，新兴市场国家如印度和印度尼西亚显示了一定的增长，但其稳定性指数始终低于中国。印度的指数从 78.64 分上升到 85.57 分，印度尼西亚从 78.18 分上升到 81.86 分，表明它们在提升金融稳定性方面取得了进步，但与中国相比还有差距。

表 6 – 3　　　　　　　　　　　金融机构稳定性指数　　　　　　　　　　　单位：分

国家	2012 年	2013 年	2014 年	2015 年	2016 年	2017 年	2018 年	2019 年	2020 年	2021 年	2022 年	2023 年
美国	89.33	89.57	89.59	89.71	89.79	89.97	90.09	90.50	92.79	92.83	93.15	93.53
中国	84.47	84.59	84.67	84.78	84.68	85.63	86.44	87.04	87.56	87.66	89.56	89.58
英国	78.31	78.80	81.59	84.18	84.70	85.45	85.00	84.98	85.24	87.52	88.38	88.61
德国	82.06	83.71	84.47	84.47	85.10	85.69	86.39	85.54	85.05	85.13	83.20	88.25
日本	82.13	82.24	81.86	81.53	81.70	81.71	81.59	81.26	81.25	80.76	80.61	80.47
法国	80.88	81.70	80.18	81.08	82.07	82.47	82.19	82.72	82.80	83.93	83.46	83.26
加拿大	74.98	74.64	74.60	74.63	75.16	75.46	75.86	76.39	76.72	77.81	77.62	78.68
瑞士	77.09	79.00	79.38	79.42	79.59	80.48	80.24	79.55	79.93	79.68	80.01	82.01
澳大利亚	73.62	73.12	73.17	74.44	73.48	74.19	74.32	74.35	75.26	75.54	75.88	77.79
韩国	74.54	74.77	75.29	76.76	77.47	77.09	76.86	77.13	76.95	76.45	76.83	76.87
瑞典	78.48	78.81	82.64	83.50	83.09	83.07	84.39	83.15	85.70	85.36	86.24	82.83
荷兰	74.89	74.98	77.53	78.27	78.80	79.64	79.87	80.31	78.44	78.92	78.32	79.58
意大利	73.02	72.29	73.70	75.08	75.06	79.71	80.13	81.02	81.39	82.57	82.74	82.72
新加坡	79.73	77.43	77.20	77.24	78.42	79.39	79.05	79.74	80.56	80.64	80.52	80.55
西班牙	76.03	77.52	78.52	80.69	81.50	82.05	83.08	84.05	84.19	83.98	81.72	82.15
比利时	79.17	80.09	79.74	80.71	81.17	82.23	82.36	82.05	82.01	82.38	82.34	82.29
奥地利	78.05	79.07	77.50	78.36	79.95	80.64	82.70	83.00	84.46	84.12	84.86	84.89
印度	78.64	78.27	78.39	77.92	77.89	77.37	80.15	79.49	82.18	83.31	84.28	85.57
爱尔兰	73.59	74.84	77.46	80.15	79.94	80.23	81.07	82.13	83.29	83.17	83.98	85.59
卢森堡	82.87	82.29	82.69	83.95	84.74	85.02	84.29	84.21	84.55	86.87	87.26	86.43
俄罗斯	77.41	77.28	76.72	76.66	77.11	77.92	78.17	78.37	78.62	78.58	78.65	78.64
墨西哥	81.69	82.52	82.61	82.73	82.21	82.80	82.96	82.92	83.89	85.23	85.42	85.43
芬兰	77.65	77.91	73.98	74.57	75.71	74.97	76.23	75.22	77.40	77.84	77.73	77.75
以色列	73.79	74.48	75.01	74.97	75.52	75.83	75.92	76.31	76.67	76.97	76.95	78.42
巴西	80.16	80.02	80.19	79.84	82.60	85.04	85.28	85.80	84.58	84.19	84.06	84.50
葡萄牙	70.66	70.49	71.25	69.49	70.30	75.29	76.90	78.90	80.66	82.21	82.66	80.74
波兰	80.32	80.59	80.90	81.13	81.64	82.14	81.94	82.34	82.86	82.77	82.24	80.80
沙特阿拉伯	80.79	82.08	81.89	82.56	82.95	83.52	83.24	83.14	84.75	85.13	84.63	85.50
印度尼西亚	78.18	77.47	77.49	77.79	78.90	77.93	78.83	79.09	80.81	81.76	82.08	81.86
匈牙利	73.25	74.65	75.24	77.84	79.48	80.05	79.96	79.69	78.80	78.52	78.04	78.31
土耳其	77.47	76.45	76.12	75.67	75.95	76.05	74.96	75.25	75.88	77.16	77.22	80.23
立陶宛	69.41	70.87	74.12	76.04	75.48	74.36	75.38	79.03	80.97	81.06	81.37	81.30
希腊	66.13	67.34	68.36	68.42	70.90	68.69	68.73	70.23	72.86	75.50	76.87	78.19
阿根廷	76.76	76.89	77.82	77.82	78.63	78.04	77.89	79.09	82.80	82.50	83.23	83.24
拉脱维亚	75.48	76.45	77.21	78.06	75.67	75.75	76.87	77.58	77.62	78.64	80.11	76.48
南非	76.32	77.19	77.62	77.47	77.83	78.89	78.67	79.11	79.07	81.45	81.21	81.16

　　总体来看，中国的金融稳定性不仅在全球范围内保持着较高水平，而且相较于其他国

家，包括发达国家和新兴市场国家，显示出了更为显著的稳定性和较少的波动。在这段时期内，中国金融体系通过加强监管、优化金融基础设施，以及应对全球经济变化所采取的有效政策措施，逐步提升了自身的稳定性。特别是在面对诸如贸易紧张、地缘政治因素以及突如其来的疫情冲击等外部挑战时，中国的金融政策和管理显现出了其稳定和灵活的特点。

（一）金融机构稳定性指数截面排名

如图 6-5 所示，2023 年各国的金融机构稳定性指数得分相差较小，该指数 2023 年的均值为 82.34 分，中位数为 81.93 分，最高分和最低分相差 17.06 分。该指数的整体得分较高，说明各国的金融机构都具有较好的稳定性，重视金融机构的经营状况和经营风险。2023 年我国的金融机构稳定性指数为 89.58 分，位于第二名。

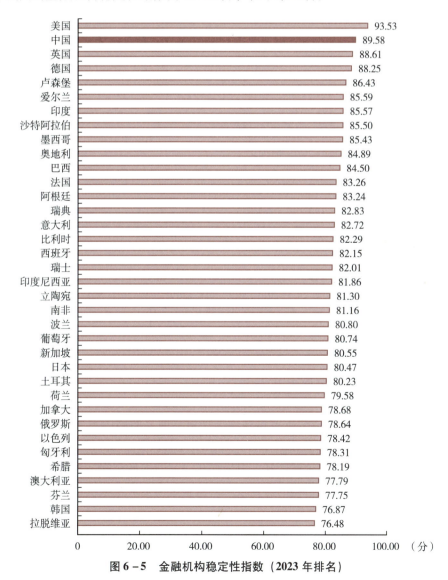

图 6-5　金融机构稳定性指数（2023 年排名）

（二）中国的趋势变化

如图6-6所示，中国的金融机构稳定性指数呈现缓慢上升的趋势，从2012年的84.47分缓慢上升至2023年的89.58分，但排名在高位有所波动，说明中国的金融机构经营一直保持良好的稳定性，且不断通过增加资本、增加准备金等方式增强自身经营的稳定性，历年的稳定性指数均高于平均水平，表明中国金融机构的抗风险能力较强。从排名可以看出，中国金融机构的经营受外部环境干扰较小，稳定性强于大多数国家，但也存在一定的上升空间。

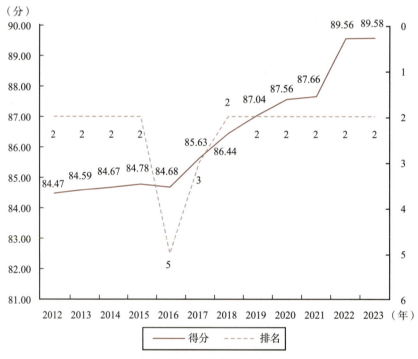

图6-6　金融机构稳定性指数（中国变化趋势）

（三）中国与前5名国家对比分析

如图6-7所示，综合中国与金融机构稳定性指数前五名的国家来看，可以发现我国的金融机构稳定性较强，2023年排名第二，但得分与排名第一的美国有着较大的差距，说明我国的金融机构稳定性程度虽然较好，但仍存在一定的进步空间。我国金融机构的稳定性较强可能是由于我国对金融机构的监管较严，监管机构要求金融机构能够保持良好的经营稳定性。

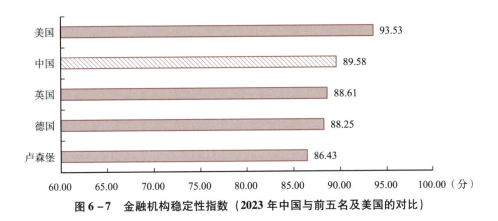

图 6-7　金融机构稳定性指数（2023 年中国与前五名及美国的对比）

（四）金砖五国对比分析

中国的金融稳定性指数在金砖五国中排名第一，从图 6-8 中可以看出金砖五国的金融机构稳定性指数差异较大，中国和巴西的该项指数得分较高，俄罗斯和南非得分较低，这主要是因为各国对金融机构的监管程度不同，导致各国金融机构的经营稳定性存在差异。

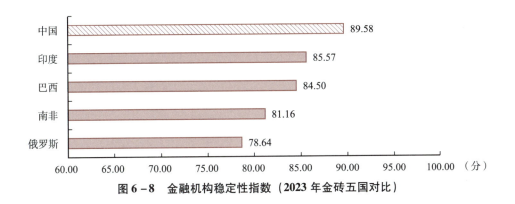

图 6-8　金融机构稳定性指数（2023 年金砖五国对比）

三、金融机构竞争力指数

从表 6-4 来看，中国在 2012～2023 年的金融机构竞争力得分显示了其在全球金融领域的强劲表现。起始于 2012 年的 82.03 分，中国的得分在接下来的十年中稳步上升，到 2019 年达到 87.56 分，2020 年和 2021 年分别显著上升至 89.89 分和 91.16 分，并继续攀升至 2022 年的 91.19 分和 2023 年的 91.21 分。这一增长趋势反映了中国金融机构在市场适应能力、竞争力和整体实力方面的显著提升。

表 6-4　　　　　　　　　　　　金融机构竞争力指数　　　　　　　　　　　　单位：分

国家	2012年	2013年	2014年	2015年	2016年	2017年	2018年	2019年	2020年	2021年	2022年	2023年
美国	87.85	88.13	88.34	88.46	88.91	89.46	89.72	90.57	92.59	93.38	93.56	93.49
中国	82.03	82.94	83.62	84.52	85.18	86.38	86.77	87.56	89.89	91.16	91.19	91.21
英国	79.90	78.51	80.67	80.02	80.36	80.98	80.82	80.79	81.20	81.97	80.81	80.95
德国	82.08	82.08	82.36	81.58	81.70	81.88	81.83	82.05	83.10	84.09	84.09	84.07
日本	86.85	86.06	85.62	84.59	85.22	85.31	85.33	85.78	86.96	87.32	87.39	87.40
法国	78.70	80.62	78.83	79.60	79.83	80.48	80.50	80.69	81.31	81.76	80.52	81.63
加拿大	77.99	80.03	78.48	77.27	77.45	78.85	77.40	78.09	79.09	78.88	78.99	78.55
瑞士	72.85	73.74	73.81	73.99	73.67	74.23	74.71	74.55	75.05	76.18	76.13	75.57
澳大利亚	78.93	79.02	78.71	78.77	77.82	78.42	78.39	77.71	77.40	78.04	78.51	79.45
韩国	72.65	76.92	77.28	74.16	74.08	75.22	75.66	75.44	76.50	76.68	78.33	78.38
瑞典	72.06	72.83	72.88	72.62	72.17	72.34	74.18	72.66	74.48	75.65	73.09	75.62
荷兰	74.69	73.62	75.04	73.87	75.01	75.31	74.17	74.01	74.06	74.52	75.33	74.68
意大利	72.40	72.11	73.69	74.21	73.29	74.90	74.78	74.85	75.03	75.78	75.75	75.69
新加坡	76.51	77.10	77.71	77.42	77.64	78.27	78.35	78.99	79.28	79.26	79.23	79.21
西班牙	74.23	72.65	76.91	72.44	76.42	76.19	73.86	76.33	75.99	77.03	73.41	73.64
比利时	71.59	73.25	72.81	72.52	72.43	72.77	70.73	73.13	73.30	73.74	73.73	71.65
奥地利	72.86	72.57	72.61	72.93	72.77	73.23	69.48	69.41	71.13	69.59	75.27	72.14
印度	75.57	72.67	72.23	72.89	73.50	73.81	73.80	74.39	75.11	75.43	75.87	80.58
爱尔兰	72.69	73.19	75.40	75.08	78.15	78.51	76.92	77.17	75.83	76.59	76.50	77.13
卢森堡	74.57	74.55	74.83	74.73	74.69	74.58	74.56	74.41	74.47	74.33	74.30	74.76
俄罗斯	68.08	68.09	68.10	67.03	67.45	68.44	69.49	70.53	70.31	71.59	69.42	69.35
墨西哥	69.02	69.46	69.30	69.19	69.05	69.49	69.61	69.81	69.51	69.85	70.20	70.29
芬兰	69.40	69.75	69.84	69.58	69.63	69.73	71.54	73.58	72.34	72.58	72.64	73.06
以色列	72.42	73.14	73.65	73.38	71.85	72.30	73.78	70.50	68.76	71.20	71.49	74.97
巴西	74.60	74.52	74.54	74.28	74.54	75.23	75.11	75.59	75.18	75.45	75.62	75.49
葡萄牙	66.41	66.06	65.35	66.51	65.88	66.44	66.91	67.21	66.92	67.42	67.78	68.38
波兰	70.84	68.43	67.20	67.91	68.01	68.30	68.38	68.25	68.66	68.00	66.97	67.54

续表

国家	2012 年	2013 年	2014 年	2015 年	2016 年	2017 年	2018 年	2019 年	2020 年	2021 年	2022 年	2023 年
沙特阿拉伯	70.89	71.01	67.89	70.67	70.83	71.58	71.43	71.74	71.60	72.23	69.44	68.92
印度尼西亚	67.45	67.34	67.30	67.21	67.22	67.84	67.88	67.91	67.53	67.70	67.93	68.21
匈牙利	64.64	65.52	63.32	65.36	66.90	67.33	67.46	67.52	66.48	66.80	66.65	67.60
土耳其	67.62	67.42	67.41	67.31	67.65	67.90	67.63	68.02	68.40	69.57	71.62	71.26
立陶宛	64.22	64.56	64.55	64.57	65.05	64.98	65.40	65.57	65.40	65.44	65.53	65.53
希腊	61.44	66.95	63.73	61.63	64.61	64.50	64.69	64.95	64.44	63.12	66.40	66.42
阿根廷	66.26	66.72	67.20	67.52	67.34	67.27	67.55	68.09	66.16	65.39	65.73	67.02
拉脱维亚	64.38	64.37	64.52	64.67	64.81	64.13	64.34	64.09	64.49	64.94	64.98	65.82
南非	74.07	73.81	73.81	73.93	73.91	74.22	73.99	73.92	73.62	74.08	74.09	74.08

在全球范围内，中国金融机构的持续增强和全球竞争力的显著提升。美国作为全球金融强国"领头羊"，其竞争力指数保持在第一，从 87.85 分逐渐增至 93.49 分。在欧洲，德国的指数从 82.08 分增至 84.07 分，而法国则从 78.70 分增至 81.63 分，显示出欧洲主要经济体在金融竞争力方面的稳定表现。亚洲方面，日本的指数从 86.85 分增至 87.40 分，韩国的指数则从 72.65 分上升到 78.38 分，显示出亚洲金融市场在全球竞争中越来越有影响力。与这些国家相比，中国的金融机构竞争力指数略低于美国，处于第二的位置。

综上所述，中国在金融机构竞争力方面的表现不仅在亚洲区域内，而且在全球范围内都是出色的。其高分数和持续的增长趋势凸显了其在全球金融市场中的重要地位和影响力。这一高分的增长趋势可能主要归因于三个方面：其一是金融创新和技术应用的加速，中国金融机构在数字化转型和金融科技方面取得了重大进步，极大提高了运营效率和用户体验。其二是市场扩张和全球化战略的实施对中国金融机构的竞争力提升起到了重要作用。其三是中国宏观经济的稳定以及政府对金融市场的支持为金融机构的发展提供了有利的外部环境。

（一）金融机构竞争力指数截面排名

如图 6 - 9 所示，2023 年各国的金融机构竞争力得分相差较大，最高分和最低分相差 27.96 分，该指数 2023 年的均值为 74.99 分，中位数为 74.72 分，表明各国的得分差距较大，整体得分偏低。我国的金融机构竞争力指数在 2022 年排名第二，表明我国金融机构竞争力强，金融市场规模和活力强，具有良好的发展潜力，能够在全球金融领域中保持强劲的竞争力。

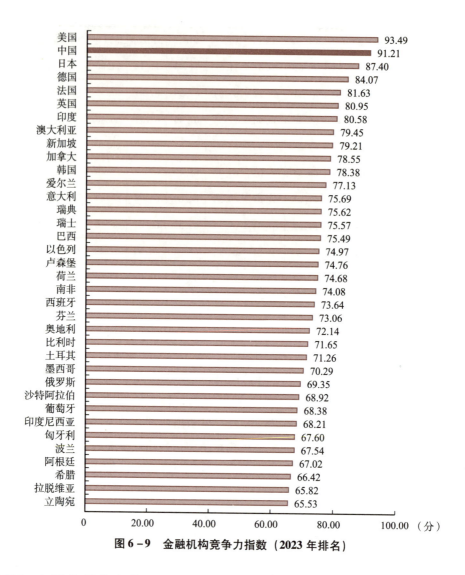

图6-9　金融机构竞争力指数（2023年排名）

（二）中国的趋势变化

如图6-10所示，2012~2023年中国的金融机构竞争力指数和排名均呈现稳定的上升状态，竞争力指数从2012年的82.03分稳步上升至2023年的91.21分，排名也从第四名攀升至第二名。这表明我国的金融机构一直保持着较强的竞争力，金融市场规模大、发展潜力良好。该得分表现了中国政府在推动金融改革方面取得了显著的成果，中国的金融机构在保持良好竞争力的同时，也保持着较好的经营稳定性。

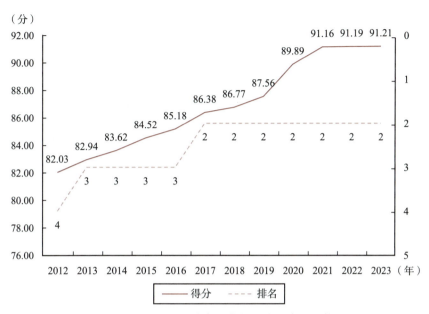

图 6-10 金融机构竞争力指数（中国变化趋势）

（三）中国与前五名国家对比分析

如图 6-11 所示，综合金融机构竞争力指数前五名的国家来看，可以发现前五名国家在该项得分上存在着较大的差距，第五名的法国与第一名的美国相差将近 12 分，我国的金融机构竞争力排名第二，达到 91.21 分，与第一名相差 2 分左右，在国际上处于领先地位。这主要依靠近年来不断推进的金融改革，使我国的金融机构在面对资本主义强国时也未落入下风。未来，我国需要继续深入推进金融改革，继续保持金融机构在世界金融市场上的竞争力。

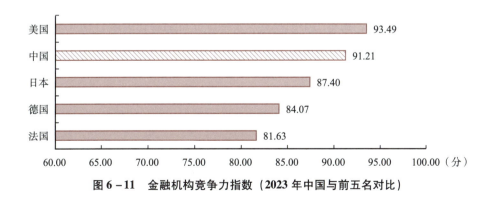

图 6-11 金融机构竞争力指数（2023 年中国与前五名对比）

（四）金砖五国对比分析

如图 6-12 所示，中国的金融机构竞争力在金砖五国中排名第一，金砖五国的该项得分差距较大，呈现明显的阶梯状。我国该项指数的得分远高于其余四国，这表明了我国金融机构与其他发展中国家的金融机构相比，具有明显的竞争优势。

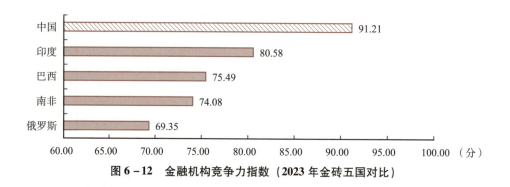

图 6-12　金融机构竞争力指数（2023 年金砖五国对比）

四、金融机构普惠性指数

如表 6-5 所示，从时间维度来看，2012～2023 年，中国金融机构普惠性指数得分显示出波动上升的趋势。2012 年，中国的普惠性指数得分为 80.94 分，2013 年上升至 81.12 分，随后逐年波动上升，到 2018 年达到 85.54 分。尽管 2019 年和 2020 年略微下降至 85.45 分和 85.13 分，但在 2021 年和 2022 年保持在 87.30 分。在 2023 年波动下降至 86.82 分。这显示出中国在提高金融服务普及率和改善金融服务质量方面取得了显著进展。持续增长的趋势反映了中国金融体系对普惠金融的重视和在实际操作中的有效实施。

全球范围内，中国的普惠金融指数排名相对较高，尤其与许多发展中国家相比。例如，相较于阿根廷（75.67 分，2023 年）、俄罗斯（86.11 分，2023 年）和巴西（86.71 分，2023 年），中国的指数更高，表明其在普惠金融领域的表现优于这些国家。然而，与一些发达国家如美国（94.02 分，2023 年）和日本（91.75 分，2023 年）相比，中国的指数略低，但差距逐渐缩小，显示出中国在普及金融服务特别是在金融科技应用方面正在迅速追赶。在亚洲地区，中国的普惠金融指数相对较高，尤其是与印度（80.96 分，2023 年）、印度尼西亚（76.11 分，2023 年）等国相比，显示了中国在该地区的领先地位。

表 6-5　　　　　　　　　　　　　　金融机构普惠性指数　　　　　　　　　　　　单位：分

国家	2012 年	2013 年	2014 年	2015 年	2016 年	2017 年	2018 年	2019 年	2020 年	2021 年	2022 年	2023 年
美国	94.25	94.15	94.20	94.27	94.22	94.91	94.90	94.76	94.82	95.54	95.49	94.02
中国	80.94	81.12	82.21	83.17	83.37	85.07	85.54	85.45	85.13	87.30	87.30	86.82
英国	88.06	88.64	90.35	90.51	90.38	90.19	89.66	89.55	89.00	90.19	90.13	89.42
德国	85.88	86.14	87.66	87.55	85.92	86.50	86.31	86.21	85.76	87.12	87.14	86.48
日本	86.56	86.51	91.34	91.48	91.49	92.20	92.09	92.10	91.88	92.20	92.18	91.75

续表

国家	2012 年	2013 年	2014 年	2015 年	2016 年	2017 年	2018 年	2019 年	2020 年	2021 年	2022 年	2023 年
法国	85.55	85.48	86.84	86.77	86.66	86.61	86.31	86.12	85.73	87.60	87.65	87.42
加拿大	87.44	87.54	88.56	88.48	88.55	89.67	89.52	89.44	89.41	90.05	90.01	89.55
瑞士	78.50	78.53	78.43	78.39	78.32	81.18	81.26	81.04	80.74	81.48	81.51	80.88
澳大利亚	83.81	83.71	84.64	84.53	84.57	85.16	85.01	84.91	84.65	85.15	85.18	83.71
韩国	84.38	84.37	84.94	84.80	84.70	86.50	86.39	86.27	86.02	87.58	87.55	87.24
瑞典	88.39	88.12	87.72	87.59	87.37	87.08	87.01	86.98	86.74	87.26	87.27	81.74
荷兰	79.52	78.94	77.92	77.52	77.01	77.60	77.44	77.19	76.50	76.22	76.24	76.21
意大利	81.44	80.90	82.65	82.90	82.64	85.67	85.48	85.33	85.15	86.77	86.77	86.31
新加坡	67.65	67.39	70.55	70.59	70.35	72.08	72.23	71.70	71.27	71.58	71.60	71.18
西班牙	85.67	85.37	87.01	86.88	86.72	86.53	86.39	86.15	85.88	87.49	87.42	86.10
比利时	81.16	81.13	80.93	80.82	80.56	81.35	80.78	80.45	79.88	80.50	80.54	80.53
奥地利	76.22	76.27	76.40	76.14	75.45	78.05	78.14	78.18	77.40	80.68	80.69	80.52
印度	77.39	77.68	79.54	79.81	80.02	80.50	80.45	80.52	80.64	80.97	80.99	80.96
爱尔兰	73.58	73.34	74.26	73.99	73.92	74.70	74.26	74.14	73.42	75.93	75.95	74.85
卢森堡	74.61	74.54	75.48	75.49	75.66	77.31	77.41	77.26	76.85	77.02	76.96	75.79
俄罗斯	83.37	83.51	85.67	85.32	85.14	85.74	85.42	85.53	85.34	87.04	87.04	86.11
墨西哥	74.33	74.35	75.33	75.23	75.52	74.42	74.65	74.80	74.61	74.52	74.55	74.95
芬兰	74.63	74.37	74.41	74.06	73.82	74.11	74.02	74.18	74.13	74.24	74.18	74.05
以色列	75.30	75.30	75.88	75.17	75.30	76.17	76.25	76.24	76.19	76.46	76.38	76.23
巴西	84.70	84.94	86.07	85.82	85.59	85.13	84.92	84.83	84.50	86.46	86.49	86.71
葡萄牙	77.62	77.41	77.05	76.35	76.71	78.39	78.00	78.17	77.73	78.90	78.88	78.87
波兰	75.34	75.41	75.96	76.08	76.21	78.65	78.71	78.58	78.41	80.60	80.59	80.53
沙特阿拉伯	73.60	73.96	76.05	76.31	76.30	77.65	77.56	77.11	76.15	74.06	74.03	74.26
印度尼西亚	73.50	73.96	76.10	76.33	76.42	78.35	78.15	77.84	77.57	77.40	77.37	76.11
匈牙利	68.88	68.77	68.41	68.27	68.32	69.30	69.20	70.77	70.62	72.19	72.17	71.15
土耳其	79.84	80.36	78.66	78.83	78.59	81.17	81.30	81.36	81.10	80.40	80.42	80.01
立陶宛	66.74	66.54	66.05	65.48	65.06	65.61	65.13	64.73	64.68	65.75	65.77	66.04
希腊	70.36	69.28	68.87	68.65	68.46	70.91	70.75	70.63	70.56	73.87	73.92	73.64
阿根廷	71.03	71.42	72.49	72.66	72.83	72.87	73.27	73.38	73.50	75.46	75.38	75.67
拉脱维亚	69.77	69.33	69.72	69.35	69.00	68.74	68.32	67.32	66.90	68.32	68.31	68.04
南非	80.75	80.76	82.54	82.64	82.45	80.32	80.17	80.07	79.87	82.02	82.04	73.85

总体来看，中国的金融机构在提升普惠性方面取得了显著的进展，不仅在时间序列上显示出稳定增长的趋势，而且在国际比较中也表现出较强的竞争力。未来，为进一步提升金融普惠性，中国可以继续推动金融科技的创新和应用，加强金融教育和普及，从而缩小与发达国家之间的差距。

（一）金融机构普惠性指数截面排名

如图 6-13 所示，2023 年各国的金融普惠性指数得分相差较大，最高分和最低分相差 27.98 分，表明世界各国的金融普惠程度存在一定差距。该指数的均值为 80.21 分，中位数为 80.52 分，表明虽然各国金融普惠程度相差较大，但是总体上金融普惠程度较好。中国的金融普惠性指数排名第七，高于平均得分，表明中国的金融服务虽然普及程度较高，但仍存在很大的进步空间。

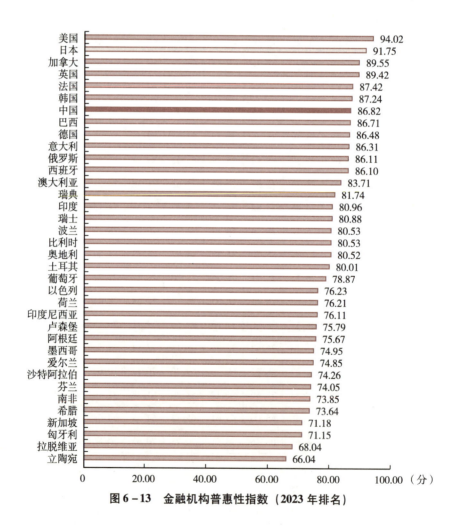

图 6-13　金融机构普惠性指数（2023 年排名）

（二）中国的趋势变化

如图 6 - 14 所示，中国的金融普惠性指数得分和排名均有一定程度的上升，得分从 2012 年的 80.94 分上升至 2023 年的 86.82 分，排名也上升了 8 名，说明中国金融普惠程度在不断进步，居民能够更为轻松、广泛地接触和使用金融服务，金融市场对各层社会成员的开放程度高、金融服务的普及率高。这体现出了中国政府在推动普惠金融方面取得了显著的成果，数字金融服务更加普及、金融服务流程有所简化，农村及偏远地区的金融服务水平也有一定程度的提高。

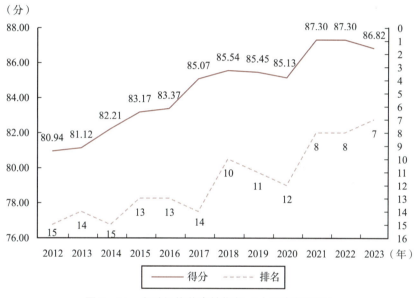

图 6 - 14　金融机构普惠性指数（中国变化趋势）

（三）中国与前 5 名国家对比分析

中国 2023 年的金融普惠性指数位列第七，与发达国家相比仍存在较大的差距，但高于其余发展中国家。从图 6 - 15 可以看出，前五名国家的金融普惠性指数也存在一定差距，说明排名前列各国的金融普及程度虽仍存在差异，但各国金融系统在公平性方面总体表现更加优越。美国的得分较明显地高于其余国家，这主要是因为美国的金融发展相对成熟，与位于前 5 名的国家相比，中国还存在着一定的进步空间。

（四）金砖五国对比分析

中国的金融普惠性指数在金砖五国中排名第一，从图 6 - 16 中可以看出，金砖国家的金融普惠性指数存在一定差距，表明各国金融普惠程度相差较大，各国的金融普及程度、居民对金融服务的可获得性有较大差距。

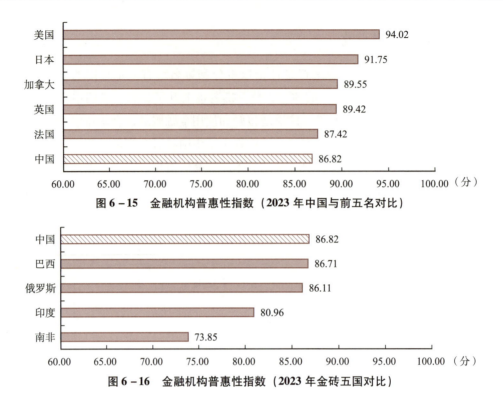

图 6 – 15　金融机构普惠性指数（2023 年中国与前五名对比）

图 6 – 16　金融机构普惠性指数（2023 年金砖五国对比）

五、金融机构服务实体经济指数

如表 6 – 6 所示，在时间序列维度，中国金融机构在服务实体经济方面的表现保持了一定的稳定性。2012 年，中国的服务实体经济评价得分为 86.84 分，随后几年波动上升，2013 年略微下降至 86.77 分，2014 年为 87.27 分，2015 年增至 88.74 分，2016 年为 89.04 分。2017 ~ 2020 年，得分保持在 89.14 ~ 89.71 分，2021 年略微下降至 89.56 分，2022 年和 2023 年再次上升至 89.72 分和 89.71 分。这个相对稳定的表现说明中国金融机构在这几年内持续为实体经济提供了相对稳定的服务。在这一时期内，中国经历了不同的宏观经济环境和金融市场变化，包括贸易紧张、国内经济结构调整等因素，但整体上，金融服务与实体经济的结合程度保持稳定。这表明中国金融机构在服务实体经济方面的策略和效率相对恒定，反映出其在面对内外部经济挑战时的适应和调整能力。

在国际范围内，中国的金融机构在服务实体经济方面的表现处于高水平。与美国相比，美国的指数也相对较高，从 87.09 分增长到 88.60 分，但中国与美国在这一领域的表现相近，都显示了它们的金融体系在支持实体经济方面的强劲能力。在亚洲其他国家中，日本的指数保持稳定，从 87.17 分略降至 85.43 分。韩国的指数从 81.84 分增长到 85.09 分，体现了亚洲主要经济体在支持实体经济方面的稳定表现。在新兴市场国家中，印度的指数从 84.35 分增至 87.66 分，印度尼西亚则从 75.55 分增至 79.45 分，表明这些国家在提升金融服务实体经济的能力上也取得了一定的进步。

表 6 – 6　　　　　　　　　　金融机构服务实体经济指数　　　　　　　　　单位：分

国家	2012 年	2013 年	2014 年	2015 年	2016 年	2017 年	2018 年	2019 年	2020 年	2021 年	2022 年	2023 年
美国	87.09	86.81	87.35	87.46	87.90	87.69	88.12	88.13	89.37	89.16	88.84	88.60
中国	86.84	86.77	87.27	88.74	89.04	89.52	89.14	89.39	89.71	89.56	89.72	89.71
英国	84.44	81.14	87.26	88.39	87.92	87.35	85.87	87.32	86.07	86.37	86.17	85.12
德国	84.14	85.08	84.74	84.04	83.68	84.28	83.77	84.50	84.73	84.79	84.65	82.90
日本	87.17	86.62	86.30	85.60	85.60	85.56	85.31	85.35	85.55	85.43	85.36	85.43
法国	80.00	85.13	80.06	83.69	83.57	84.22	83.83	83.33	84.55	84.36	81.03	84.33
加拿大	87.73	87.44	87.37	86.24	86.75	86.82	86.79	86.95	86.18	86.37	86.24	86.24
瑞士	82.99	78.79	78.96	80.14	78.49	79.41	77.89	79.56	78.56	79.19	80.00	80.94
澳大利亚	77.51	77.96	78.60	76.91	79.33	79.14	79.35	81.28	83.54	83.45	83.52	83.11
韩国	81.84	83.85	84.16	85.80	86.01	83.55	83.60	86.62	85.27	84.88	85.00	85.09
瑞典	78.81	78.36	77.69	76.11	76.10	77.85	76.97	75.92	78.87	77.62	77.58	77.02
荷兰	81.69	81.88	83.09	82.80	82.23	81.33	80.35	78.27	79.22	78.81	78.29	78.32
意大利	86.23	85.75	84.44	84.05	83.09	84.61	83.25	83.05	86.35	85.20	84.83	82.18
新加坡	76.22	76.33	76.80	76.22	76.57	77.15	77.13	78.09	78.41	78.17	78.16	78.21
西班牙	86.28	87.08	84.66	83.12	83.03	83.90	81.75	83.65	82.62	81.80	80.67	83.47
比利时	76.69	77.15	79.19	79.20	77.18	79.70	77.54	76.55	77.18	76.37	76.35	77.09
奥地利	75.95	78.23	76.19	77.27	78.39	77.67	76.08	76.01	80.14	77.20	77.62	77.51
印度	84.35	84.63	82.02	85.94	86.80	82.24	86.65	87.13	88.82	88.21	88.62	87.66
爱尔兰	79.16	77.97	76.47	68.04	68.65	67.01	69.01	70.10	69.97	70.58	71.04	70.82
卢森堡	68.09	69.10	68.17	69.61	69.84	71.26	70.80	72.40	71.81	71.37	71.10	70.92
俄罗斯	81.90	82.45	82.89	79.32	80.20	81.02	80.52	80.71	82.68	72.25	71.53	71.52
墨西哥	79.03	81.14	82.39	81.65	80.20	80.68	80.78	81.83	81.82	81.94	81.69	81.90
芬兰	67.25	67.88	68.29	70.99	70.32	70.94	68.58	70.22	71.54	71.44	69.94	69.42
以色列	74.52	74.52	74.10	74.90	75.89	75.07	75.08	75.59	76.91	77.27	78.02	77.92
巴西	87.35	88.07	87.67	88.04	88.39	88.55	88.24	88.91	87.27	87.99	88.11	88.20
葡萄牙	79.79	80.27	82.29	78.54	78.83	79.59	79.61	77.42	78.11	77.32	77.23	76.71
波兰	77.29	80.37	76.89	78.53	80.93	80.66	79.54	79.78	82.24	79.64	79.94	80.73
沙特阿拉伯	81.52	81.75	79.32	82.05	81.57	82.88	83.39	83.62	81.39	83.85	80.10	82.94
印度尼西亚	75.55	75.89	76.47	76.71	77.52	77.49	77.80	78.33	79.08	79.30	79.00	79.45
匈牙利	76.61	77.12	76.36	77.15	78.32	77.56	77.23	76.35	77.38	77.46	76.98	76.86
土耳其	80.95	82.39	82.76	80.79	80.72	81.03	81.01	81.73	86.87	82.22	83.12	83.32
立陶宛	71.62	72.25	72.16	71.11	70.55	70.86	70.24	68.89	70.00	68.62	69.01	68.49
希腊	79.35	79.37	79.30	76.91	76.33	77.54	77.09	75.99	78.92	74.80	74.14	73.90
阿根廷	77.77	77.49	76.14	75.71	75.66	76.21	75.60	75.97	79.90	79.77	79.51	79.05
拉脱维亚	73.42	73.07	71.72	71.16	73.26	73.16	71.52	71.65	72.23	70.89	70.92	70.75
南非	77.95	77.10	77.81	76.79	77.88	79.14	79.18	79.48	79.29	79.81	78.63	78.10

综上所述，中国金融机构在服务实体经济方面表现出一定的稳定性和竞争力，尽管在

全球范围内并非领先，但在应对经济挑战和支持国内经济发展方面表现出一定的能力。未来，中国金融机构可以进一步加强与实体经济的结合，提高金融服务的效率和质量，以促进国家经济的持续健康发展。

（一）金融机构服务实体经济指数截面排名

如图 6-17 所示，2023 年各国的金融机构服务实体经济指数相差较大，最高分和最低分相差 21.22 分，这表明各国金融机构对实体经济的服务能力存在一定差距。该指数的平均得分为 79.83 分，中位数为 80.09 分，表明该指数得分的分布较为集中。中国 2023 年服务实体经济指数得分为 89.71 分，位于第一名，表明我国金融机构服务实体经济的能力较强。

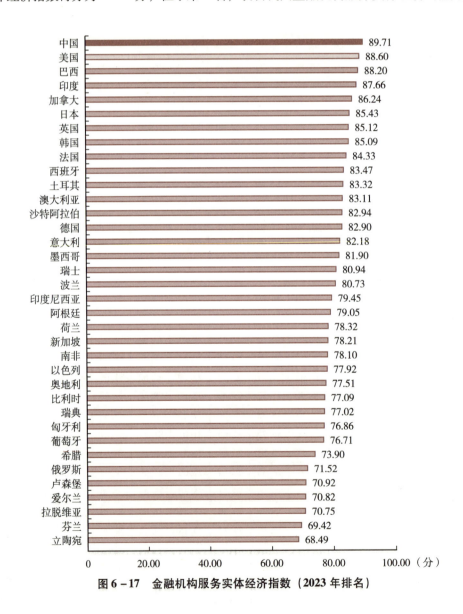

图 6-17　金融机构服务实体经济指数（2023 年排名）

（二）中国的趋势变化

如图 6 – 18 所示，中国的服务实体经济指数在 2012 ~ 2023 年变化较小，得分从 2012 年的 86.84 分上升至 2023 年的 89.71 分，排名从第五名跃升至第一名。这说明中国的金融机构为实体经济提供的服务在不断增加，提供服务的质量和效率与其他国家相比具有明显的优势。该数据表明中国的金融机构在服务实体经济方面有着稳定的表现，需要继续保持。

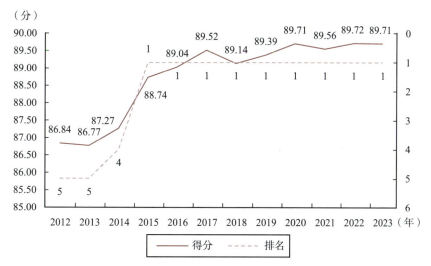

图 6 – 18　金融机构服务实体经济指数（中国变化趋势）

（三）中国与前五名国家对比分析

如图 6 – 19 所示，综合中国与服务实体能力指数前五名的国家来看，可以发现中国的金融机构对实体经济的服务能力较好，这主要是因为中国要求金融机构不断为实体经济提供更多、更好的服务，实现实体经济的不断发展。中国的金融机构需要不断提高对实体经

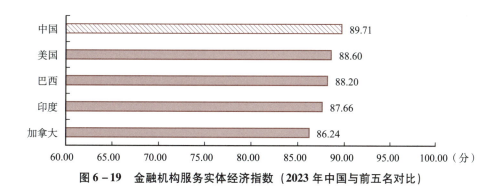

图 6 – 19　金融机构服务实体经济指数（2023 年中国与前五名对比）

济的服务支持种类，为中小企业融资、绿色金融和科技创新领域投资提供支持，不断推动数字化转型和在创新方面的投入，保证国家经济的整体稳定和可持续发展。但与其他国家的差距相对较小，表明中国的金融机构仍需不断提高服务实体经济的能力和效率，以保持当前的竞争优势。

（四）金砖五国对比分析

中国的金融机构服务实体经济指数在金砖五国中排名第一，从图 6-20 中可以看出金砖五国中，中国、巴西、印度三国金融机构服务实体经济的能力相差较小，但与南非和俄罗斯相比具有明显优势。中国需要保持提升金融机构对实体经济的服务能力，不断提高金融市场配置资源的效率，为实体经济提供更多、更有效的支持。

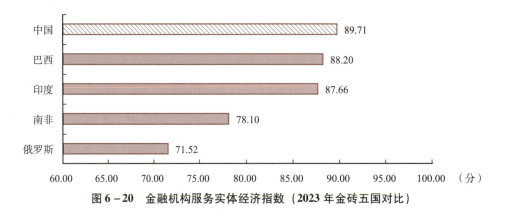

图 6-20　金融机构服务实体经济指数（2023 年金砖五国对比）

六、金融机构国际影响力指数

如表 6-7 所示，在时间序列维度，2012～2023 年，中国金融机构的国际影响力指数呈现着波动上升的趋势，2019～2023 年维持在 87 分左右的较高水平，显示出中国国际金融影响力相对稳定。2012 年，中国的得分为 84.91 分，随后在 2013 年显著提升至 87.02 分。此后，得分保持在 87 分以上，2018 年达到 87.74 分，显示出其金融机构在全球范围内具有显著的影响力。2019 年得分略微下降到 87.20 分，但随后在 2020 年略微上升至 87.44 分，反映了中国金融机构在国际金融市场中的持续活跃和影响力的增强。2021 年得分略微上升至 87.58 分，2022 年则保持在 87.37 分，2023 年继续上升至 87.67 分。这表明中国金融机构的国际影响力保持稳定，且在全球金融体系中扮演着重要角色。这一表现可能得益于中国金融市场的逐步国际化，以及中国金融机构在全球金融服务、跨国交易和国际合作方面的积极参与。

表 6 - 7　　　　　　　　　　金融机构国际影响力指数　　　　　　　　　单位：分

国家	2012 年	2013 年	2014 年	2015 年	2016 年	2017 年	2018 年	2019 年	2020 年	2021 年	2022 年	2023 年
美国	88.67	89.01	89.22	88.85	89.27	89.22	89.15	89.18	89.18	89.39	89.01	89.41
中国	84.91	87.02	87.32	87.13	87.09	87.39	87.74	87.20	87.44	87.58	87.37	87.67
英国	87.48	91.84	88.53	88.25	87.53	87.81	87.30	87.62	87.69	87.81	88.74	87.97
德国	87.09	87.11	86.37	86.28	86.46	86.72	86.93	86.35	86.81	86.58	86.93	86.58
日本	83.24	83.12	82.96	82.94	83.65	83.72	83.42	83.75	84.10	84.47	84.05	84.05
法国	89.59	86.93	87.97	89.80	88.53	87.53	87.37	85.86	88.25	86.51	85.72	86.11
加拿大	78.41	78.18	75.81	72.63	73.89	81.29	79.78	82.17	82.98	82.47	82.66	82.26
瑞士	85.53	85.79	84.07	83.56	82.73	83.63	84.88	82.61	86.62	85.00	85.93	86.02
澳大利亚	81.59	72.45	71.94	72.96	78.99	75.44	81.75	80.22	81.57	84.77	78.32	78.27
韩国	68.46	70.38	73.12	71.29	73.86	71.68	74.47	70.31	73.91	69.11	69.22	74.91
瑞典	80.38	82.10	83.86	81.19	80.85	83.68	74.21	75.32	76.86	80.13	84.37	79.94
荷兰	81.29	83.14	79.90	81.03	83.58	81.61	83.54	81.40	84.98	83.82	85.14	82.35
意大利	81.43	81.98	81.66	81.17	81.75	82.52	82.96	82.56	83.33	82.94	82.80	77.62
新加坡	69.80	68.04	64.79	67.18	63.79	68.43	70.13	70.08	66.11	65.56	74.77	67.18
西班牙	76.58	76.62	81.84	78.50	82.63	82.08	77.48	77.85	84.12	84.91	84.88	77.83
比利时	74.65	78.94	76.65	75.00	76.16	82.70	78.02	75.65	80.61	76.18	75.67	77.02
奥地利	69.94	72.15	70.36	69.41	70.61	70.59	65.02	75.32	79.11	79.06	70.45	77.81
印度	69.48	64.28	62.68	62.94	66.25	72.87	70.85	71.13	70.08	74.03	69.59	64.37
爱尔兰	75.00	75.35	76.23	72.35	66.97	70.82	69.20	67.81	75.84	75.60	78.18	70.45
卢森堡	63.24	66.00	65.30	69.57	67.00	68.11	66.18	65.70	65.21	68.43	67.90	68.23
俄罗斯	71.57	71.31	68.20	67.23	68.23	69.55	72.35	71.89	68.36	72.33	69.15	68.57
墨西哥	70.92	79.92	72.15	75.19	78.11	75.16	72.82	79.06	79.52	79.50	70.22	76.02
芬兰	72.84	75.58	72.24	73.63	72.66	73.98	69.55	66.79	67.06	70.43	70.15	67.41
以色列	67.25	68.25	61.87	62.38	64.16	63.19	65.42	74.61	66.55	68.53	72.45	65.72
巴西	74.26	71.26	69.41	67.25	67.11	67.04	67.62	69.20	66.83	65.88	73.56	67.88
葡萄牙	72.91	66.83	71.52	71.22	70.64	76.25	73.19	77.32	74.54	70.45	69.01	70.80
波兰	70.50	81.91	76.79	75.53	72.80	78.39	73.21	80.48	75.35	79.36	75.84	78.76
沙特阿拉伯	74.21	78.20	75.05	74.35	72.73	73.40	73.52	77.65	80.68	70.94	72.91	73.63
印度尼西亚	71.29	68.90	76.37	70.10	70.31	74.56	71.43	69.01	72.38	79.01	76.37	74.86
匈牙利	69.97	69.39	66.53	71.40	65.37	69.36	65.93	67.13	69.25	67.13	67.69	71.80
土耳其	69.62	74.77	71.06	74.47	77.55	74.10	74.33	73.68	75.23	68.76	74.47	71.68
立陶宛	64.26	58.23	60.87	63.26	59.04	60.64	64.10	57.55	63.68	59.87	61.03	63.42

续表

国家	2012 年	2013 年	2014 年	2015 年	2016 年	2017 年	2018 年	2019 年	2020 年	2021 年	2022 年	2023 年
希腊	68.11	74.23	68.04	61.84	70.20	71.71	67.44	71.64	68.67	68.74	66.44	65.26
阿根廷	68.99	73.38	65.26	70.06	68.18	71.45	68.57	65.84	61.17	60.22	70.89	69.34
拉脱维亚	61.26	57.69	61.01	59.92	61.15	63.79	58.13	57.65	58.90	62.56	63.21	59.39
南非	69.04	67.39	62.68	64.95	62.91	63.03	62.15	64.23	63.98	65.93	63.91	65.56

在全球范围内，中国金融机构的国际影响力位居前列，与美国、英国、德国、法国和日本等传统金融强国相比较，中国仍然保持着高水平。美国的金融机构国际影响力指数略高于中国，从 88.67 分略升至 89.41 分，但仍在全球范围内保持领先地位，这反映了美国金融机构在全球金融体系中的主导地位。在欧洲，德国和英国的金融机构也展现了较高的国际影响力。德国的指数保持稳定，从 87.09 分略微降至 86.58 分，而英国也保持在 87.48 分到 87.97 分的较高水平。这些数据显示了欧洲主要国家金融机构在国际上的强大影响力。亚洲其他国家中，日本的国际影响力指数相对稳定，从 83.24 分略增至 84.05 分，这表明日本金融机构在国际市场上维持着稳定的影响力。在亚洲区域内，中国金融机构的国际影响力也显著高于日本、韩国、新加坡等国家，这可能归功于中国经济的快速增长、金融市场的不断深化和对外开放政策的持续推进。对比其他新兴市场国家，如印度和印度尼西亚，它们的指数整体较低，印度的指数从 69.48 分降至 64.37 分，而印度尼西亚从 71.29 分波动至 74.86 分，说明其金融机构在国际影响力维度还有待进一步提高。

总体来看，表 6-7 揭示了中国金融机构在过去几年中稳定而强大的国际影响力，这不仅反映了中国经济的全球地位，也展示了中国在全球金融体系中的重要作用。取得这些成效可能主要是中国在"一带一路"倡议等跨国项目中扮演着积极角色，以及中国金融机构在提供国际金融服务方面的增长，也能对其国际影响力有所贡献。中国金融机构在海外的扩展、对外直接投资的增加，以及与其他国家和地区金融市场的深度融合，都在进一步增强其在全球金融体系中的地位。

（一）金融机构国际影响力指数截面排名

如图 6-21 所示，在 2023 年，各国的金融机构国际影响力指数得分差距较大，最高分和最低分相差 30.02 分，说明各国金融机构的国际影响力存在巨大的差异。该指数的平均得分为 74.89 分，中位数为 74.88 分，总体得分较低。中国 2023 年的金融机构国际影响力指数为 87.67 分，位于第三名，说明中国的金融机构在世界上具有较大的影响力，在全球金融体系中扮演着重要的角色。这主要是因为我国金融机构积极推动国际化、全球化进程，积极参与全球金融服务、跨国交易，积极进行国际合作。

图6-21 金融机构国际影响力指数（2023年排名）

（二）中国的趋势变化

如图6-22所示，在样本期内，中国的金融机构国际影响力指数在高位保持平稳，得分有小幅增长，从2012年的84.91分增长至2023年的87.67分，该指数的排名也从2012年的第六名上升至2023年的第三名，表明我国金融机构在国际层面的影响力在不断增加，不仅反映了中国经济的全球地位稳定且重要，也表明了中国在全球金融体系中具有重要作用。这得益于中国金融市场的逐步国际化，以及在世界市场上的高参与度。此外，中国不断推进各类跨国项目的开展，并在其中扮演着重要角色，都使中国的金融机构的国际影响力不断增加。

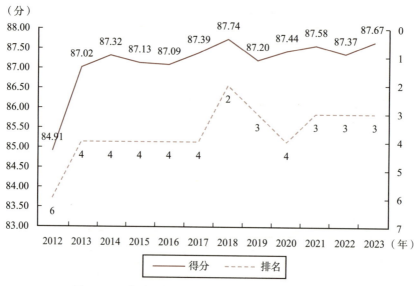

图 6-22　金融机构国际影响力指数（中国变化趋势）

（三）中国与前五名国家对比分析

从图 6-23 可以看出，在前五名国家中，各国金融机构的国际影响力指数仍存在着一定的差异，中国在其中排第三名，与第二名的英国的差距很小，但是与美国存在近 2 分的差距，这表明中国存在着较大的进步空间。为此，中国需要继续推进金融机构的国际化、加强国内金融机构的实力，以此增强中国金融机构的国际影响力。

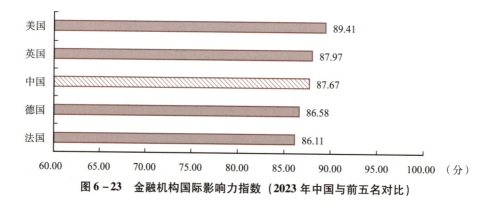

图 6-23　金融机构国际影响力指数（2023 年中国与前五名对比）

（四）金砖五国对比分析

从图 6-24 可以看出，中国的金融机构国际影响力指数在金砖五国排名第一，各国的该项指数存在巨大差异，这主要是因为各国的经济实力、综合国力存在差距，国际市场的参与度存在不同，在国际市场上的话语权也有所区别。

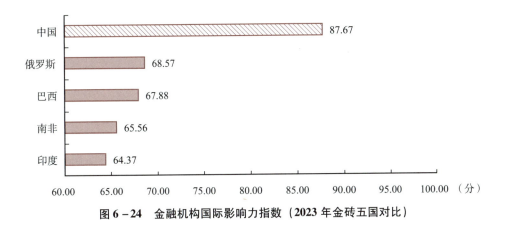

图 6-24　金融机构国际影响力指数（2023 年金砖五国对比）

第三节　金融机构指数总结与展望

一、中国金融机构现状分析

从上述五个方面（金融机构的稳定性、竞争力、普惠性、服务实体经济、国际影响力）综合评价，中国的金融机构在全球金融领域显示出了显著的实力和稳定的发展趋势。其一，在金融机构的稳定性方面，中国的金融稳定性指数从 2012 年的 84.47 分上升到 2023 年的 89.58 分，显示出中国金融体系显著进步。这一增长可能归因于监管机制的改善、风险管理能力的增强以及经济的整体稳定。然而，尽管稳定性指数有所提高，中国金融机构仍面临潜在风险，如资产质量问题、不良贷款的管理和处理，以及金融市场的过度波动。这些因素可能对金融稳定性构成威胁，需要持续关注和管理。

其二，在金融机构的竞争力方面，中国金融机构的竞争力指数从 2012 年的 82.03 分上升到 2023 年的 91.21 分，显示了金融机构的竞争力在不断增强。这反映了中国金融机构在金融创新、服务多样化以及国际业务拓展方面的显著进步。然而，与全球领先的金融机构相比，中国在某些关键领域如科技创新和数字化转型方面可能还需进一步加强。因此，缩小在技术和服务创新方面的差距将有助于进一步提升中国金融机构的全球竞争力。

其三，在金融机构的普惠性方面，中国金融机构的普惠性指数稳步提升，显示出在扩大金融服务覆盖面和提高服务可获得性方面取得了显著进展，尤其是在农村和偏远地区的金融服务普及。然而，由于中国是人口大国，从人均覆盖率角度来说，在提供金融服务特别是小微企业和农村地区的覆盖面和深度上可能仍存在不足。这包括金融产品和服务的不足或不适配，以及金融知识和文化的普及问题，需要进一步改善和提升。

其四，在金融机构服务实体经济方面，中国金融机构的指数在 2012～2023 年略有波动，但总体保持稳定，2023 年达到 89.71 分。这反映了中国金融机构在支持国内经济，特别是中小企业和重要产业的发展方面发挥了稳定作用。尽管表现稳定，但仍需加强对创新型企业和新兴产业的金融支持，以及提高金融服务对实体经济尤其是高科技和可持续发展领域的贡献。

其五，在金融机构的国际影响力方面，中国金融机构的指数维持在高位，2023 年为 87.67 分，显示了其在全球金融市场中的重要性和影响力，尤其是在跨国投资、国际合作和全球金融服务方面表现强劲。然而，尽管国际影响力保持高位，中国金融机构在全球金融治理、国际金融规则制定和跨境金融合作方面仍有提升空间。因此，提高国际声誉和影响力，特别是在全球金融稳定和危机管理方面，将是未来发展的重要方向。

二、中国金融机构发展战略展望

根据以上现状，中国金融机构未来的发展规划可考虑围绕以下几个关键维度展开。其一，加强金融监管和风险管理，继续完善金融监管框架，确保金融市场的稳定运行。具体而言，首先，可考虑建立和完善宏观审慎管理体系，发展全面的宏观审慎监管工具，强化对系统重要金融机构的监管，并建立跨部门监管协调机制。其次，强化金融风险监测和预警机制，利用先进技术提升对市场动态的监测能力，定期发布金融稳定报告，并建立紧急情况应对机制。再次，针对金融科技和新兴金融业务制定相应的监管规则，加强对影子银行、数字货币等新兴领域的监控。此外，提升金融机构内部风险管理能力，要求建立完善的风险管理体系，并开展定期风险自评和压力测试。最后，加强金融人才培养和专业化建设，提高监管人员的专业能力和决策效率，同时提升金融从业人员的道德和专业水平。

其二，推动金融创新与技术融合，鼓励金融机构在科技创新上的投入，尤其是在大数据、云计算和人工智能等领域。政府可以通过提供税收优惠、资金支持和政策指导来促进这些技术的研发和应用。比如，为在研发上投入较大的金融机构提供税收减免或退税。同时，政府可以设立专项资金，支持金融科技的研究与开发项目，特别是那些能显著提高金融服务效率、安全性和可达性的项目。除了财政支持，政府还可以提供政策指导，比如制定清晰的行业指导原则，确保技术发展与监管要求同步，同时促进公平竞争和消费者保护。此外，政府可以推动金融科技创新的协作平台，鼓励金融机构、科技公司、学术机构和政府部门之间的合作，以共同推动金融科技的健康发展。

其三，提升金融服务的普及程度和包容性，加大对中小企业、农村地区和弱势群体的金融支持，推动金融服务全覆盖。具体而言，可制定针对这些群体的优惠政策，如降低贷款利率、提供税收减免或直接的财政补助。同时，引导和激励金融机构开发和提供定制化的金融产品和服务，确保它们更好地满足这些群体的独特需求。特别是在农村和偏远地区，政府可以推动建立更多的金融服务点或利用数字技术提供移动和在线银行服务，以解决传统银行服务覆盖不足的问题。此外，提高金融知识和技能培训，尤其是针对中小企业和农村居民的培训，将有助于提高他们对金融产品的理解和利用能力。

其四，深化金融市场改革，进一步放宽市场准入，促进金融市场的开放和竞争。这包括放宽市场准入，降低进入门槛，吸引更多国内外投资者和金融机构参与。同时，政府应致力于完善资本市场结构，发展多层次资本市场体系，为不同规模和类型的企业提供丰富多样的融资渠道。引入多样化的金融工具和产品，如债券和衍生品，这将进一步丰富市场结构，满足更广泛的融资需求。

其五，增强国际合作和全球影响力，积极参与国际金融治理，加强与国际金融机构的合作。具体而言，可通过"一带一路"等重要国际倡议，推动中国金融机构的海外扩张，鼓励它们在共建国家进行投资和设立分支机构。这不仅可增强中国金融机构的国际业务能力，也有助于促进与共建国家的经济和金融合作。从这一角度，可考虑提供必要的政策和金融支持，例如通过外交渠道促进双边和多边金融合作协议的签订，提供国际业务开展所需的信息和资源。此外，加强国际金融人才的培养和交流，为中国金融机构提供全球化经营的知识和技能储备，这也是实现国际影响力提升的关键。

第七章

国际金融中心指数

第一节 国际金融中心指数构建

建设强大的国际金融中心是走向金融强国的重要抓手。国际金融中心的发展壮大有助于支持国内实体经济发展，促进国内国际双循环，实现我国从经济和金融大国向经济和金融强国的转化。目前，上海已经成为亚洲最大的金融中心之一，中国金融业发展的排头兵，在全球金融中心排名第七位。但对标国际一流金融中心以及习近平总书记提出的"建设国际金融资产交易平台"的要求，我国的国际金融中心建设依旧面临诸多挑战。

强大的国际金融中心是金融强国建设的力量集聚点，对国际金融机构具有强大的吸引力，有强大的吸纳和消化大量国际资金的能力，有在国际高效配置资源的能力，有强大的金融创新能力，能帮助国际资本投资中国，助力中国资本走向世界，还能帮助国际资本投资全球，更重要的是有消纳和化解国际金融风险向国内输入的强大能力。

为更好地理解国际金融中心的内涵与要义，我们构建了一个针对国际金融中心的评价指标体系，如表 7-1 所示。具体而言，一个强大的国际金融中心需要包含三个特征：一是强大的金融资源聚集力；二是强大的金融市场辐射力；三是强大的金融市场定价权。

表 7-1　　　　　　　　　　国际金融中心指数评价指标体系

二级指标	三级指标	数据来源
金融资源聚集力	股票市场市值规模	World Federation of Exchanges
	未偿国内债券规模占 GDP 比率	国际清算银行
	外汇市场交易量	国际清算银行
	外资准入限制	OECD 金融业 FDI 限制指数
	外国直接投资净流入	世界银行数据库
	外商证券投资占 GDP 比率	世界银行数据库
	未偿国际债券总额	国际清算银行

续表

二级指标	三级指标	数据来源
金融市场辐射力	对外借贷	国际货币基金组织
	对外权益投资	国际货币基金组织
	银行业机构影响力	标普指数
	保险业机构影响力	标普指数
	证券投资机构影响力	Financial Times
	全球金融中心排名前五十的本土城市数量	全球金融中心指数
金融市场定价权	大宗商品定价权	Wind 数据库
	衍生品市场规模	FIA

针对上述三个维度，我们通过如下的三级指标进行刻画：

一是金融资源聚集力，不仅体现在强大的金融市场规模（股票市场、债券市场、外汇市场等），还应当体现在国际金融机构的高度聚集，以及对外资金融机构的准入限制上。具体而言，我们选取如下指标进行评价：（1）股票市场市值规模，反映资本市场聚集金融资源的能力；（2）未偿国内债券规模占 GDP 比率，反映一国在国内债券市场上的金融聚集力；（3）外汇市场交易量，反映一国外汇市场的金融聚集力；（4）外资准入限制，有助于反映一国在聚集金融机构上的能力；（5）外国直接投资净流入，即外商直接投资部分；（6）外商证券投资占 GDP 比率，即外商投资中以证券方式投资的部分；（7）未偿国际债券总额，即一国企业在国际市场上发行债券的规模。

二是金融市场辐射力，我们理解为本国金融资源走出去的能力，体现在不同类型金融机构在国际市场上的影响力，还包含本土金融市场的对外开放。囿于数据可得性，我们选取如下指标进行评价：（1）对外借贷，即该国净贷款（net lending）；（2）对外权益投资，即投资组合投资（portfolio investment）；（3）金融机构全球影响力，包括银行业、证券业和保险业，借助银行业金融机构、证券业金融机构、保险业金融机构全球排名进行刻画；（4）全球金融中心地位，借助全球金融中心排名前 50 的本土城市数量进行刻画。

三是金融市场定价权，包括大宗商品定价权与衍生品市场规模等。其中，大宗商品定价权关乎国家经济运行的整体情况，在全球化的背景下体现了一国的货币购买力和金融实力，是金融自主权的重要组成部分。我们选取如下指标进行评价：（1）衍生品市场规模，反映一国在衍生品市场中的地位与影响力；（2）大宗商品定价权，考虑到数据的可获得性，只能从定价结果反映大宗商品定价权的大小，我们使用基于现货价格方面的数据来衡量我国的大宗商品定价权，采用如式（7-1）进行计算：

$$R = \frac{PM_t}{PM_{t-1}} \bigg/ \frac{PW_t}{PW_{t-1}} \qquad (7-1)$$

其中，PM_t 和 PM_{t-1} 分别表示某一商品当年和上一年度的进口平均价格，PW_t 和 PW_{t-1}

分别表示该种商品当年和上一年度的国际权威价格。

第二节 国际金融中心指数测算与分析

一、国际金融中心总指数

国际金融中心是国际金融市场的枢纽，既可聚集大量国际金融资源，又可促进国际资本流动，在一国乃至全球经济金融发展中发挥着重要作用。国际金融中心的变迁与全球经济格局的变化密切相关，当前全球金融中心的布局正朝着均衡化、专业化的方向发展。

图 7-1 展示了 2023 年各国国际金融中心指数的得分与排名情况。可以看出，美国在 2023 年得分为 88.27 分，位列世界第一，是 36 国中唯一一个超过 80 分的国家，高出位于第二名的英国约 11 个分值，意味着 2023 年美国在国际金融中心方面有着明显的领先优势。英国得分超过位于第三名的中国 4.79 个分值。2023 年有 7 个国家超过 70 分，中国、加拿大在国际金融中心建设上表现较优，但领先优势不明显。

表 7-2 列示了 2012~2023 年各国国际金融中心指数得分。可以看出，美国国际金融中心排名稳定，在 36 个主要经济体中始终保持第一，且呈现增长趋势，由 2012 年的 77.05 分上升至 2023 年的 88.27 分，仅在 2020 年出现短暂下滑。英国国际金融中心排名整体稳健，在主要经济体中长期处于第二的位次，得分由 2012 年的 72.22 分上升至 2023 年的 77.09 分。

图 7-2 展示了 2012~2023 年中国国际金融中心指数得分及排名的变动情况。整体来看，中国近年来的国际金融中心地位保持稳健，稳居全球前三，得分整体处于 70~75 分。在 2016~2018 年、2019~2021 年，指数得分发生了较快上涨，排名在 2020 年上升一个位次，得分在 2021 年达到最高 74.09 分但排名有所回落，随后在 2022 年、2023 年得分出现下滑，但排名维持稳健。

2016~2018 年，中国国际金融中心指数得分和排名增长得益于金融市场辐射力指数得分出现了较大上升。在此期间，随着中国金融开放的不断深化，金融市场准入限制进一步放宽，吸引了更多的外资金融机构进入中国市场。同时，随着人民币国际化进程的稳健推进，人民币在国际贸易和国际金融交易中的使用更加广泛。2016 年，人民币被纳入国际货币基金组织（IMF）的特别提款权（SDR）货币篮子，提升了人民币的国际地位和使用频率。与此同时，中国金融科技（FinTech）的快速发展，如移动支付、在线银行、区块链技术等，提高了金融服务的效率和可访问性，这些技术的应用不仅提升了国内金融市场的辐射力，也增强了中国金融市场的国际竞争力。

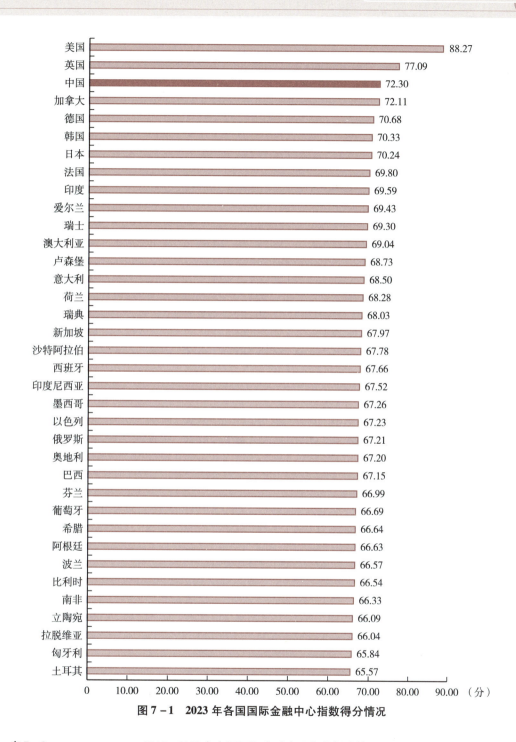

图 7 - 1 2023 年各国国际金融中心指数得分情况

表 7 - 2　　　　　　　　2012 ~ 2023 年各国国际金融中心指数得分情况　　　　　　单位：分

国家	2012 年	2013 年	2014 年	2015 年	2016 年	2017 年	2018 年	2019 年	2020 年	2021 年	2022 年	2023 年	平均
美国	77.05	78.74	79.10	81.28	81.90	80.94	82.02	83.26	82.78	86.08	86.78	88.27	82.35
英国	72.22	72.46	72.59	72.63	73.31	72.74	73.62	74.48	72.83	75.69	76.70	77.09	73.86

续表

国家	2012 年	2013 年	2014 年	2015 年	2016 年	2017 年	2018 年	2019 年	2020 年	2021 年	2022 年	2023 年	平均
中国	70.83	71.51	71.68	71.40	71.53	72.38	72.95	72.76	73.33	74.09	73.72	72.30	72.37
加拿大	69.78	70.08	71.10	70.75	70.21	70.90	71.58	71.63	69.64	71.03	71.90	72.11	70.89
德国	70.10	70.71	70.14	70.31	70.34	70.74	71.62	71.50	70.95	71.07	70.77	70.68	70.74
韩国	68.44	68.34	69.18	69.17	68.96	68.37	69.57	68.48	69.13	69.34	69.14	70.33	69.04
日本	69.98	70.35	70.59	71.18	71.09	71.42	72.41	70.60	72.18	71.24	70.59	70.24	70.99
法国	69.09	69.35	69.26	69.24	69.19	69.50	70.26	70.05	69.17	70.28	70.28	69.80	69.62
印度	67.19	67.10	67.23	67.21	66.97	67.20	67.23	67.08	66.30	67.07	67.77	69.59	67.33
爱尔兰	66.65	67.20	67.63	68.22	68.26	68.28	68.77	68.70	68.19	69.11	69.09	69.43	68.29
瑞士	69.50	68.66	68.91	69.42	69.46	70.19	69.01	69.70	68.82	69.14	69.73	69.30	69.32
澳大利亚	68.64	68.54	68.81	68.70	68.12	68.79	69.85	68.07	68.58	68.35	68.91	69.04	68.70
卢森堡	65.60	67.52	67.55	67.21	67.54	68.11	67.97	69.05	68.14	68.19	67.09	68.73	67.73
意大利	68.21	68.34	68.39	68.38	68.45	68.28	68.57	68.75	67.30	67.62	67.81	68.50	68.22
荷兰	68.82	69.17	68.79	69.32	69.45	69.63	68.13	69.20	67.89	68.22	68.57	68.28	68.79
瑞典	67.81	67.64	67.68	68.02	68.20	68.40	68.08	68.02	67.73	68.33	68.32	68.03	68.02
新加坡	68.07	68.05	68.01	68.14	68.08	68.29	68.57	68.69	68.86	67.66	68.45	67.97	68.24
沙特阿拉伯	70.75	69.52	68.06	65.58	65.82	66.66	67.09	67.02	66.00	67.55	68.38	67.78	67.52
西班牙	66.51	67.26	67.35	67.34	67.72	67.81	68.09	67.89	66.80	67.42	67.65	67.66	67.46
印度尼西亚	67.94	68.21	68.28	68.20	68.00	68.07	67.99	68.13	67.27	67.36	67.63	67.52	67.88
墨西哥	67.24	67.40	67.18	67.31	67.37	67.68	67.51	67.50	67.25	67.31	67.22	67.26	67.35
以色列	66.77	66.83	67.02	67.39	67.29	67.42	66.95	66.96	65.87	67.02	67.57	67.23	67.03
俄罗斯	68.06	67.95	67.76	67.26	67.20	67.44	68.56	68.51	67.48	68.39	67.70	67.21	67.79
奥地利	67.43	67.35	67.22	67.57	67.44	67.71	67.58	67.70	66.21	66.82	67.19	67.20	67.29
巴西	68.02	67.03	66.66	66.51	67.05	66.21	66.40	67.43	66.24	67.79	67.97	67.15	67.04
芬兰	66.90	66.95	66.85	67.05	67.03	67.27	67.28	67.34	66.54	67.29	67.12	66.99	67.05
葡萄牙	65.97	66.08	65.65	66.23	66.71	66.41	66.86	66.94	65.88	66.56	66.57	66.69	66.38
希腊	66.25	66.41	66.47	66.66	67.10	67.13	67.17	67.13	65.28	65.72	66.38	66.64	66.53
阿根廷	66.11	65.92	65.77	65.48	65.32	65.40	65.62	66.40	65.70	66.46	66.58	66.63	65.95
波兰	66.57	66.49	66.66	66.95	66.98	67.14	67.27	67.18	66.09	67.05	66.80	66.57	66.81
比利时	66.90	67.14	67.20	67.23	67.33	67.35	67.24	67.14	66.08	66.82	66.80	66.54	66.98
南非	66.45	66.58	66.61	66.48	66.71	66.70	66.54	66.50	65.84	66.68	66.74	66.33	66.51
立陶宛	66.30	66.42	66.72	66.81	67.05	66.95	66.97	66.89	65.58	66.70	66.72	66.09	66.60
拉脱维亚	66.87	66.77	66.56	66.63	66.92	66.76	66.71	66.79	66.27	65.92	66.24	66.04	66.54
匈牙利	66.47	66.43	66.28	66.52	66.68	66.39	66.20	66.73	66.09	65.66	65.71	65.84	66.25
土耳其	66.39	66.42	66.26	66.58	66.34	66.25	66.18	66.03	66.03	66.23	66.68	65.57	66.25

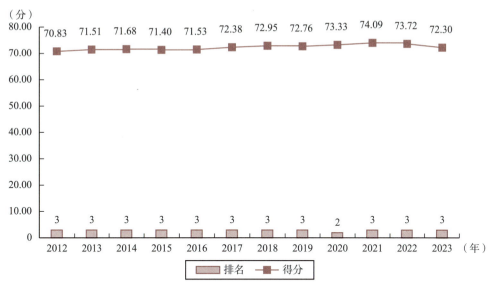

图 7 - 2　2012～2023 年中国的国际金融中心指数得分及排名

2019～2021 年，中国国际金融中心指数的得分和排名增长主要得益于金融资源聚集力和金融市场定价权的增长。金融市场定价权的增长点在于中国衍生品市场的增长，自 2019 年开始中国衍生品市场逐步迎来黄金发展期，中国期货市场规模稳步扩大，新品种上市数量达到历史之最。2020 年中国衍生品市场实现连续两年大幅增长，其中期货市场交易额同比增长 50.56%，总成交量占全球期货市场 13.2%。2021 年，中国广州期货交易所成立，市场资金量创新高，有色金属、能源化工等大宗商品迎来一波强势上涨行情，期货和衍生品相关法律也在不断完善。中国衍生品市场规模不断扩大，市场运行质量不断提升，吸引了实体经济部门利用衍生品市场进行风险管理。同时，金融资源聚集力的增长也是中国金融中心指数上升的推动力。2019～2021 年，中国直接投资净流入增长显著。2021 年直接投资净流入 2048 亿美元，较 2020 年实现翻倍，其中来华直接投资净流入 3323 亿美元，增长 56%。尽管外部环境存在较多不确定因素，但持续的直接投资净流入和外商证券投资反映了我国良好的经济前景对境外长期资本的吸引力，外国投资者在华投资兴业具有长期意愿。

如图 7 - 2 所示，2022 年和 2023 年，中国的国际金融中心指数得分出现下滑，但排名依旧稳健。受宏观经济环境的不稳定、经济增长放缓、金融市场波动等影响，在金融聚集力、辐射力、金融市场定价权三个维度均出现一定下滑。从根本逻辑来看，经济的持续增长为中国国际金融中心的发展提供了长期稳定的基础；中国金融市场的改革，如资本市场开放、金融产品创新等，吸引了更多的国内外投资者；人民币国际化的推进，增加了中国金融市场的国际影响力，提升了国际金融中心地位；中国金融市场的规模和深度不断扩大，为金融中心的稳定发展提供了条件；国内外投资者对中国金融市场的信心增强，可能也是推动金融中心指数保持稳定的一个因素。

图 7-3 展示了金砖五国的国际金融中心指数得分对比情况。可看出，中国的国际金融中心指数得分在金砖五国中处于明显的优势地位，其他四国的国际金融中心指数得分相差不大，趋势线出现交缠。印度近年来实施了一系列经济改革措施，提高了经济效率和市场活力，巨大的市场潜力吸引了国际投资者和金融机构的关注，国际金融中心指数得分在2020~2023 年呈明显的上升趋势。总体来看，在金砖五国中，中国具有更强大的国际金融中心，对国际金融机构具有更强的吸引力，更强的吸纳和消化大量国际资金的能力，以及在国际具有更高效配置资源的能力和更强大的金融创新能力。

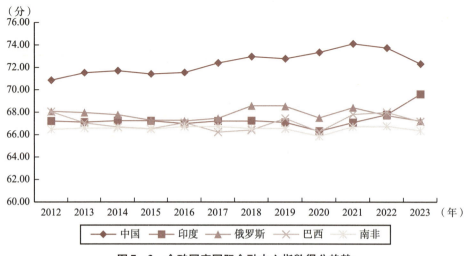

图 7-3　金砖国家国际金融中心指数得分趋势

二、金融资源聚集力

金融资源集聚是金融资源与地域资源相互协调、配置、组合的动态变化，是金融产业发展到一定阶段后与地域空间交互作用，进而衍生出金融地域密集系统的过程。金融资源集聚通过吸引周边地区金融资源流入逐渐形成金融中心，可以增加地域内金融资源的需求和供给总量，有助于降低信息交流成本，减少资金错配，提高金融资源的流动性，促进现有企业的发展并吸引新企业的进入，进而通过金融资源的集聚与扩散和金融功能的发挥对实体经济产生影响。本章通过衡量金融市场规模、国际金融机构的聚集程度以及对外资金融机构的准入限制程度，刻画一国金融资源的聚集力。

图 7-4 展示了2023 年36 国金融资源聚集力指数的得分与排名情况。从2023 年的排名情况来看，美国得分87.34 分，位列世界第一，领先位于第二名的英国8.18 个分值，领先第三名中国11.80 个分值，表明2023 年美国在金融资源聚集力方面有着明显的领先优势。

图 7 - 4 2023 年各国金融资源聚集力指数

表 7-3 展示了 2012～2023 年 36 国的具体得分情况。从得分均值来看，美国得分 84.98 分，位列第一，且是 36 国中唯一指数均值高于 80 的国家，表明美国在金融资源聚集力方面有着明显的领先优势，这得益于美国在股票市场、债券市场、外汇市场强大的金融资源聚集能力。英国、中国、日本分别以 78.45 分、76.84 分、74.14 分位列第二、第三、第四位。可看出，中国在金融资源聚集力方面，与美国相比还存在较大差距，与日

本、加拿大等国家尚未拉开明显差距。

表 7 – 3 　　　　　　　　　 2012～2023 年各国金融资源聚集力指数得分 　　　　　　　 单位：分

国家	2012 年	2013 年	2014 年	2015 年	2016 年	2017 年	2018 年	2019 年	2020 年	2021 年	2022 年	2023 年	平均
美国	80.86	81.90	82.17	84.08	84.45	84.76	83.99	85.65	85.64	89.64	89.24	87.34	84.98
英国	78.30	78.11	78.12	77.67	78.87	77.58	76.79	78.95	79.72	79.08	79.04	79.16	78.45
中国	75.57	76.97	77.27	77.28	76.49	76.81	76.30	76.42	77.46	78.62	77.35	75.54	76.84
加拿大	73.01	73.16	73.14	73.67	73.78	73.88	73.79	74.13	74.82	75.09	75.39	75.10	74.08
韩国	69.82	69.99	71.67	71.66	71.68	70.15	71.77	70.11	72.44	71.96	72.06	72.90	71.35
日本	74.05	74.21	74.05	74.52	74.58	74.91	75.04	70.95	76.44	74.26	74.18	72.56	74.14
法国	72.58	72.64	72.45	72.42	72.33	72.51	72.80	72.60	72.79	73.33	73.25	72.43	72.68
澳大利亚	72.52	72.27	72.54	72.56	71.07	71.15	72.77	70.81	73.58	71.99	72.18	72.23	72.14
德国	72.83	72.90	72.49	72.56	72.57	73.03	73.42	72.79	73.44	73.16	72.61	71.90	72.81
巴西	71.49	69.82	69.93	71.26	71.97	69.94	70.07	71.81	71.92	71.64	72.20	71.67	71.14
印度尼西亚	72.22	72.80	73.18	73.19	72.70	72.87	72.41	72.86	72.48	72.06	71.80	71.65	72.52
墨西哥	71.47	71.55	71.38	71.47	71.37	71.40	71.46	71.49	71.73	71.66	71.67	71.63	71.52
俄罗斯	70.77	70.97	70.56	70.50	70.90	70.52	71.67	71.95	71.92	72.07	71.48	71.62	71.24
印度	72.15	71.99	72.07	71.94	71.63	71.68	71.60	71.60	71.19	71.49	71.50	71.53	71.70
沙特阿拉伯	72.86	72.82	72.84	72.01	72.09	72.08	71.68	71.01	71.23	71.37	71.34	71.38	71.89
意大利	71.20	71.35	71.30	71.12	71.19	71.12	71.41	71.18	70.94	71.35	71.34	71.26	71.23
奥地利	70.77	70.75	70.77	70.66	70.54	70.83	70.51	70.58	70.61	70.88	70.73	70.74	70.70
瑞典	70.31	70.26	70.12	70.31	70.33	70.58	70.24	70.38	70.68	70.89	70.70	70.48	70.44
新加坡	69.67	69.54	69.36	69.40	69.22	69.54	69.47	70.16	70.02	70.23	70.22	70.48	69.78
瑞士	70.64	70.28	70.54	71.37	71.55	71.51	69.40	70.81	69.37	70.10	71.27	70.48	70.61
西班牙	71.07	71.13	71.02	70.75	70.85	70.74	70.89	70.58	70.79	70.84	70.76	70.43	70.82
以色列	70.68	70.66	70.38	70.50	70.47	70.55	70.45	70.55	70.79	70.56	70.59	70.35	70.54
波兰	70.03	70.03	70.17	70.13	70.13	70.11	70.18	70.17	70.17	70.31	70.26	70.28	70.16
荷兰	72.74	73.30	71.90	73.07	72.49	72.48	68.70	70.78	69.83	70.10	70.77	70.21	71.36
南非	69.75	69.71	69.80	69.66	69.92	70.00	69.85	70.11	70.57	70.82	70.53	70.19	70.08
卢森堡	63.94	67.78	67.57	66.80	67.24	68.10	67.31	69.56	69.48	67.32	66.10	70.10	67.61
阿根廷	68.43	68.35	68.40	68.45	68.34	68.53	68.52	69.83	69.91	69.93	70.01	70.07	69.06
爱尔兰	70.40	70.67	70.47	71.15	70.66	70.11	70.46	69.66	70.17	70.47	69.79	70.07	70.34
比利时	69.90	69.66	69.79	69.72	70.33	69.70	69.65	69.81	69.83	70.14	69.98	69.65	69.85
芬兰	69.38	69.36	69.58	69.56	69.49	69.57	69.33	69.47	69.46	69.75	69.52	69.49	69.50
希腊	70.11	69.63	69.62	69.59	69.55	69.37	69.48	69.61	69.75	69.64	69.56	69.49	69.62

续表

国家	2012 年	2013 年	2014 年	2015 年	2016 年	2017 年	2018 年	2019 年	2020 年	2021 年	2022 年	2023 年	平均
立陶宛	69.18	69.24	69.14	69.17	69.25	69.21	69.21	69.15	69.17	69.22	69.21	69.22	69.20
葡萄牙	69.55	69.37	69.27	69.17	69.28	69.26	69.24	69.23	69.17	69.23	69.20	69.19	69.26
拉脱维亚	69.16	69.21	69.18	69.28	69.22	69.28	69.15	69.18	69.33	69.21	69.23	69.18	69.22
土耳其	68.87	68.78	68.41	68.81	68.69	68.70	69.15	69.18	69.24	69.19	69.24	68.87	68.93
匈牙利	69.23	69.25	68.98	68.96	69.50	69.10	68.56	69.70	70.43	69.31	69.00	68.45	69.21

图 7-5 分别展示了 2012～2023 年中国金融资源聚集力指数得分与排名的变动情况。自 2012 年来，中国金融资源聚集力指数得分整体较平稳，在 2016 年略有下降，随后呈现逐步增长的趋势，并在 2021 年达到峰值，得分为 78.62 分。2016～2021 年，从金融机构聚集来看，中国进一步放宽了金融市场的准入限制，吸引了更多的外资金融机构，从而增强了金融资源的聚集力；从金融市场聚集来看，中国陆续推出系列投资工具，如科创板、债券通等，为投资者提供了更多的投资渠道，增强了金融市场的吸引力。此外，中国在推动绿色金融和可持续发展方面取得了进展，目前中国绿色信贷市场与绿色债券市场规模已稳居世界前列，吸引了关注环境、社会和治理（ESG）的投资者。未来随着中国经济的稳步复苏和金融市场的逐步开放，市场预期随之改善，金融资源聚集力有望得到显著提升。

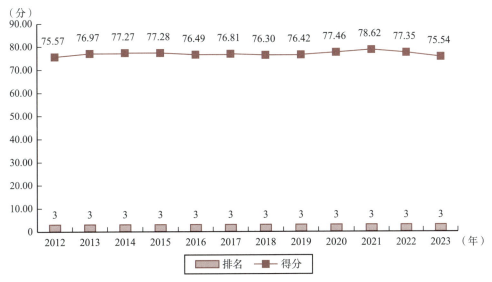

图 7-5　2012～2023 年中国金融资源聚集力指数得分及排名

2023 年，中国排名第三，金融资源聚集力指数趋势平稳，但指数得分出现持续下降。主要原因可能在于：一是 2021 年以来，COVID-19 疫情的持续和变异病毒的出现可能导致经济活动放缓，从而影响了中国金融市场的稳定性和吸引力。二是全球经济环境的不确定性增加，如美国货币政策调整、国际贸易摩擦、俄乌冲突、巴以冲突等，对全球股市和债市冲击巨大，对中国的金融资源聚集力产生一定影响。

图7-6展示了金砖五国的金融资源聚集力指数对比情况。金融资源聚集力指数受到多种因素的影响，包括经济发展水平、政策支持、金融市场基础设施、国际合作、宏观经济稳定性、可持续金融、国内金融市场、外部经济环境以及金融创新等。从结果可看出，中国在金砖五国之中处于领先地位，这与经济发展水平较高，金融市场更为成熟，能够更有效地吸引和利用金融资源等因素紧密相关。2019年以来，巴西、印度的金融聚集力得分趋势相近，两国经济增长较快，但在金融市场的深度和广度上还有待提升。俄罗斯的金融资源聚集力得分自2021年以来出现下滑，原因可能在于西方对俄罗斯实施金融制裁，如将俄罗斯排除在SWIFT国际结算系统之外，冻结俄罗斯央行的外汇储备等，对俄罗斯金融市场发展带来的负面影响。

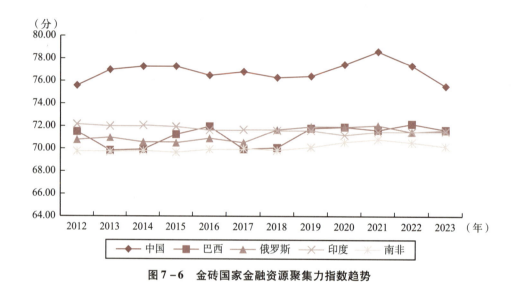

图7-6　金砖国家金融资源聚集力指数趋势

三、金融市场辐射力

金融中心以金融资源聚集、市场功能完备、辐射作用强大为根本特征，辐射力的大小决定了金融中心的市场规模、半径大小和层次高低。我们通过研究不同类型金融机构在国际市场上的影响力——本土金融市场的对外开放、对外借贷、对外权益投资等因子来评价一国的金融市场辐射力水平。

图7-7展示了2023年36国金融市场辐射力指数得分情况。2023年，美国得分91.77分，位列世界第一，且是36国中唯一得分超过90分的国家，表明美国在金融市场辐射力方面的显优势，这主要得益于其强大的金融机构、完善的金融基础设施、高度发达的金融市场以及美元作为全球主要储备货币的地位。英国得分73.55分，位列第二，但与加拿

大、德国、中国的得分相差不大。加拿大以 73.28 分位列第三，其金融机构强大而稳健，资本市场活跃，金融科技创新迅速，吸引了大量国际资本，近年来在银行业、保险业、证券业、资本市场和金融科技等方面都取得了显著的发展。中国得分 72.57 分，位列第五，金融辐射力上升趋势在 2023 年略微回落，指数得分较 2022 年下降 1.64 个分值。尽管近年来中国对外开放程度进一步扩大，对外投资规模保持世界前列，投资领域覆盖面不断扩大，但美国货币政策调整、全球避险情绪上升等资本回流美国，同时地缘政治冲突、产业链重构导致海外投资减少。

图 7-7　2023 年各国金融市场辐射力指数得分

表 7－4 展示了 2012～2023 年 36 国金融市场辐射力的得分情况。从得分均值来看，美国以 81.65 分的得分均值位列第一，且是 36 国中唯一高于 80 的国家。大幅超过位于第二位的德国（72.31 分），表明美国在金融市场辐射力方面的领先优势。德国作为欧洲最大的经济体，其金融市场在欧洲乃至全球范围内具有较高的影响力，拥有众多实力雄厚的商业银行和投资银行。英国得分均值为 72.11 分，位列第三名，伦敦一直是世界最大的国际金融中心之一，并保持强大的竞争优势。中国得分均值为 71.62 分，位列第四。近年来，中国金融市场发展迅速，金融市场规模不断扩大，金融产品和服务体系日益完善。随着人民币国际化和中国金融市场对外开放程度的加大，中国金融市场在全球的影响力正在逐渐提升。

表 7－4 　　　　　　　　　　2012～2023 年各国金融市场辐射力指数 　　　　　　　单位：分

国家	2012 年	2013 年	2014 年	2015 年	2016 年	2017 年	2018 年	2019 年	2020 年	2021 年	2022 年	2023 年	平均
美国	74.81	77.55	77.84	80.87	81.71	78.68	81.64	82.78	81.27	85.20	85.64	91.77	81.65
德国	70.69	72.12	71.18	71.51	71.56	72.05	73.78	74.21	72.10	72.72	72.59	73.15	72.31
英国	69.85	70.67	71.00	71.62	71.94	71.97	75.03	74.78	69.79	72.40	72.74	73.55	72.11
中国	69.43	69.51	69.58	68.76	69.94	71.79	73.79	73.10	73.16	73.66	74.21	72.57	71.62
日本	69.11	69.86	70.64	71.58	71.29	71.75	74.07	74.16	71.91	72.02	70.50	71.44	71.53
加拿大	69.80	70.38	72.96	71.49	70.02	71.62	73.43	73.18	67.42	70.57	72.43	73.28	71.38
瑞士	71.79	70.08	70.42	70.75	70.64	72.52	71.94	72.08	71.49	71.48	71.65	71.45	71.36
卢森堡	69.57	70.04	70.37	70.37	70.71	71.17	71.70	71.87	69.69	72.25	70.87	70.47	70.76
法国	68.58	69.15	69.14	69.12	69.09	69.66	71.25	70.92	68.51	70.69	70.77	70.50	69.78
韩国	69.90	69.54	69.76	69.75	69.20	69.41	70.57	69.69	68.64	69.71	69.12	71.15	69.70
新加坡	69.29	69.38	69.49	69.76	69.81	69.98	70.75	70.29	70.86	67.62	69.62	68.11	69.58
荷兰	67.72	67.95	68.58	68.61	69.58	70.04	70.54	70.86	68.67	69.18	69.30	69.21	69.19
爱尔兰	64.92	65.99	67.30	68.00	68.65	69.34	70.17	70.88	69.04	70.99	71.70	72.25	69.10
瑞典	67.92	67.54	67.80	68.45	68.88	69.08	68.67	68.36	67.30	68.57	68.74	68.28	68.30
澳大利亚	67.50	67.52	67.89	67.63	67.82	69.40	70.23	68.00	66.16	67.38	68.55	68.82	68.08
意大利	67.93	68.08	68.25	68.43	68.53	68.19	68.58	69.29	65.94	66.28	66.63	68.58	67.90
芬兰	66.69	66.85	66.35	66.88	66.91	67.40	67.71	67.69	65.71	67.26	67.10	66.80	66.95
俄罗斯	67.94	67.44	67.39	66.21	65.59	66.64	68.13	67.71	65.13	67.22	66.22	64.83	66.70
西班牙	63.82	65.62	65.96	66.25	67.09	67.45	67.97	67.83	64.86	66.35	67.01	67.43	66.47
比利时	66.12	66.97	66.98	67.13	66.71	67.46	67.23	66.82	64.13	65.65	65.78	65.50	66.37
奥地利	66.46	66.29	65.94	66.95	66.73	67.09	67.12	67.34	63.60	64.81	65.92	65.93	66.18
立陶宛	65.42	65.65	66.51	66.71	67.21	67.01	67.07	66.93	63.64	66.38	66.45	64.86	66.15

续表

国家	2012 年	2013 年	2014 年	2015 年	2016 年	2017 年	2018 年	2019 年	2020 年	2021 年	2022 年	2023 年	平均
拉脱维亚	66.88	66.56	66.07	66.14	66.93	66.45	66.49	66.64	65.19	64.43	65.22	64.76	65.98
以色列	64.92	65.08	65.87	66.67	66.44	66.68	65.62	65.52	62.53	65.66	67.01	66.43	65.70
印度尼西亚	66.11	66.13	65.87	65.66	65.72	65.71	66.02	65.87	64.14	64.82	65.79	65.69	65.63
波兰	65.13	64.94	65.20	65.98	66.06	66.46	66.72	66.50	63.79	66.02	65.46	64.86	65.59
葡萄牙	64.18	64.66	63.68	65.25	66.33	65.61	66.75	66.97	64.38	66.01	66.06	66.38	65.52
土耳其	66.00	66.16	66.17	66.54	66.07	65.84	65.14	64.71	64.55	65.06	66.08	63.95	65.52
希腊	64.23	65.18	65.35	65.87	67.01	67.29	67.24	67.01	62.24	63.45	65.20	65.93	65.50
沙特阿拉伯	72.42	69.38	65.70	60.44	60.95	63.07	64.59	65.17	62.36	66.09	68.19	66.64	65.42
墨西哥	65.19	65.50	65.14	65.37	65.62	66.38	65.87	65.82	64.92	65.17	64.92	65.07	65.41
匈牙利	65.78	65.66	65.59	66.22	66.02	65.73	65.88	65.92	63.50	63.67	64.14	65.10	65.27
南非	65.14	65.50	65.48	65.28	65.57	65.46	65.26	64.86	62.70	64.52	64.98	64.37	64.93
巴西	66.99	66.39	65.37	63.49	64.04	64.20	64.47	64.98	61.68	65.65	65.52	64.05	64.74
阿根廷	65.79	65.40	64.96	64.19	63.91	63.90	64.45	64.92	63.08	64.96	65.15	65.22	64.66
印度	64.04	63.99	64.25	64.28	64.11	64.59	64.61	64.03	62.34	63.18	63.20	63.51	63.84

图 7-8 展示了 2012~2023 年中国金融市场辐射力指数的得分及排名变动情况。可看出，中国在该分指数的得分位于 68~75 分。其中，在 2015 年出现下降之后呈现上升趋势，之后在 2019 年略有下降，随后出现上升，2023 年略有下降。从排名来看，中国金融市场辐射力指数排名整体呈上升趋势，由第十一位（2015 年）升至第二位（2020 年），随后下滑至第五位（2023 年）。中国金融辐射力在世界地位逐步上升，体现中国金融市场的竞争力逐步提升，辐射力不断增强。

中国持续扩大金融对外开放，吸引了更多的国际投资者参与，投资者结构进一步多元化，有效提升了中国金融市场的国际化水平，增强了中国金融市场辐射力。尽管受到国际贸易紧张等因素影响，全球经济增长动力近年来出现减弱，但中国经济保持了相对稳定的增长，这为金融市场的稳定发展提供了良好的宏观背景。尽管疫情对国际金融中心的负面影响犹存，但中国金融市场通过加强金融资源集聚和国际金融中心建设，有效地保障了经济的平稳增长，这也为金融市场辐射力指数的稳定提供了有力支持。

图 7-9 展示了 2012~2023 年金砖五国的金融市场辐射力指数得分情况。对比可发现，中国金融资源辐射力在金砖五国中处于明显的领先地位。俄罗斯在金砖五国中位列第二名，南非、巴西、印度三个国家的指数得分相近，整体显著低于中国。这反映出中国金融业在 2012~2023 年实现了持续高速增长，培育出了全球规模最大、盈利能力最强的银行体系，并建成了全球规模第二的股票市场与债券市场，进而提升了中国金融市场的吸引力和辐射力。

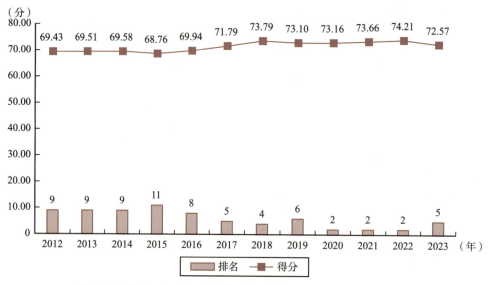

图7-8　2012~2023年中国金融市场辐射力指数得分及排名情况

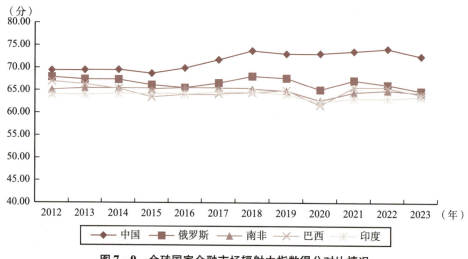

图7-9　金砖国家金融市场辐射力指数得分对比情况

四、金融市场定价权

在经济全球化和金融化的大背景下，国家之间的竞争已从产品、产业的竞争转向全球战略、金融定价权和实体经济全球价值链治理主导权的竞争，实质上是对经济中长期重大利益的争夺。衡量各国的金融定价权有助于评估中国的国际金融中心地位，本章通过研究大宗商品定价权和衍生品市场规模来评价各国在金融市场的定价权。

根据图7-10的2023年各国金融市场定价权指数得分来看，美国、英国依旧保持在全球金融中心的领先地位，拥有完善、活跃的大宗商品、衍生品交易市场，在金融市场定价权上具有绝对优势。美国拥有成熟的衍生品市场和大宗商品交易平台，如芝加哥商业交易所（CME）等，这些市场的深度和流动性为金融产品定价提供了坚实的基础。伦敦一直是国际金融中心之一，拥有深厚的金融服务业基础和全球影响力的金融市场。2023 年，中国得分 61.85 分，位列第四，金融市场定价权还需大力提升。中国是许多大宗商品的最大消费国，但在定价权方面相对较弱，这与国际市场结构和中国在全球大宗商品市场中的地位有关。

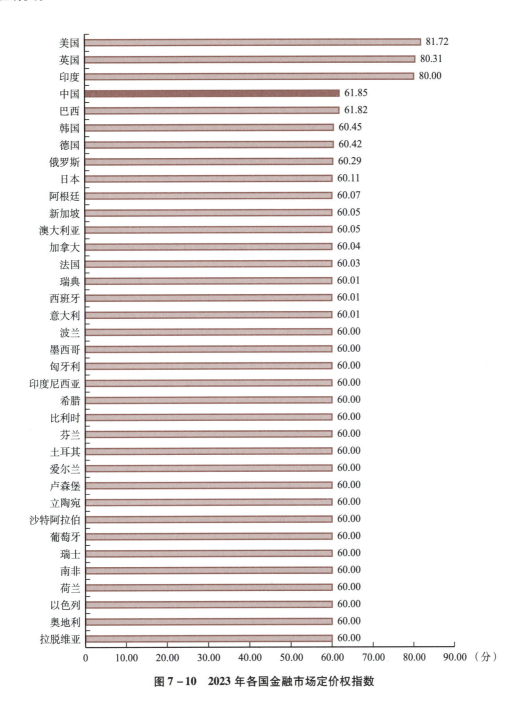

图 7 - 10　2023 年各国金融市场定价权指数

　　表7-5展示了2012～2023年36个国家的金融市场定价权指数得分情况。可以看出，各年美国均位列36国第一，在金融市场定价方面拥有主导权。主要原因在于，美国通过金融监管改革与兼并重组催生出了具有国际竞争力的大型金融中介，构建了全球规模最大、影响范围最广以及交易效率极高的多层次资本市场，先后通过美元与黄金和石油绑定，从而在金融市场定价中取得了核心优势。目前，全球大宗商品交易形成了"东方交易、西方定价、美元计价"的格局，而美国在大宗商品的定价中占据主导地位，在国际金融活动中具有较强的议价能力和定价权。

表7-5　　　　　　　　　　2012～2023年各国金融市场定价权指数　　　　　　　单位：分

国家	2012年	2013年	2014年	2015年	2016年	2017年	2018年	2019年	2020年	2021年	2022年	2023年	平均
美国	71.61	72.46	73.25	73.95	74.75	75.52	77.13	77.37	78.24	77.74	82.41	81.72	76.35
英国	60.30	60.29	60.25	60.24	60.25	60.29	60.32	60.29	60.28	74.29	80.28	80.31	64.78
印度	60.72	60.71	60.64	60.87	60.66	60.73	61.12	61.63	62.20	64.18	68.77	80.00	63.52
中国	60.32	60.45	60.55	60.78	60.91	60.67	60.66	60.87	61.35	61.65	61.48	61.85	60.96
巴西	60.36	60.35	60.31	60.30	60.33	60.40	60.56	60.85	61.39	61.92	61.82	61.82	60.87
德国	60.36	60.34	60.33	60.37	60.38	60.37	60.43	60.43	60.41	60.38	60.43	60.42	60.39
俄罗斯	60.23	60.25	60.31	60.36	60.43	60.35	60.33	60.32	60.47	60.46	60.29	60.29	60.34
韩国	60.40	60.18	60.15	60.17	60.15	60.22	60.31	60.34	60.48	60.50	60.45	60.45	60.32
土耳其	60.01	60.01	60.01	60.02	60.02	60.03	60.05	60.09	60.33	60.46	60.60	60.00	60.14
日本	60.07	60.10	60.08	60.10	60.09	60.08	60.10	60.09	60.11	60.09	60.11	60.11	60.09
南非	60.03	60.06	60.07	60.11	60.11	60.08	60.04	60.03	60.04	60.04	60.04	60.00	60.05
澳大利亚	60.06	60.06	60.05	60.00	60.05	60.05	60.05	60.06	60.06	60.04	60.04	60.05	60.05
新加坡	60.02	60.02	60.03	60.04	60.04	60.04	60.05	60.06	60.06	60.05	60.06	60.05	60.04
阿根廷	60.01	60.01	60.01	60.02	60.03	60.03	60.03	60.03	60.03	60.03	60.07	60.07	60.03
法国	60.00	60.03	60.03	60.03	60.03	60.03	60.03	60.03	60.04	60.04	60.03	60.03	60.03
加拿大	60.02	60.02	60.02	60.02	60.02	60.02	60.02	60.03	60.03	60.03	60.03	60.04	60.02
瑞典	60.02	60.02	60.02	60.02	60.02	60.02	60.02	60.02	60.02	60.01	60.02	60.01	60.02
以色列	60.01	60.01	60.01	60.01	60.01	60.01	60.01	60.01	60.01	60.01	60.01	60.00	60.01
西班牙	60.01	60.01	60.01	60.01	60.01	60.01	60.01	60.01	60.01	60.01	60.01	60.01	60.01
意大利	60.01	60.01	60.01	60.01	60.01	60.01	60.01	60.01	60.01	60.01	60.01	60.01	60.01
墨西哥	60.01	60.01	60.01	60.00	60.00	60.00	60.00	60.00	60.00	60.00	60.00	60.00	60.00
希腊	60.01	60.00	60.00	60.00	60.00	60.00	60.00	60.00	60.00	60.00	60.00	60.00	60.00
波兰	60.00	60.00	60.00	60.00	60.00	60.00	60.00	60.00	60.00	60.00	60.00	60.00	60.00
荷兰	60.00	60.00	60.00	60.01	60.01	60.00	60.00	60.00	60.00	60.00	60.00	60.00	60.00

国家	2012 年	2013 年	2014 年	2015 年	2016 年	2017 年	2018 年	2019 年	2020 年	2021 年	2022 年	2023 年	平均
匈牙利	60.00	60.00	60.00	60.00	60.00	60.00	60.00	60.00	60.00	60.00	60.00	60.00	60.00
印度尼西亚	60.00	60.00	60.00	60.00	60.00	60.00	60.00	60.00	60.00	60.00	60.00	60.00	60.00
奥地利	60.00	60.00	60.00	60.00	60.00	60.00	60.00	60.00	60.00	60.00	60.00	60.00	60.00
拉脱维亚	60.00	60.00	60.00	60.00	60.00	60.00	60.00	60.00	60.00	60.00	60.00	60.00	60.00
瑞士	60.00	60.00	60.00	60.00	60.00	60.00	60.00	60.00	60.00	60.00	60.00	60.00	60.00
葡萄牙	60.00	60.00	60.00	60.00	60.00	60.00	60.00	60.00	60.00	60.00	60.00	60.00	60.00
沙特阿拉伯	60.00	60.00	60.00	60.00	60.00	60.00	60.00	60.00	60.00	60.00	60.00	60.00	60.00
立陶宛	60.00	60.00	60.00	60.00	60.00	60.00	60.00	60.00	60.00	60.00	60.00	60.00	60.00
卢森堡	60.00	60.00	60.00	60.00	60.00	60.00	60.00	60.00	60.00	60.00	60.00	60.00	60.00
爱尔兰	60.00	60.00	60.00	60.00	60.00	60.00	60.00	60.00	60.00	60.00	60.00	60.00	60.00
芬兰	60.00	60.00	60.00	60.00	60.00	60.00	60.00	60.00	60.00	60.00	60.00	60.00	60.00
比利时	60.00	60.00	60.00	60.00	60.00	60.00	60.00	60.00	60.00	60.00	60.00	60.00	60.00

从得分均值来看，排名前五的国家分别为美国、英国、印度、中国、巴西。其中，美国是 36 国中唯一指数值高于 70 分的国家，得分为 76.35 分。远超位于第二位的英国（64.78 分），表明美国在金融市场定价权方面处于领先地位。第三、第四位分别为印度（63.52 分）、中国（60.96 分）。印度在衍生品市场规模方面表现出明显优势，根据美国期货业协会（FIA）的统计结果显示，印度国家证券交易所（NSE）的期货和期权合计交易量截至 2022 年已连续四年位居世界第一。2022 年创下 381 亿手的纪录，远远超过排在第 2 位的巴西证券交易所 B3（83 亿手）。

图 7-11 展示了 2012~2023 年中国金融市场定价权指数得分及排名变动情况。可见，中国金融市场定价权指数得分在 2012~2023 年整体呈上升趋势，由 60.32 分（2012 年）升至 61.85 分（2023 年），排名也从第六位升至第四位，但期间排名出现一些波动。2018年以来，中国持续加强金融监管，加强金融风险研判及重点领域风险防控，稳步推动场外衍生品市场发展，以更好地满足市场主体风险管理的需求。2023 年，银行间衍生品市场交易名义本金达 196.8 万亿元，同比增长 18.2%，衍生品市场规模平稳增长，产品序列不断丰富，运行管理机制更加完善，市场活力持续增强，在强化风险管理、促进价格发现和服务实体经济等方面的作用日益突出。

从图 7-12 可看出，金砖国家中印度位列第一，在金砖国家中处于领先地位。中国与巴西地位相近，两国都是重要的大宗商品生产、出口、消费国，大宗商品价格的波动直接影响贸易条件和金融市场定价权，但在国际定价权方面仍显不足，目前依旧是"东方交易、西方定价、美元计价"格局。与发达国家相比，中国的衍生品市场规模较小，产品种类和市场深度不足，限制了中国在国际金融市场上的定价能力。

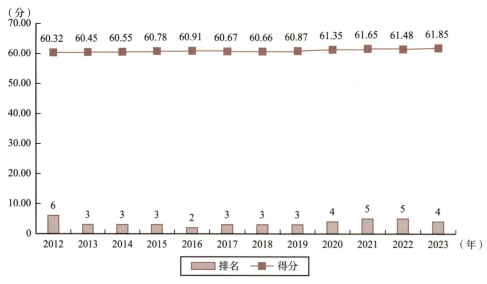

图 7－11　2012～2023 年中国金融市场定价权指数得分及排名

图 7－12　金砖国家金融市场定价权指数趋势

第三节　国际金融中心指数总结与展望

通过对 36 个代表性国家进行截面与时序对比后发现，美国作为金融大国，拥有世界顶尖的金融资源，其规模和质量都远远大于其他国家，在国际金融中心建设上处于领先地位。通过对金融资源聚集力、金融市场辐射力、金融市场定价权三个二级指标进行分析，中国在国际金融中心建设方面还有较大的发展空间。

一、金融资源聚集力

金融资源聚集力主要围绕股票市场、债券市场、外汇市场展开。就测算结果来看，中国在 2012 ~ 2023 年金融资源聚集力排名稳定保持在前三的位置，但与美国、英国相比还存在赶超空间。从外商直接投资净流入、外商证券投资等指标来看，尽管面临国际环境的不确定性，随着中国资本市场对外开放程度不断提高，吸引了大量外资进入，反映了外国投资者对中国实体经济的投资信心和中国市场的吸引力。尽管中国金融市场在近年来取得了显著发展，金融高质量发展稳步推进，但在保持竞争优势上还需要进一步大幅提升，可从以下几个方面发展完善：一是积极扩大金融高水平开放，坚持统筹金融开放和安全，提高金融市场的国际化水平。金融开放是我国对外开放的重要组成部分，也是实现加快建设金融强国目标的必由之路。加快将上海建设成为人民币金融资产全球配置中心和风险管理中心。提高金融市场开放和准入程度，增强人民币金融资产流动性，创新推出更多种类的人民币金融产品，丰富国际投资者入市渠道和产品选择。二是稳步扩大金融市场制度型开放。制度型开放有助于我国现有金融业对标国际标准，吸引人才、资本、技术等国际高端要素的进入，支持实体经济发展，改善我国金融业的竞争环境，同时还可以帮助国内金融机构走出去，提升我国金融机构的国际影响力，深度融入全球金融市场体系。三是大力提升金融基础设施升级，深化金融基础设施跨境互联互通建设，优化新型金融基础设施布局。亟须探索人民币外汇期货交易试点，优化跨境金融、离岸金融等服务；高标准建设以人民币为主体的国际金融资产交易平台，健全完善平台国债、股票、期货、数字人民币和碳金融产品的发行交易机制；高水平建设国际再保险中心，推动我国再保险市场由"单向开放"向"双向开放"转型升级。

二、金融市场辐射力

从测算结果来看，中国金融市场辐射力的上升趋势在 2023 年明显回落，表明中国金融市场在国际上的影响力和竞争力还需进一步提升。对此，有以下建议：一是持续优化跨境金融、离岸金融服务，提高上海国际金融中心国内大循环中心节点和国内国际双循环的战略链接功能。持续完善跨境一站式金融服务，搭建跨境金融平台和贸易平台互动，积极支持"一带一路"、金砖国家组织、上合组织等建设。拓展离岸业务试点范围，有序放开抗风险能力强的银行、证券、保险机构的离岸金融服务，持续拓展离岸金融业务服务对象，为内外贸企业的经贸合作、境内外资金融通、贸易投资搭建金融桥梁。二是支持巩固香港国际金融中心建设，包括深化内地和香港金融合作，深化粤港澳大湾区的金融合作，推动香港加快融入"一带一路"国家发展大局；抓住香港作为中东和东南亚资本和贸易枢纽的机会，以及中国新质生产力发展为香港资本市场带来的增长潜力；深化两地金融市场互联互通，统筹香港与内地金融中心的分工与协作；巩固香港全球离岸人民币业务枢纽地位，推动落实离岸国债期货，丰富人民币投资产品种类；强化香港作为内地资产风险管理中心功能，在香港推出更多以内地资产为标的的金融衍生产品。三是培育扩大金融机构的国际影响力。尽管我国金融市场发展较快，但排名靠前的各类机构较少，尤其是证券业机构，迫切需要培育一批有国际影响力的一流证券机构。应结合我国国际金融中心建设，基于本国、区域的经济和金融基础，围绕"五篇大文章"，加强合作、加大对外开放，在服务我国经济高质量发展的同时，大力培育具有国际影响力的金融机构。

三、金融市场定价权

金融市场定价权主要围绕大宗商品定价权和衍生品市场规模展开。从测算结果来看，中国的大宗商品定价和衍生品市场的国际影响力较弱，仍需大幅提升。对此，有以下建议：

一方面，大宗商品定价权的掌握对于任何国家来说都是至关重要的，因为它直接关系到该国在全球贸易中的地位和影响力。大宗商品定价权的缺失意味着中国在原材料等商品的国际贸易中缺乏足够的议价能力。美国作为全球最大的经济体，其金融市场的发展程度、期货市场的成熟度以及美元作为世界主要储备货币的地位，使其在大宗商品定价上拥有较大的优势。大宗商品交易目前呈现出"东方交易、西方定价、美元计价"的格局，中国作为全球最大的大宗商品需求方之一，却长期在全球市场中处于相对劣势地位。这种局面严重影响了中国的产业发展、经济安全与国际竞争力。为改变这一现状，中国需加快期货市场的开放和发展，推动人民币国际化，使得大宗商品的人民币计价结算取得突出进展。基于我国庞大的金融资产规模和人民币资源优势，可努力将上海国际金融中心建设为人民币国际金融中心，聚集人民币结算、人民币国际交易、人民币国际投融资、人民币资产定价、人民币资产国际交易等核心功能，在共建"一带一路"国家和地区、东南亚发挥资源配置影响力。

另一方面，衍生品市场规模的大小直接关系到金融市场的深度和复杂性。金融衍生市场的发展为投资者提供了多样化的投资和风险管理工具，同时也是现代金融市场的重要组成部分。然而，中国在这方面与美国等发达国家相比仍有较大的差距，相对国内大宗商品的巨大贸易量和市场需求，期货市场的国际化品种有限，金融衍生品较少，大宗商品领域人民币跨境收付总体处于较低水平。这可能与中国金融市场的开放程度、金融产品的创新能力以及监管环境有关。随着中国的金融市场和资本账户逐渐开放，人民币国际化步伐加快，这为中国争取更多的定价权创造了条件。未来需要大力提升金融市场定价权，推动上海成为全球大宗商品价格中心，依托国内产业规模集聚优势，探索推出以人民币计价的钢铁、原油、贵金属等大宗商品的期货、期权产品，从而扩大中国在这方面的影响力。

第八章

金融监管指数

2023 年中央金融工作会议强调，要加快建设金融强国，全面加强金融监管，完善金融体制，并指出我国金融乱象和腐败问题屡禁不止，金融监管和治理能力薄弱，进一步要求要健全金融监管体制，建立健全监管责任落实和问责制度，有效防范化解重点领域金融风险。基于此，构造金融监管指标，从宏观审慎监管、流动性监管、机构监管、公司治理与外部监督、消费者保护五个方面衡量 36 个国家/经济体在金融监管方面的表现，寄望于体现各国在金融监管和监督方面的差异性并跟踪各国在金融监管方面的动态变化。

■ 第一节　金融监管指数构建

金融监管指标体系涵盖了多个维度的监管内容，旨在反映金融监管的各个方面。根据 2023 年中央金融工作会议精神，首先，我国金融监管工作的底线是不发生系统性金融风险，以全面加强监管、防范化解风险为重点。其次，会议指出要"切实提高金融监管有效性"，"消除监管空白和盲区"，"对风险早识别、早预警、早暴露、早处置"。最后，中央金融工作会议强调"坚持以人民为中心的价值取向"。对此，金融监管指标体系设置宏观审慎监管二级指标，覆盖宏观审慎管理的各要素；设置流动性监管、机构监管、公司治理与外部监督二级指标，考察各国的风险管理能力和对金融机构经营风险的防范能力；设置消费者保护二级指标，考察各国在消费者权益保障工作方面的表现，具体指标体系如表 8-1 所示。

表 8-1　　　　　　　　　　金融监管指数构建

二级指标	三级指标	数据来源
宏观审慎监管	宏观审慎工具完备性	世界银行调查问卷 IMF OECD 数据库
	宏观审慎监管机构的权利明晰度	
	宏观审慎监管机构间的协调能力	

二级指标	三级指标	数据来源
流动性监管	流动性缓冲工具完备性	
	稳定资金工具完备性	
	准备金工具完备性	
消费者保护	存款保险覆盖度	世界银行调查问卷 IMF OECD 数据库
	消费者权益保障效力	
机构监管	准入门槛	
	资本监管效能	
	监管机构效能	
公司治理与外部监督	外部审计完备性	
	公司治理有效性	
	会计信息透明度	

从指数编制的数据来源上看，宏观审慎监管、流动性监管的编制依据为国际货币基金组织搭建的宏观审慎政策调查数据库；消费者保护、机构监管、公司治理与外部监督主要依据世界银行用问卷调查的方式采集到的各国有关银行监管和监督的跨国数据库。这项调查目前最近的一次于 2017 年开始，2019 年完成，提供了 160 个司法管辖地区的银行监管和监督信息，涉及银行准入、资本监管、外部审计要求、会计披露、监管权力等 15 个方面共计上百个问题，因此有助于指数编制时选择多个具有差异性的问题，更全面地衡量国家层面的金融监管。

表 8 – 2 为指标的具体构造过程：宏观审慎监管和流动性监管主要依据国际货币基金组织搭建的宏观审慎政策调查数据库。消费者保护、机构监管、公司治理与外部监督主要依据世界银行用问卷调查的方式采集到的各国有关银行监管和监督的跨国数据库。对于问卷指标，借鉴巴斯等（Barth et al.，2013）的做法，选择不同的问题，以越高的分数表示越全面的监管和保护。在初步的问题筛选和数据清理之后，考虑到数据的一致性，将各国得分进行标准化（$X' = \dfrac{x - \min(x)}{\max(x) - \min(x)} \times 40 + 60$），将得分控制在 60 ~ 100 分。进一步地，赋予不同三级指标权重，通过加权求和的方式得到二级指标分数，二级指标求均值，即为金融监管最终得分。具体问题以及权重如表 8 – 2 所示。

指标构成及编制说明

表 8-2

一级指标	二级指标	三级指标（*括号内为权重）	三级指标具体构成
宏观审慎监管	宏观审慎工具完备性（*0.4）	针对17种宏观政策行动，若采取则+1，无行动则为0，取各国在该年采取的宏观政策行动之和。17种行动指标：(a)用于宏观审慎目的的贷款价值比率或缓冲；(b)要求银行维持反周期资本缓冲；(c)银行资本要求；(d)对银行杠杆率的限制；(e)增长型的惩罚；(f)对总信贷，家庭部门信贷或贷款规模或贷款增长的限制，以及对高信贷增长的惩罚；(g)贷款限制，包括贷款限额和禁令等；(h)外币（FC）贷款的限制；(i)偿债与收入比率；(j)税收；(k)为降低系统性和资本流动性流动风险而采取的措施；(m)对贷存比的限制或惩罚；(n)对外汇净头寸或总头寸的限制、外汇低风险流动和外汇资金的限制以及货币错配规定；(o)出于宏观审慎目的的储备要求（本币或外币）；(p)为降低全球和国内系统重要性金融机构（SIFI）的风险而采取的措施；(q)其他（如压力测试）。
	宏观审慎监管机构的权力明晰度（*0.3）	(1)指定宏观审慎监管机构之和：加总各国宏观审慎监管机构数量。宏观审慎监管机构：(a)中央银行；(b)中央银行委员会；(c)中央银行以外的委员会；(d)监管机构（中央银行除外）；(e)其他。 (2)宏观审慎当局的权力：(a)硬权力（90）；(b)半硬权力（80）；(c)软权力（70）
	宏观审慎监管机构间的协调机制（*0.3）	机构间协调机制：是（90）；否（70）
流动性监管	流动性缓冲工具完备性（*0.3）	加总各国流动性工具数量： (a)流动性覆盖率；(b)按货币划分的流动资金覆盖率；(c)流动资产比率；(d)按货币划分的流动资产比率；(e)其他
	稳定资金工具完备性（*0.3）	加总各国稳定资金工具数量： (a)净稳定资金比率；(b)按货币划分的净稳定资金比率；(c)核心资金比率；(d)按货币划分的核心资金比率；(e)贷存率；(f)按货币划分的贷存比率；(g)到期日错配限额；(h)按货币区分的期限错配限额；(i)其他
	准备金工具完备性（*0.3）	加总各国稳定资金工具数量： (a)总量；(b)按货币区分
消费者保护	存款保险覆盖度（*0.5） （1）+（2）+（3）+（4）+（5）+（6）+（7）	(1)存款保险机构/基金管理人是否有干预银行经营的权力？（是=1；否=0） (2)存款保险机构/基金是否对违反法律、法规和章程的银行董事或者其他银行员工采取过行动？（是=1；否=0） (3)是否有正式的共同保险，即是否明确规定所有存款人共担银行风险？（是=1；否=0） (4)存款保险资金来源是银行吗？（是=1；否=0） (5)向银行收取的固定存款保险费/保险费是否根据某种风险评估而有所不同？（是=1；否=0） (6)存款保险的承保类型？（每位存款人取3，每位存款人账户取2，每位存款人取1，其他取0） (7)截至2016年底，设计计划实际承保的存款占参与存款行存款总额的百分比是多少？（下三分位区间取3，上三分位数取1，否则取2）

续表

二级指标	三级指标（*括号内为权重）	三级指标具体构成
消费者保护	消费者权益保障效力（*0.5）(1)+(2)+(3)	(1) 消费者保护机构可以采取哪些行动来执行消费者保护法律法规？（根据选项（a）~（g）的回答情况加总） (a) 向金融机构发出警告；(b) 要求供应商退还多收的费用；(c) 要求提供商撤销误导性广告；(d) 处以罚款和处罚；(e) 发布违规公告；(f) 吊销违规商的营业执照；(g) 其他（请注明）。 (2) 根据法律或规定，银行在签订任何金融产品合同时，是否规定了标准披露格式？（是=1；否=0） (3) 是否有法律法规规定了金融机构解决和处理客户投诉的标准，包括？（根据选项（a）~（c）的回答情况加总） (a) 金融机构回应的及时性；(b) 金融机构实施解决客户投诉的程序和流程；(c) 可及性（即可通过电话等方式向当地分行投诉）
	准入门槛（*0.3）(1)+(2)+(3)	(1) 是否禁止外资银行通过以下方式进入？（选项（a）、（b）、（c）、（d）以上都不是；选项（e）、（f）=0） (a) 收购；(b) 子公司；(c) 分公司；(d) 合资企业；(e) 以上都不是；(f) 不适用。 (2) 非金融企业能否拥有表决权的股份？（a=1；b=2；c=3；d=4） (a) 非金融企业可以拥有表决权100%的股权，无须事先获权或批准；(b) 非金融企业先获授权或批准，如商业银行资本或有表决权股份的最高百分比；(c) 对非金融企业持有银行股权进行限制，如商业银行资本或有表决权股份的最高百分比；(d) 非金融企业不能拥有商业银行任何股权或投票权股份。 (3) 过去6年（2011~2016年），外国银行通过新子公司而进入贵国银行业的申请有多少？ (a) 收到；(b) 拒绝；(c) 撤回；(d) 接受
机构监管	资本监管效能（*0.3）(1)+(2)+(3)+(4)+(5)	(1) 截至2016年底，贵国使用了哪些监管资本充足率框架制度，每种制度适用于哪些银行？请在每个选项下面的空白处说明哪些银行属于哪种制度适用的监管范围。（商业银行、国有商业银行、国有开发银行、互助银行、外资银行、银行控股公司）请选择每个适用的选项（依据a~e的回答加总分数） (a) 巴塞尔I新资本协议；(b) 巴塞尔II新资本协议；(c) 巴塞尔III；(d) 杠杆比率；(e) 信用风险；(b) 市场风险；(c) 操作风险；(d) 其他风险（请具体解释）。 (2) 贵国监管范围内现行的最低监管资本要求涵盖了哪些风险？（依据（a）~（d）的回答加总分数） (3) 用作监管资本来源是否经监管机构核实？（是=1；否=0） (4) 初始注资或后续注资是否以现金或政府证券以外的资产进行？（是=1；否=0） (5) 潜在股东的初始资金以借贷资金的形式进行？（是=1；否=0）
	监管机构效能（*0.4）(1)+(2)+(3)+(4)	(1) 请说明监管机构是否拥有以下执法权力？（依据（a）~（n）的回答加总分数） (a) 对不遵守审慎的银行做法发出停止和终止类命令；(b) 暂缓执行；(c) 要求银行满足比定或监管最低要求更严格的监管要求（如资本、流动性等）；(d) 要求银行加强治理、内部控制和风险管理系统；(e) 要求银行采用特定的拨备和/或核销政策；(f) 要求银行行计提准备金，以弥补实际资产或表内资产潜在损失；(g) 对银行开展的业务类型进行限制或减少（如出售资产和/或关闭分行）并调整风险敞口状况；(h) 吊销银行的营业执照；(i) 要求银行减少或暂停向股东分红；(j) 要求调整资本；(k) 要求减少或暂停向银行董事和经理发放奖金和其他薪酬；(l) 暂停或罢免银行董事和经理；(m) 要求控股股东采取行动，以更新股本支持银行；(n) 要求银行启动资本恢复计划）

二级指标	三级指标 （＊括号内为权重）	三级指标具体构成
机构监管	监管机构效能 （＊0.4） （1）＋（2）＋（3）＋（4）	（2）监管机构是否实行早期干预框架（如及时纠正行动），在违反某些监管触发点/阈值时强制自动采取行动？（是＝1；否＝0） （3）银行监管机构负责人是否有固定任期？（是＝1；否＝0） （4）任期多长？（大于等于4年＝1；小于4年＝0） （5）银行监管/监督机构是否需要公布正式的执法行动，包括银行监管/监督机构与银行组织之间的停止令和终止令以及书面协议？（是＝1；否＝0）
公司治理 与外部 监督	外部审计完备性 （＊0.3） （1）＋（2）＋（3）＋ （4）＋（5）	（1）对审计范围或性质是否有具体要求？（是＝1；否＝0） （2）主管人员是否收到财务报表审计报告的副本？（是＝1；否＝0） （3）是否要求审计员直接向监管机构通报任何假定银行董事或高级管理人员参与非法活动、欺诈或内部人滥用职权的情况？（是＝1；否＝0） （4）银行监管者是否有权在未经银行批准的情况下会见外部审计师并讨论他们的报告（经常/有时发生＝1；否则＝0） （5）如果监管者发现银行接受了不适当的审计，监管者是否有权对外聘审计员采取行动？（是＝1；否＝0）
	公司治理有效性 （＊0.3） （1）＋（2）＋（3）＋ （4）＋（5）	（1）贵国是否发布具体指导方针，明确涉及商业银行治理中成立审计委员会、要求董事会中独立董事占多数等多个方面并将该准则适用于所有银行？（是＝1；否＝0） （2）在监管过程中，是否对银行高级管理人员的薪酬或补偿进行了评估，以确保其不会导致过度的风险承担？（是＝1；否＝0） （3）主管人员是否能任命董事会董事、银行高级管理层的职位人选？（根据选项（a）～（b）的回答加总） （a）董事会董事；（b）银行高级管理层。 （4）当监管机构认为薪酬或补偿过高时，是否有权采取监管行动？（是＝1；否＝0） （5）银行监管机构的权力大小？（根据选项（a）～（c）的回答加总） （a）将不合适/不适当的股东、董事会成员或高级管理人员列入黑名单，禁止其在任何银行担任任何职务或持有任何股份；（b）将被认定为不合适/不适当的银行董事会成员和高级管理人员撤职；（c）要求银行在任命关键员工（如首席风险官、首席运营官、首席财务官）时事先获得监管机构的批准或不反对
	会计信息透明度 （＊0.4） （1）＋（2）＋（3）＋ （4）＋（5）＋（6）＋ （7）＋（8）＋（9）	（1）银行在会计上是否需要编制合并账目？（是＝1；否＝0） （2）当贷款仍在执行时，应计但未支付的利息/本金是否进入损益表？（是＝1；否＝0） （3）银行是否向监管机构披露经审计的完整财务报表以及资产负债表表外项目？（是＝1；否＝0） （4）如果披露的信息存在错误或误导，银行董事是否要承担法律责任？（是＝1；否＝0） （5）贵国银行适用的会计准则是否按照美国公认会计原则（GAAP）编制？（是＝1；否＝0） （6）贵国银行适用的会计准则是否按照《国际财务报告准则》编制？（是＝1；否＝0） （7）监管机构是否要求银行进行外部信用评级？（是＝1；否＝0） （8）被国际信用评级机构评级的银行占前十家银行的百分比？（100％则为1；否则为0） （9）国内信用评级机构对排名前十的银行进行评级的比例是多少？（100％则为1；否则为0）

注：数据处理过程中，一是针对缺失值，首先查找公开资料弥补，若无法获得公开数据，则选择地理位置相近、人均GDP接近的国家的数据进行代替；二是根据具体实际对调查数据进行补充调整。

第二节 金融监管指数测算与分析

一、金融监管总指数

（一）总体表现

表 8-3 展示了 2018~2023 年 36 个目标国家在金融监管方面的情况。囿于数据问题，2023 年目标国家在金融监管方面的表现将延续其在 2022 年的得分情况，金融监管总指数由宏观审慎监管、流动性监管、机构监管、公司治理与外部监督、消费者保护五方面构成。

表 8-3   金融监管面板数据

国家	2018 年	2019 年	2020 年	2021 年	2022 年	2023 年	2023 年排名	迷你图
美国	93.42	92.89	91.69	94.09	95.46	95.46	1	
英国	84.38	84.38	83.05	83.32	90.42	90.42	2	
中国	88.47	89.27	86.20	88.28	89.40	89.40	3	
日本	83.67	82.33	83.13	82.13	89.10	89.10	4	
法国	85.48	83.35	83.88	84.22	88.58	88.58	5	
德国	84.19	82.85	82.19	82.39	88.35	88.35	6	
俄罗斯	85.13	87.53	84.19	84.66	85.49	85.49	7	
意大利	80.44	80.98	79.91	81.31	84.88	84.88	8	
瑞士	80.98	80.98	81.25	82.83	83.42	83.42	9	
荷兰	81.20	81.20	80.00	81.18	82.90	82.90	10	
新加坡	83.12	83.65	81.65	81.67	82.42	82.42	11	
韩国	85.58	85.58	84.65	83.29	81.88	81.88	12	
墨西哥	83.57	83.57	83.31	83.62	80.81	80.81	13	
印度	81.67	80.07	81.53	79.98	80.77	80.77	14	
比利时	79.46	79.46	77.86	80.50	80.76	80.76	15	

国家	2018 年	2019 年	2020 年	2021 年	2022 年	2023 年	2023 年排名	迷你图
瑞典	77.93	77.93	77.66	78.88	80.76	80.76	15	
加拿大	79.11	80.98	79.51	78.55	80.68	80.68	17	
葡萄牙	77.39	81.72	79.06	80.72	80.56	80.56	18	
西班牙	79.29	79.22	78.15	78.65	80.25	80.25	19	
卢森堡	79.33	79.33	78.26	78.95	79.76	79.76	20	
澳大利亚	75.84	75.84	79.57	79.11	79.47	79.47	21	
希腊	75.61	76.14	75.08	76.66	77.38	77.38	22	
立陶宛	74.88	74.88	73.95	75.75	76.65	76.65	23	
爱尔兰	73.64	74.44	74.71	75.84	76.21	76.21	24	
拉脱维亚	79.43	75.70	75.70	77.81	76.20	76.20	25	
阿根廷	81.48	83.61	80.41	82.61	76.11	76.11	26	
芬兰	74.24	75.31	74.91	75.47	76.01	76.01	27	
土耳其	83.06	82.52	81.86	80.84	75.86	75.86	28	
波兰	76.35	75.28	74.35	75.95	75.75	75.75	29	
匈牙利	77.89	79.76	78.49	77.29	75.59	75.59	30	
奥地利	74.95	74.41	73.35	74.50	75.35	75.35	31	
南非	76.28	76.81	77.21	77.63	75.04	75.04	32	
印度尼西亚	78.66	80.26	79.06	78.28	74.49	74.49	33	
巴西	79.09	80.16	76.96	77.20	73.66	73.66	34	
沙特阿拉伯	77.55	78.08	76.75	75.55	73.58	73.58	35	
以色列	73.73	73.73	71.60	73.55	73.30	73.30	36	

　　首先，分析 2023 年的横截面数据，结果表明，2023 年金融监管表现排名前十的国家分别是美国、英国、中国、日本、法国、德国、俄罗斯、意大利、瑞士、荷兰。前十名国家中多为经济发达国家。2023 年，美国以 95.46 分的高分领先，与第二名英国（90.42分）形成一定差距。其次，结合时间分析各国金融监管的变化趋势，可以看到各国 2018 ~ 2023 年的金融监管分数都在动态变化中。但是整体而言，主要经济体间金融监管的相对排名变化不大，美国仍处于领先地位，英、法、德、日等发达经济体排名靠前，但我国作为发展中国家发展势头不容小觑。

（二）金融监管前六名分项表现对比

金融监管总指数由宏观审慎监管、流动性监管、机构监管、公司治理与外部监督、消费者保护五方面构成。因此，我们需要重点分析我国与世界主要发达经济体在金融监管的各个二级指标方面的表现，分析比较优势和比较劣势。

图 8-1 即为 2023 年金融监管前六名总得分及分项得分的表现，可以明显看到美国在宏观审慎监管等各个方面均有较大优势。根据图 8-2 主要分析我国与美国的分项差距发现，我国在机构监管方面和美国差距最大，2023 年我国机构监管分数比美国低 13.52 分，解释了绝大部分我国与美国在金融监管方面的差距，而机构监管包含准入门槛、资本监管效能和监管机构效能，说明我国机构监管的这几个方面与美国存在差距。流动性监管和宏观审慎监管两方面差距较小，这是我国的比较优势所在。

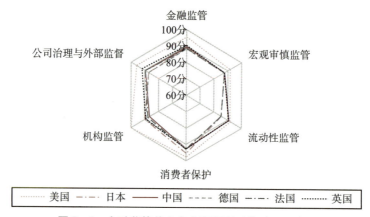

图 8-1　金融监管前六名分项表现对比（2023 年）

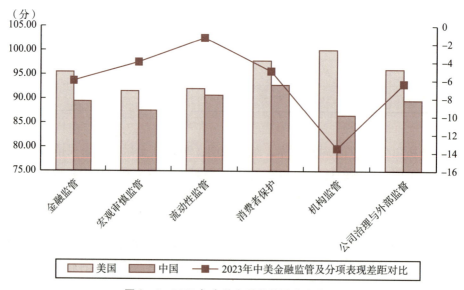

图 8-2　2023 年中美金融监管及分项差距

（三）我国及世界主要经济体 2018～2023 年金融监管变化

如图 8-3 和图 8-4 所示，分析我国及世界主要经济体 2018～2023 年金融监管分数变化，总体而言，我国 2018～2023 年金融监管表现保持平稳，2023 年我国金融监管得分为 89.40 分，相比 2021 年（88.28 分）小幅上升。

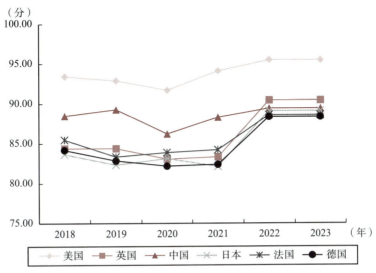

图 8-3　我国与主要发达经济体金融监管变化

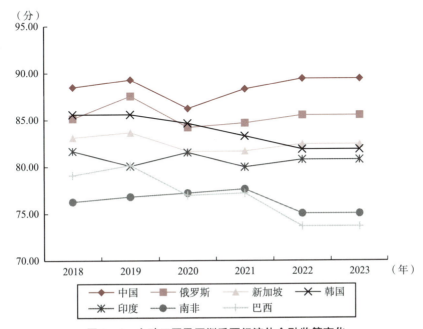

图 8-4　金砖五国及亚洲重要经济体金融监管变化

　　如图8-5和图8-6所示，分析我国2018～2023年金融监管及分项变化，发现我国流动性监管和宏观审慎监管起伏波动较大，2023年我国相比2021年，宏观审慎监管增加3.61分，流动性监管增加2.00分，是金融监管分数增加的重要推动力。而综合前文我国与美国差距的分析，我国应该重点抓住机构监管方面的差距，缩小我国与美国之间在金融监管方面的差距。

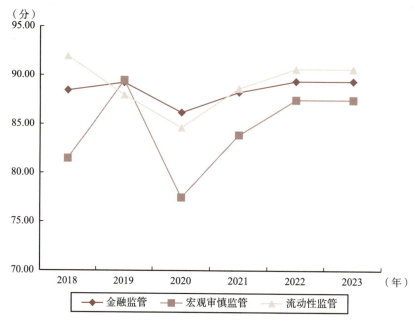

图8-5　中国2018～2023年金融监管及重要分项变化

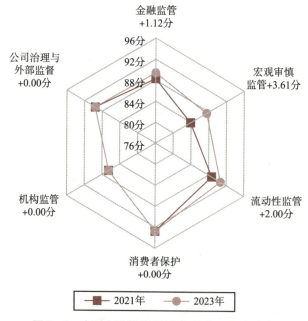

图8-6　中国金融监管2023年相比2021年变化

二、宏观审慎监管

宏观审慎监管包括宏观政策工具完备性、宏观审慎机构的权利明晰度、宏观审慎监管机构间的协调能力三个方面，分数越高表征该国宏观审慎监管政策工具箱越丰富、权利越明晰、宏观审慎机构间协调配合越好。

（一）2023 年世界主要经济体宏观审慎监管表现

36 个世界主要经济体 2023 年在宏观审慎监管方面的表现如图 8－7 所示。

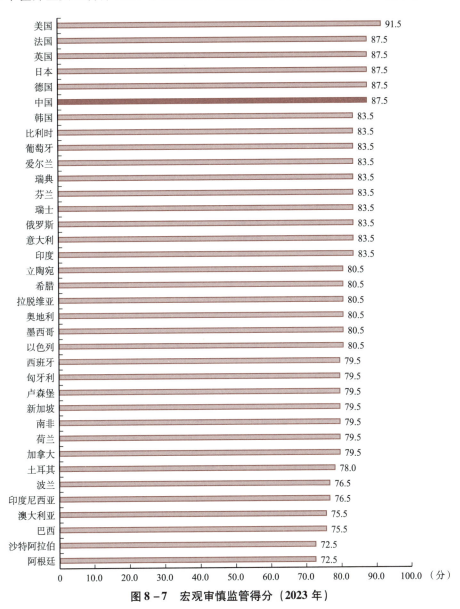

图 8－7　宏观审慎监管得分（2023 年）

如图 8 - 8 所示，根据计算结果可知，2023 年宏观审慎监管排名靠前的国家分别为美国、法国、英国、日本、德国、中国，绝大多数为发达国家。我国 2023 年宏观审慎监管分数为 87.50 分，与第一名美国（91.50 分）的差距为 4 分，说明我国在宏观审慎监管方面政策工具箱比较丰富、宏观审慎监管协调配合较好，并且在世界主要发达经济体中，宏观审慎监管机构的权利明晰度较高，并且机构间的协调配合均比较到位。从分数构成上分析我国与世界主要发达经济体在宏观审慎监管方面的差距，中美的差距主要由宏观政策工具方面的不同造成，和美国相比，我国 2023 年宏观政策工具运用相对较少。从国际货币体系的角度看，美元体系下，美国宏观金融政策对包括我国在内的其他国家的金融经济市场都会产生影响，因此各国的宏观政策调整都需要考虑美国宏观政策的外溢性，考虑与美国宏观政策周期的错位。

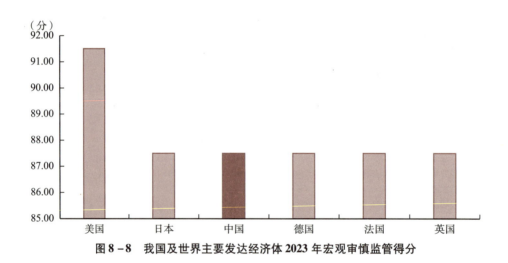

图 8 - 8　我国及世界主要发达经济体 2023 年宏观审慎监管得分

（二）我国及世界主要经济体 2018～2023 年宏观审慎监管变化

如图 8 - 9 和图 8 - 10 所示，根据我国与美国、日本等发达经济体 2018～2023 年宏观审慎监管得分变化，美国、德国 2018～2023 年呈现宏观审慎监管的增长趋势，主要归因于宏观政策工具使用的增长，而中国与日本近几年则处在动态调整中。尤其是我国 2018 年以来监管格局不断调整，2018 年将原银监会、原保监会整合组建中国银行保险监督管理委员会，统一监督管理银行业和保险业；2018 年成立新一届金融稳定发展委员会；2019 年中央银行牵头成立宏观审慎管理局，负责组织实施宏观审慎政策框架，监测金融风险。因此监管格局的不断调整，监管机构的动态变化，是近几年我国宏观审慎监管得分不断变化的主要原因，而不断调整宏观审慎监管机构则是为了适应不断变化的金融市场，表明我国在应对金融市场动态变化方面反应比较及时。与此同时，在宏观政策工具方面，我国宏观政策行动相比美国更少，这是造成我国与美国在宏观审慎监管得分上不同的重要推手。

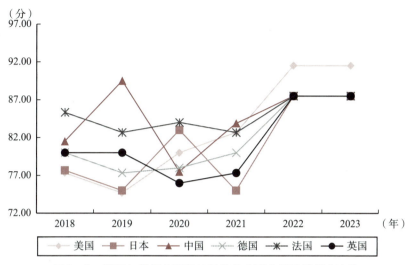

图 8 – 9 我国与世界主要发达经济体宏观审慎监管得分变化

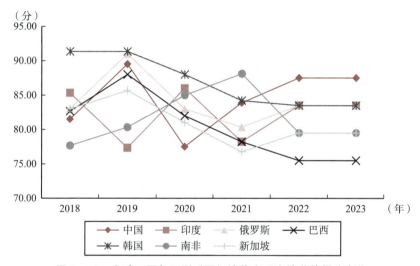

图 8 – 10 金砖五国与亚洲重要经济体宏观审慎监管得分变化

三、流动性监管

流动性监管包括流动性缓冲工具完备性、稳定资金工具完备性以及准备金工具完备性三方面，分数越高表征该国在流动性监管方面越到位，并且考虑到巴塞尔协议Ⅲ设定了全球银行监管的新标准，尤其是关于流动性风险管理的要求，其中就包括流动性覆盖率（LCR）和净稳定资金率（NSFR），因此在考察各国流动性监管时，还可以额外考察各国流动性监管标准与国际标准接轨情况。

（一）2023 年世界主要经济体在流动性监管方面的表现

36 个世界主要经济体在流动性监管方面的表现如图 8 – 11 所示。

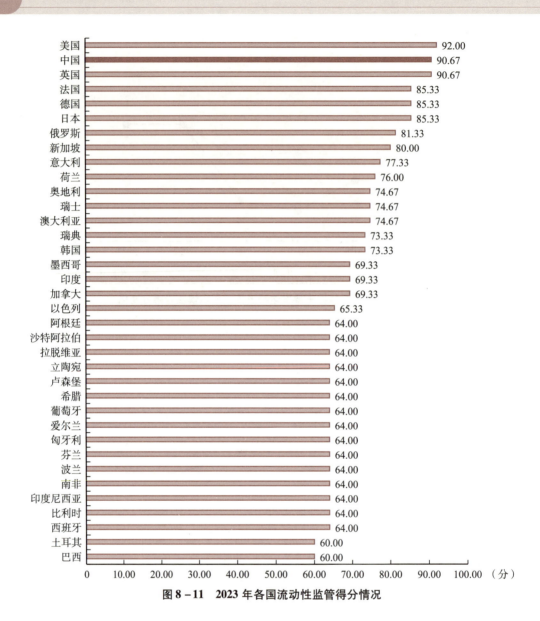

图 8-11 2023 年各国流动性监管得分情况

根据测算结果（如图 8-12 所示），2023 年流动性监管排名前十的国家中发达经济体占绝大多数，其中美国位列第一，中国、英国排名并列第二，法国、德国、日本紧随其后。这说明我国对流动性监管要求较高，在流动性缓冲要求、稳定资金要求以及准备金要求三个方面的监管比较全面，也体现出我国正在为推动国际金融监管协调不断努力，比如参与巴塞尔银行监管委员会的会议讨论，为全球银行监管标准的发展提供了意见，并根据巴塞尔协议Ⅲ的要求，分阶段分批次调整和完善国内银行的监管规则，提高流动性监管要求。如 2018 年引入优质流动性资产充足率。流动性监管增强了金融系统抵御风险的能力。

图 8-12 展示了我国与美国、英国等发达经济体在 2023 年流动性监管得分的对比情况。中国在流动性监管方面要求高，表现好，与英国并列第二，超过法国、日本和德国，

但与美国相比还存在一定差距。总体来看，美国在流动性监管方面表现最为突出，中国、英国紧随其后，显示出较强的监管能力和稳定性，日本、德国和法国的表现略低，但仍然保持在较高水平。

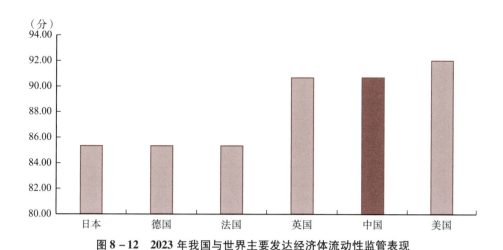

图 8 – 12　2023 年我国与世界主要发达经济体流动性监管表现

（二）我国及世界主要经济体 2018～2023 年流动性监管变化

如图 8 – 13 和图 8 – 14 所示，分析我国与世界主要经济体 2018～2023 年流动性监管的变化趋势，整体来看，各国近年来都对流动性监管工具进行了一定的调整。我国 2023 年流动性监管得分为 90.67 分，相比 2021 年增加了 2.00 分，增幅 2.26%。近几年我国在流动性监管方面的主要调整表现为引入新的流动性监管工具以及提高原有监管要求，但是限于指标设置的原因，得分只能体现出流动性监管工具的新增和停用。具体来看，我国 2018 年公布实施了《商业银行流动性风险管理办法》，该办法引入了优质流动性资产充足率作为监管指标，并规定适用范围内的银行于 2019 年 6 月 30 日前达到 100% 的监管要求。

分析我国流动性监管标准变化外，对比中美两国流动性监管标准与巴塞尔协议Ⅲ设定的全球银行业监管新标准的接轨情况也很重要，尤其是我们的指标体系中包含了巴塞尔协议Ⅲ要求的流动性覆盖率 LCR 以及净稳定资金率 NSFR。总体而言，就流动性覆盖率 LCR 的实施标准和实施进度来看，中美两国均以巴塞尔协议Ⅲ的国际标准实行。而对于净稳定资金率 NSFR，就实施进度而言我国目前还不是所有银行都受到净稳定资金比例 NSFR 的监管要求，而美国自特朗普政府于 2018 年 5 月签署了《促进经济增长、放松监管要求、保护消费者权益法案》后，针对银行的监管进一步放松，美国第四类银行不仅不受流动性覆盖率（LCR）或者净稳定资金比率（NSFR）的监管约束，甚至监管资本压力测试频率也不断放宽，这也是 2023 年硅谷银行破产事件中监管缺位的直接体现。因此，相比美国，我国严守不发生系统性金融风险的底线，流动性监管的严格程度也较高。

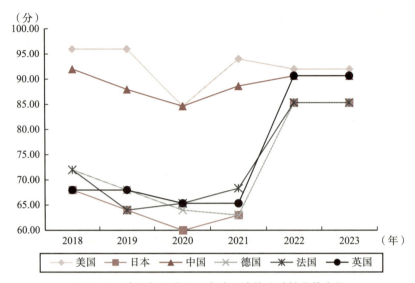

图 8-13　我国与世界重要发达经济体流动性监管变化

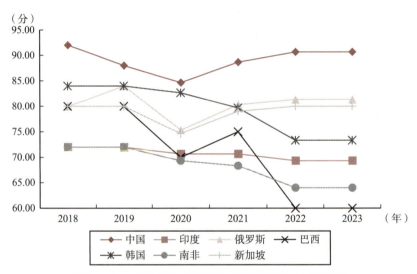

图 8-14　金砖五国及亚洲重要经济体流动性监管变化

四、消费者保护

消费者保护涉及存款保险覆盖度和消费者权益保障效力两方面，36 个目标国家的具体得分情况如图 8-15 所示。

根据测算结果，美国、日本、比利时分别位列前三位。我国得分为 92.78 分，与德国、英国并列第五。和美国（97.78 分）相比，我国目前还存在一定的差距，落后 5 分。根据消费者保护的指标构成，我国和美国在消费者保护方面的差距主要由存款保险覆盖度上的差距解释，主要在于存款保险管理机构是否对银行内违规官员采取法律行动，我国存款保险条例中赋予存款保险机构管理人员的权利中不包含可以干预银行经营甚至对银行违规官员采取法律行动的部分。消费者权益的保障方面，在消费者保护机构可以采取的保护消费者的法律行为上，我国还需要继续努力，这也表明了我国在赋予消费者保护机构相关法律权利方面还存在缺失，立法还有空白，监管还存在缺位。

图 8 – 15　36 个目标国家消费者保护得分情况（2023 年）

此外，如图 8 – 16 所示，和 G7 国家相比，我国表现并不落后，和英国并列第五，分别超过意大利和加拿大。在存款保险覆盖度方面，我国虽然相比 G7 国家落地较晚，于2015 年才开始正式实施，但我国的存款保险覆盖范围、运作机制、框架设计从一开始便与国际接轨，以国际标准设计运作。我国的存款保险制度为每个存款人在同一家投保机构的存款提供最高 50 万元人民币的保险保障，能够为 99% 以上的储户提供保障，因此，与 G7国家相比，差距较小甚至优于发达国家。在消费者权益保障方面，和美国存在的差距一样，在消费者保护机构可以采取的保护消费者的法律行为上，我国还需要继续努力。

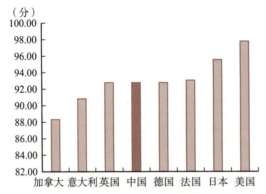

图 8 – 16　中国和 G7 国家的消费者保护得分（2023 年）

如图 8 – 17 所示，我国在金砖国家以及韩国、新加坡为代表的亚洲经济体中具有较好的领先优势。一是在存款保险制度设计方面，我国的制度在设计之初相比其他国家就要求更高。如印度的存款保险制度，由存款保险与信用担保公司（DICGC）提供保险，偿付限额是人均 GDP 的 1.3 倍，但是我国在确定偿付限额时，设计了 50 万元的偿付限额，在2015 年存款保险制度落地时，大概是我国人均 GDP 的 12 倍，高于国际水平，能够为99.6% 以上的存款人（包括各类企业）提供全额保护。二是在消费者权益保障效力方面，我国在金融产品披露要求方面的要求高于韩国、巴西等国家，在金融机构解决和处理投诉标准的规定上比新加坡等国家更全面。但如前所述，虽然我国相比金砖国家等有较好的领先优势，但是相比美国等发达经济体还有追赶的空间。

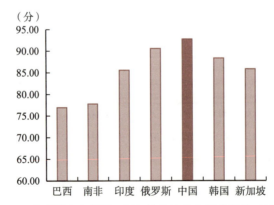

图 8 – 17　金砖国家和韩国、新加坡的消费者保护得分（2023 年）

五、机构监管

机构监管涵盖准入门槛、资本监管效能、监管机构效能三个方面，36 个目标国家机构监管测算结果如图 8－18 所示。

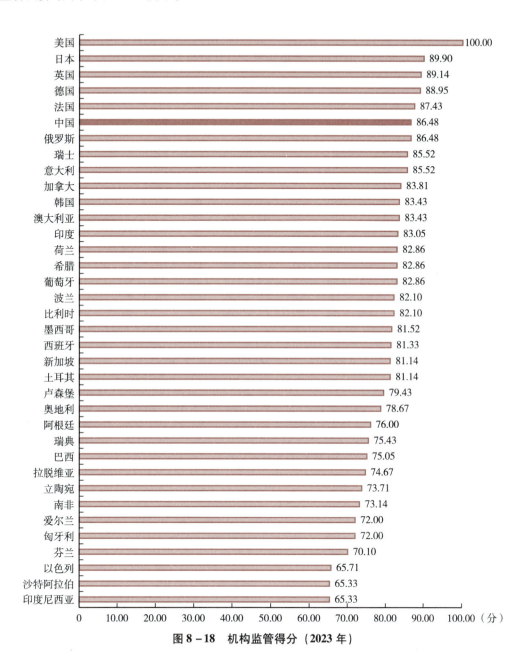

图 8－18　机构监管得分（2023 年）

机构监管方面，美国、日本、英国位列前三，我国与俄罗斯并列第六。

首先，和美国相比，我国目前还存在一定的差距，主要归因于资本监管效能和监管机构效能两方面。相比美国，我国对资本监管的严格程度相对宽松一些，体现为对初始资金的审核要求没有美国严厉。

其次，如图 8－19 所示，和 G7 国家相比，我国超过加拿大，落后于美国、日本、英国、德国、法国，同样在资本监管和监管效能方面和发达经济体之间存在差距。资本监管方面，我国最低监管资本涵盖的风险低于德国等国家。监管效能方面，监管机构所被赋予的权利少于法国、日本等国家。综合来看，一是我国还存在部分监管空白，覆盖的风险还不够广泛；二是监管所依赖的法律基础还比较薄弱，以及权利相对而言还不够成为硬权利。

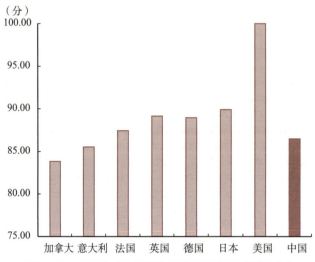

图 8 - 19　我国和 G7 国家的机构监管表现（2023 年）

最后，如图 8 - 20 所示，在金砖国家中对比我国机构监管表现，我国和俄罗斯相当，在金砖国家以及以新加坡、韩国为代表的亚洲重要经济体中，我国机构监管表现较好，说明我国虽然和欧美等发达经济体之间还有追赶的空间，但是仍属于第二梯队中的强者，在资本监管方面涵盖的风险更多，监管效能更高。

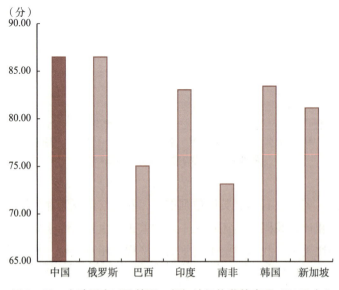

图 8 - 20　金砖国家以及韩国、新加坡机构监管表现（2023 年）

六、公司治理与外部监督

公司治理与外部监督涉及三个方面，即外部审计完备性、公司治理有效性以及会计信息透明度，测算结果如图 8 – 21 所示。

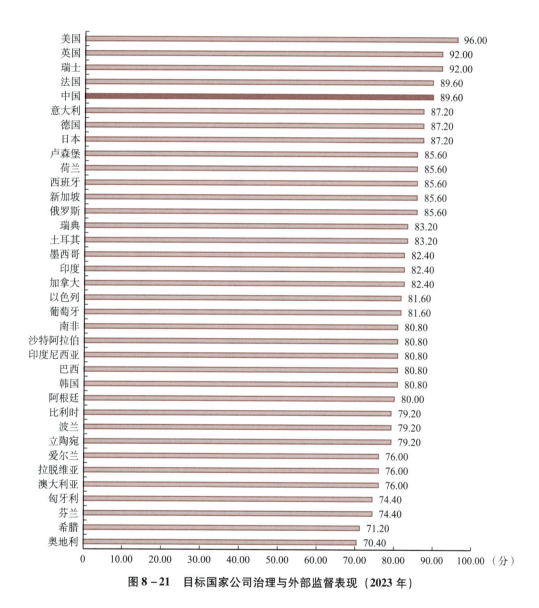

图 8 – 21 目标国家公司治理与外部监督表现（2023 年）

如图 8 – 22 所示，在公司治理与外部监督方面，美国、英国（瑞士）、中国（法国）位列前三。我国在外部治理方面表现优秀。

美国以 6.4 分的差值领先于我国。具体来看，一是对于银行治理中要求设立审计委员会、成立薪酬委员会、董事会中独立董事占多数等多项规定，美国的监管要求大多为强制性，而我国强制性执行不如美国，因此可能会导致公司治理效果不如美国，再比如我国独立董事制度虽然存在，但是美国强调独立董事会的独立性和问责制，我国在具体落实独立董事制度的过程中，其执行力度和效果还有待进一步提升。二是银行监管机构的权力大小方面，美国赋予银行监管机构更大的权力，也是造成中美分数差距的重要原因。

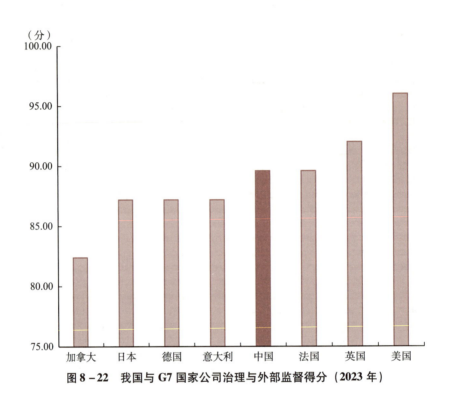

图 8-22　我国与 G7 国家公司治理与外部监督得分（2023 年）

如图 8-23 所示，在金砖国家和新加坡、韩国等发展势头较好的经济体中分析我国公司治理与外部监督表现，结果表明我国有较好的领先优势，我国虽然和美国等发达国家相比落后一定分数，但是相比其他国家表现较好。在银行监管权利方面，相比印度等国家，我国赋予银行监管机构更大的权利，但是对于银行治理中要求设立审计委员会、成立薪酬委员会、董事会中独立董事占多数等多项规定，我国执行的强制程度不如印度等国家，比如印度强制执行要求董事会中独立董事占多数、设薪酬委员会，强制要求公开披露董事会董事和高级管理层的薪酬待遇，但是我国对于银行治理中的多项要求属于遵守性的建议，并非强制要求。综上所述，我国在银行治理规定中执行的严格程度还需要提升，不仅与美国等发达经济体存在差距，与部分发展中的经济体也有差距。

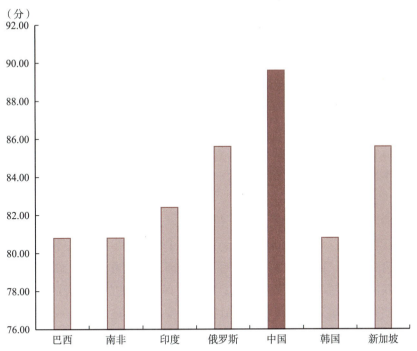

图 8-23 金砖国家以及新加坡、韩国的公司治理与外部监督得分（2023 年）

第三节 金融监管指数总结与展望

总体而言，在 36 个目标国家中，我国在宏观审慎监管、流动性监管、机构监管、公司治理与外部监督、消费者保护方面表现较好，领先巴西、印度、新加坡等发展势头较好的经济体，但是和美国等发达经济体之间仍有差距。在国际贸易日益紧密、金融经济活动不断交织、各国金融经济政策溢出效应不断增强的背景下，需要不断加强金融监管，维护市场稳定，促进经济的健康发展，才能提升我国的金融竞争力和影响力。

一、金融监管现状及问题

根据数据结果，我国在金砖国家中的表现优秀，但是和美欧发达金融经济体相比还有进一步提升的空间，结合我国自身现状和在国际比较中的表现，存在的问题主要有以下几个方面。

一是宏观审慎监管方面，我国相比发达经济体，宏观政策工具运用较少。

二是流动性监管方面，主要考察各国流动性缓冲工具完备性、稳定资金工具完备性以及准备金工具完备性三个方面，我国对流动性监管的要求较高，巴塞尔协议Ⅲ落地中国的程度较好，但需要跟踪指标对风险的揭示能力，避免银行通过各种通道手段绕过监管，留下系统性风险隐患。

三是消费者保护方面，我国与美国差距的主要原因是我国在存款保险管理机构权利设置上不如美国，我国存款保险条例中赋予存款保险机构管理人员的权利中不包含可以干预银行经营甚至对银行违规官员采取法律行动的部分。消费者权益保障效力方面，在消费者保护机构可以采取的保护消费者的法律行为上，我国还需要继续努力，这也表明了我国在赋予消费者保护机构相关法律权利方面还存在缺失，监管还存在缺位。

四是机构监管方面，我国在资本监管效能和监管机构效能两方面还有待加强。相比美国，我国对资本监管的严格程度相对宽松一些，体现为对初始资金的审核要求没有美国严厉。

五是公司治理和外部监督方面，第一是监管要求执行的严格程度较弱，对于银行治理中要求设立审计委员会、成立薪酬委员会、董事会中独立董事占多数等多项规定，美国的监管要求大多为强制性，而我国强制性执行不如美国，因此可能会导致公司治理效果不如美国，就比如我国独立董事制度虽然存在，但是美国强调独立董事会的独立性和问责制，我国在具体落实独立董事制度的过程中，其执行力度和效果还有待进一步提升。第二是银行监管机构的权利大小方面，美国赋予银行监管机构更大的权利，我国银行监管机构的权利相对弱一些。

二、对策及建议

在宏观审慎监管方面，建议我国增强宏观政策工具的多样性和灵活性，拓展政策工具箱，引入更多的宏观审慎工具，并根据经济周期和市场变化，灵活调整宏观审慎政策工具箱的使用，同时加强跨部门协调，确保宏观政策的一致性，提升政策的协同效应。

在流动性监管方面，完善流动性缓冲要求 LCR，并注意及时根据市场流动性状况和经济形势，灵活调整 LCR 标准，确保银行流动性管理的灵活性和适应性。稳定资金工具完备性方面，逐步将 NSFR 推广至所有银行，增强银行业抵御风险的能力。此外，由于巴塞尔协议Ⅲ是针对全球银行业的监管标准，我国在推动巴塞尔协议Ⅲ落地过程中，还可以积极参与巴塞尔委员会等国际组织的流动性监管合作，提升我国在国际流动性监管中的话语权，并与国际贸易伙伴建立跨境流动性风险预警机制，增强全球流动性风险应对能力，增强金融监管协调。

在消费者保护方面，为进一步提高我国在消费者保护方面的表现，缩小与美国的差距，我们一方面是可以完善消费者保护法律体系，健全消费者保护法律法规，覆盖金融产品销售、信息披露、合同条款等方面，确保消费者权益得到全面保障，并明确消费者保护法律法规的执行标准和流程，提升法律的可操作性和执行力度。此外，消费者保护机构的法律权利建议增强，确保消费者保护机构在维护权益时有法可依。另一方面是加强消费者教育和权益宣传，通过多渠道提升消费者的金融素养和风险意识，提升投诉处理和反馈机制，确保消费者的投诉能够得到快速、有效的处理，并跟踪投诉处理结果能够及时反馈给消费者。

在机构监管方面，我国可以提升资本监管效能和监管机构效能方面的表现。一方面是强化资本监管效能，强化资本质量监管，考虑提高银行资本质量和资本结构的披露要求，增强市场和监管机构的监督能力。另一方面是提升监管机构效能，首先，可以设定恰当的激励机制，确保银行监管机构负责人在任期间能够专注长期监管目标。其次，扩大监管机构更广泛的执法权力，确保监管机构对违规行为的调查能够全链条，增强监管的威慑力。最后，可以提高监管人员的专业素养，加强培训和教育，提升其对复杂金融产品和金融风险的识别和处理能力。

在公司治理和外部监督方面，首先，可以强化公司治理监管要求的强制性执行，比如提高独立董事制度的执行力度，明确独立董事在公司治理中的职责。对高级管理层的薪酬进行评估，确保其薪酬与业绩、风险承担一致。加强董事会问责制度，可以定期评估董事会的表现，并公开评估结果，提高董事会治理的透明度和责任感。其次，可以从监管机构处罚上，增强监管机构对违规行为的处罚力度，形成良好的监管威慑力。最后，强化监管机构的资源支持，一是加大人力资源投入，提升监管机构工作人员的专业素质，确保其具备足够的能力；二是加大技术设备和信息系统投入，提升监管科技化和智能化水平。

第九章

金融人才队伍指数

金融作为国民经济的血脉，是国家核心竞争力的重要组成部分，而金融人才是推动金融高质量发展的关键力量。在金融强国的发展进程中，不仅需要有强大体系和完备制度支持，还需要有创新驱动和人才储备的支撑。金融人才队伍的建设是一项系统工程，对于金融强国的重要性体现在提升金融行业的创新力和核心竞争力、维护金融稳定和安全、推动国际金融合作和交流以及支撑国家现代化建设等多个方面。因此，建立强大的金融人才队伍对于金融强国建设的重要性不言而喻。

本章从多维度刻画金融人才队伍建设水平，通过构建金融人才队伍指数，横向和纵向对比了各国在金融人才队伍建设上的现状和发展趋势，并对中国当前的发展情况作出了分析与展望。

■ 第一节 金融人才队伍指数构建

金融人才队伍指数旨在从金融人才这一重要视角对一国的金融实力进行衡量，涵盖了一国对于金融人才的培养力度、金融人才储备的质量，以及吸引和留存金融人才的能力。在数字中国建设背景下，金融业数字化转型过程中对于复合型高质量金融人才储备有着更高的需求，强大的金融人才队伍不仅为金融高质量发展提供了基础，也为金融创新带来了动力。对此，我们分别从金融人才培养、金融人才环境和金融人力资本三个方面对金融人才队伍建设程度进行了描述，通过构建金融人才队伍指数，全面、系统地评估金融人才队伍的建设状况和发展趋势，为金融机构制定科学的人才战略提供有力支持，从而推动金融行业的健康发展。

金融人才培养是金融人才队伍建设的基石。随着金融行业的快速发展和日益复杂化，对金融人才的专业知识和技能要求也在不断提高。因此，构建金融人才培养指数有助于量化国家和金融机构在人才培养方面的投入和成效，为推动金融人才培养体系的建设提供依据。

金融人才环境是影响金融人才队伍建设的关键因素。一个良好的金融人才环境包括优越的工作条件、丰富的职业发展机会、公平的竞争机制等，能够吸引、留住和聚集优秀的金融人才，激发他们的创新活力和工作热情。通过构建金融人才环境指数，可以全面评估金融人才环境的优劣，发现存在的问题和不足，从而优化金融人才环境。

金融人力资本是金融人才队伍建设的核心要素。金融人力资本的数量和质量直接决定了金融行业的竞争力和发展潜力。构建金融人力资本指数可以全面反映金融人才队伍的规模、素质和结构等，为制定人才战略提供支持。

对于金融人才队伍建设指数，我们根据相关已有文献研究，结合数据的可获得性和可比性，构建适用的评估体系。本章指标的构建采用宏观和微观经济指标的聚合，数据主要来源于 IMF、OECD 数据库、《GTCI 全球人才竞争力报告》等。表 9－1 列示了金融人才队伍指数构造的指标体系，包含金融人才培养、金融人才环境和金融人力资本 3 个二级指标，多维度全面地刻画了各国在金融人才队伍建设方面的现状及发展趋势。

表 9－1　　　　　　　　　　　　金融人才队伍指标体系

二级指标	三级指标	数据来源
金融人才培养	高等教育毛入学率（%）	《GTCI 全球人才竞争力报告》
	高等教育支出比例	政府在高等教育上的支出占 GDP 的比重（世界银行）
		政府在高等教育上的支出占总教育支出的比例（世界银行）
	企业培训普及率（%）	《GTCI 全球人才竞争力报告》
	企业员工发展	《GTCI 全球人才竞争力报告》
	高等教育支出总额 × 金融业增加值占 GDP	金融业增加值占 GDP（OECD 数据库）
		高等教育支出总额（OECD 数据库）
金融人才环境	全球清廉指数	透明国际
	金融发展指数	IMF
	劳工权益保障	ILOSTAT
	雇员雇主关系	《GTCI 全球人才竞争力报告》
	企业专业化管理程度	《GTCI 全球人才竞争力报告》
	劳动报酬和雇员生产力匹配程度	《GTCI 全球人才竞争力报告》
	金融全球化程度	《GTCI 全球人才竞争力报告》
金融人力资本	经济学商学前 100 大学（个数）	软科、QS、泰晤士、U. S. News 官网及网络
	经济学商学前 100 大学（质量）	软科、QS、泰晤士、U. S. News 官网及网络
	人力资本指数	CEIC

具体而言，针对三个子维度的衡量，我们将从以下方面着手。

一、金融人才培养

一国对于金融人才的培养主要从高等教育阶段开始，并且贯穿金融人才的整个职业生涯，因此，我们在构造金融人才培养指标时主要从国家在高等教育的投入和企业培训、员工发展等层面对金融人才培养进行了直接和间接的度量。

高等教育毛入学率衡量一个国家高等教育普及程度，反映了金融人才队伍的潜在规模和质量。对于金融人才培养，高等教育阶段是基础知识与核心技能形成的关键时期。高入学率意味着有更多的年轻人有机会接受高等教育，从而增加金融领域潜在人才的数量。同时，高等教育的普及也有助于提升整体人才素质，为金融行业发展提供人才基础。金融人才的培养需要充足的资源支持，包括资金、教学设施、师资力量等。高等教育支出的增加，意味着对金融人才培养的重视程度提升，有助于培养出更高质量的金融人才。在这一部分，我们使用两个与高等教育支出相关的指标共同度量：政府在高等教育上的支出占GDP的比重侧重描述高等教育支出与国民经济的关系，政府在高等教育上的支出占总教育支出的比例描述政府教育支出的构成，侧重表现政府对高等教育的重视程度与对金融人才培养的投资力度。此外，金融业增加值占GDP的比重则是一个反映金融行业在经济中地位和贡献的指标。因此，我们使用高等教育支出总额与金融业增加值占GDP的乘积来间接衡量高等教育支出中对金融人才的培养力度。

金融行业是一个不断更新变化的领域，除了学校教育外，企业在职员工需要通过持续的学习和培训来更新知识、提升技能，更好地适应金融行业的发展需求。企业培训普及率体现了企业的在职员工接受金融相关培训的普遍程度。企业培训普及率的提高，有助于增强员工的金融素养，提升企业的整体竞争力。金融人才的培养不仅包括知识和技能的提升，还包括员工的职业发展等方面的综合考虑。企业员工发展关注员工个人的成长、职业规划和发展空间；企业员工发展指标通过调查一国企业投资于培训和职工发展的规模衡量员工在该国企业中发展的好坏程度。良好的企业员工发展环境，有助于激发员工的工作积极性和创新精神。

值得注意的是，在构建金融人才培养的量化评估指标体系的过程中，面临显著的数据可获取性障碍。鉴于这一实际情况，本章决定采取一种策略性调整，即利用涵盖所有类型人才培养的数据集作为分析基础，而非局限于专门的金融领域人才数据。考虑到金融行业作为国民经济运行的关键枢纽，与整体经济活动和人才培育体系高度交织，金融人才培养与广泛意义上的人才培养数据之间存在高度相关性。因此，采纳全类型人才的培养数据作为替代性数据源，旨在捕捉并解析金融人才培养的基本趋势、结构特征及潜在规律，同时亦能在一定程度上映射金融人才在更宽泛的人才市场结构中的定位与发展动态。这一方法虽可能引入一定程度的误差或噪声，但在当前数据资源受限的情境下，它提供了一种既合理又可行的路径，用以深化对金融人才培养现状的理解，并为制定有效的金融人才培养策略提供实证支持与决策依据。

二、金融人才环境

一国在吸引、留存和聚集人才方面的能力也是金融强国的重要体现，对此，我们使用金融人才环境进行了衡量，主要考察了政府的清廉程度、金融发展程度、雇员的权益保障、雇员雇主的关系、企业专业化管理程度、劳动报酬和雇员生产力匹配程度和金融全球化程度等。

全球清廉指数反映了一国政府的廉洁程度。廉洁的政府环境可以为金融行业的发展提供稳定、透明的政策支持和监管，降低金融风险，从而吸引和留住金融人才。我们认为清廉政府会构建更好的金融人才环境，促进金融人才队伍的建设。金融发展指数衡量了一国金融体系的发达程度。一个发达的金融体系意味着更丰富的金融产品和服务以及更高效的金融市场运作，这些都有利于金融人才的成长和发展。我们认为金融发展程度更高的国家，其人才的发展也会更好。金融全球化程度衡量一国金融市场国际化、金融交易国际化、金融机构国际化和金融监管国际化的程度，全球化程度越高的国家更能吸引金融人才。

劳工权益保障体现了对劳动者权益的尊重和保护。健全的劳工权益保障制度可以确保金融人才在工作中享有公平待遇、安全的工作环境和合理的劳动报酬，从而激发他们的工作积极性。雇员雇主关系评价雇员和雇主和谐程度。良性的雇员雇主关系有助于为金融人才提供良好的工作环境。劳动报酬和雇员生产力匹配程度反映了员工的付出与回报之间的平衡。合理的劳动报酬制度可以确保金融人才得到与其贡献相匹配的回报，从而调动其工作动力。

企业专业化管理程度体现了企业在运营和管理方面的专业化和精细化水平，通过调查各国企业高管职位的人选，得分低的国家常由亲友任职，得分高的国家通常由具备专业能力的高管来管理公司。高度专业化的管理有助于提升企业的运营效率和市场竞争力，为金融人才提供更为广阔的发展空间和职业机会。

三、金融人力资本

一国金融人才储备的素质决定了该国的金融发展质量和国际竞争力。为此，我们构造金融人力资本指标，主要从金融教育实力和既存人力资源的角度刻画。

经济学/商学前100大学个数和质量是反映一个国家或地区在金融教育方面的基础和实力的重要指标。这些大学为金融行业提供了大量具备专业知识和技能的潜在人才，其教学和科研水平的高低直接决定了人才培养的质量和效果。我们选取 U. S. News、QS、软科、泰晤士对各大学经济学/商学的排名，并且统计各个国家拥有的、位列前100名的大学数量和质量，旨在衡量国家顶尖金融教育的规模。通过一国的大学在经济学和商学方面的排名，我们可以间接地了解到该国家或地区在培养金融人才方面的能力和水平。

人力资本指数是一个衡量国家或地区人力资源状况和潜力的综合性指标。它不仅反映了人力资源的数量，更强调了人力资源的质量。对于金融行业而言，拥有高质量的人力资源是推动行业发展的关键因素。人力资本指数的高低能够直接反映出一个国家或地区金融人才的素质和潜力。

第二节　金融人才队伍指数测算与分析

一、金融人才队伍总指数

表9-2列示了2012~2023年世界36个重要国家的金融人才队伍总指数值，其中最后一列为2012~2023年的金融人才队伍总指数平均值及排名情况，表格从上至下为各国的指数平均值排名。

表9-2　　　　　　　　　2012~2023年36国金融人才队伍总指数　　　　　　　单位：分

国家	2012年	2013年	2014年	2015年	2016年	2017年	2018年	2019年	2020年	2021年	2022年	2023年	平均
美国	89.44	89.60	89.85	90.17	90.00	90.47	90.49	90.89	91.32	90.59	91.32	91.18	90.44
英国	89.36	89.28	89.13	88.91	89.17	89.39	89.78	89.57	89.50	89.22	89.38	89.65	89.36
瑞士	88.64	88.71	87.98	87.41	87.11	87.24	87.11	87.72	87.07	86.80	86.36	86.68	87.40
澳大利亚	85.17	85.79	85.86	85.84	85.70	86.64	87.27	88.15	87.81	87.34	87.48	87.94	86.75
加拿大	86.93	86.94	86.60	86.81	86.96	87.27	87.19	87.63	87.53	85.70	85.60	85.71	86.74
荷兰	85.50	85.79	85.93	85.72	85.86	86.39	86.98	87.05	87.45	87.35	87.28	86.61	86.49
新加坡	83.78	83.94	84.31	84.47	84.53	85.95	86.26	86.71	86.84	86.87	86.93	87.71	85.69
德国	85.22	85.09	84.99	84.93	84.92	85.17	85.55	84.94	85.57	85.16	84.82	84.92	85.11
中国	80.49	81.33	81.33	81.78	82.52	82.52	82.97	84.17	84.47	85.55	86.55	87.82	83.50
瑞典	83.82	83.94	83.86	82.96	83.24	83.33	82.81	83.09	82.48	82.48	83.01	82.61	83.14
法国	81.32	81.80	81.87	81.98	81.42	81.93	82.05	83.98	84.10	84.03	84.28	84.23	82.75
日本	82.70	82.47	82.36	81.04	81.20	80.67	81.15	82.36	82.44	82.57	81.62	81.08	81.80
比利时	81.18	81.29	81.29	80.67	81.44	81.83	82.03	81.83	81.19	81.18	80.93	80.72	81.30
奥地利	79.79	79.91	80.56	80.00	80.33	80.71	80.98	81.76	81.09	81.92	82.01	81.00	80.84
韩国	79.57	79.98	80.64	79.61	79.83	80.38	80.54	80.65	80.28	80.62	81.63	82.50	80.51
芬兰	79.76	79.90	79.93	79.75	79.93	79.44	79.87	80.44	80.28	80.46	80.39	80.92	80.09
西班牙	79.11	79.17	79.88	79.80	79.65	79.21	80.26	80.12	79.57	80.00	81.16	80.95	79.91
爱尔兰	79.44	79.34	78.54	77.75	77.48	78.43	78.41	78.01	77.60	77.23	77.41	77.32	78.08

续表

国家	2012 年	2013 年	2014 年	2015 年	2016 年	2017 年	2018 年	2019 年	2020 年	2021 年	2022 年	2023 年	平均
卢森堡	75.37	75.79	76.06	76.34	76.70	77.09	77.54	77.73	78.13	77.95	77.65	78.02	77.03
以色列	75.41	76.10	75.81	75.25	75.80	76.51	77.60	77.91	76.98	77.39	78.09	77.94	76.73
意大利	72.44	73.28	73.28	73.15	73.38	73.52	75.62	75.04	75.32	76.02	76.43	77.20	74.56
俄罗斯	73.59	73.55	73.63	74.12	75.43	74.32	74.13	74.51	76.19	74.24	74.02	74.70	74.37
巴西	74.06	74.52	74.95	72.63	73.10	73.32	73.63	74.18	73.68	74.58	75.37	75.96	74.17
沙特阿拉伯	71.62	72.09	72.41	73.31	73.30	73.47	73.59	73.63	74.40	75.05	75.83	77.01	73.81
波兰	74.81	74.87	74.80	73.77	73.55	73.57	73.73	73.57	73.54	73.11	73.10	73.08	73.79
立陶宛	72.29	72.39	72.94	72.74	72.25	72.45	72.68	72.66	73.04	72.93	73.20	73.34	72.74
阿根廷	72.41	72.50	72.39	72.60	72.44	73.07	73.53	72.67	72.63	72.55	72.55	72.83	72.69
拉脱维亚	72.68	72.43	72.79	72.56	72.09	71.98	71.64	71.20	72.08	73.73	73.98	72.83	72.50
土耳其	71.06	71.43	71.67	71.80	71.84	71.98	72.26	72.25	72.70	73.43	73.33	73.20	72.24
葡萄牙	71.49	71.63	71.83	72.05	71.97	72.06	72.00	71.90	71.90	71.88	72.37	72.32	71.95
印度	71.91	71.70	71.51	71.44	71.54	71.80	72.64	72.62	73.07	71.91	71.01	69.58	71.73
墨西哥	70.78	71.12	71.14	71.48	71.66	71.55	71.53	71.64	71.92	72.01	72.56	72.59	71.66
南非	71.08	71.29	71.37	71.28	71.62	71.81	72.35	71.70	70.01	70.87	71.16	71.50	71.34
希腊	69.45	69.87	70.23	70.86	70.78	70.99	71.27	71.39	71.46	71.88	72.61	72.69	71.12
印度尼西亚	69.39	69.32	69.55	70.20	70.10	69.73	69.98	70.19	70.06	70.16	71.06	71.04	70.07
匈牙利	69.65	70.11	69.57	69.77	69.95	69.58	69.26	69.45	69.48	70.36	70.84	70.97	69.92

　　图 9-1 展示了 2023 年 36 个国家的金融人才队伍总指数的测算结果及排名，其中中国排在第四位。金融人才队伍指数由金融人才培养、金融人才环境和金融人力资本三个方面构成。

　　首先，根据表 9-2 中每年各国的金融人才队伍总指数来看，美国在 2012～2023 年均位列世界第一，且自 2015 年起，每年均是 36 国中唯一指数值高于 90 分的国家，意味着美国在金融人才队伍建设方面有着明显的领先优势。英国在 2012～2023 年同样始终保持在世界第二的位置，并且其金融人才队伍指数常年保持稳定。此外，在 2012～2023 年，金融人才队伍指数排名前四位的国家虽然每年都有些许变化，但是总体排名较为稳定，2012～2023 年指数均值位列 36 国前四位的国家分别为美国、英国、瑞士与澳大利亚，而位列第五至第十名的国家分别为加拿大、荷兰、新加坡、德国、中国与瑞典。图 9-1 展示了 2023 年各国金融人才队伍总指数的排名情况，可以发现，虽然排名靠前的国家仍集中在发达地区，但是中国通过不断加强金融人才队伍建设，指数排名得到了大幅提升，在 2023 年的指数值已经超过了常年排名第四的新加坡，成功跻身世界前五名，位列 36 个国家第四名，并且位居亚洲第一名。中国金融人才队伍在 2023 年的快速发展源于中国在金融人力资本上的大幅提升。在过去十余年间，中国金融人才队伍建设表现亮眼。

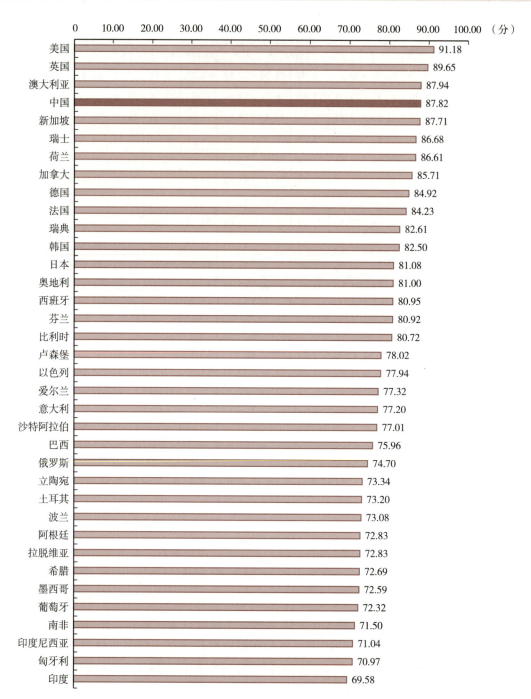

图9-1　2023年金融人才队伍总指数排名

　　图9-2展示了在金融人才队伍建设方面，世界排名前五国家与中国的指数均值对比情况。中国在2012～2023年金融人才队伍指数的平均排名为第九位，虽然暂未进入前五行列，并且与排名第一的美国仍有一定差距，但是从图9-2中不难发现，中国与平均排名第四位的澳大利亚以及排名第五位的加拿大之间仅有3分左右的距离，并且由于中国近

年来的金融人才队伍建设势头迅猛，这个差距仍在逐年显著减小；其中，中国在2022年金融人才队伍总指数已经上升至第六位，而在2023年已经挤入前五位，位居第四。从趋势上来看（如图9－3所示），美国在2012～2023年的金融人才队伍指数保持稳定增长，英国的金融人才队伍发展总体水平保持稳定，澳大利亚在2012～2019年有明显发展，但是近几年发展有所减缓，而加拿大和瑞士在金融人才队伍的建设上指数值稍有下降趋势。反观中国的表现不难发现（如图9－4所示），中国加强金融强国建设、提高金融人才素质的战略效果显著，在2012～2023年的金融人才队伍建设上呈现指数值逐年高速增长趋势，甚至在2022年已经超过平均排名第三和第五的瑞士和加拿大。

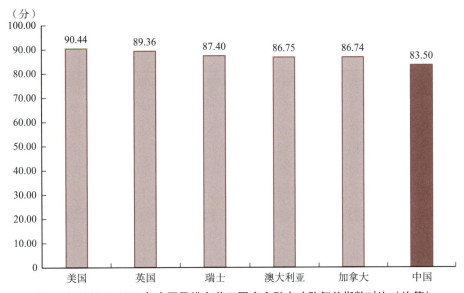

图9－2　2012～2023年中国及排名前五国家金融人才队伍总指数对比（均值）

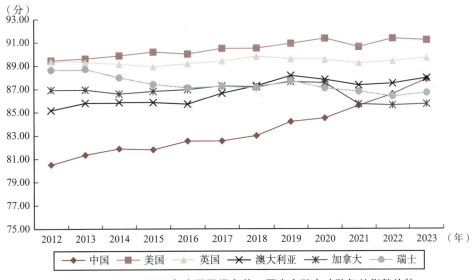

图9－3　2012～2023年中国及排名前五国家金融人才队伍总指数趋势

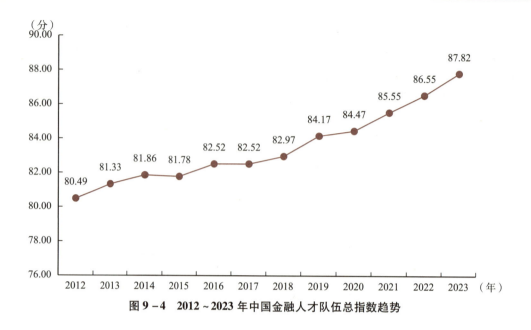

图 9 – 4　2012～2023 年中国金融人才队伍总指数趋势

　　具体来看，中国在 2012～2023 年，金融人才队伍建设势头强劲，尤其是在 2017～2023 年，发展更为迅速。在 2012 年中国的金融人才队伍分数为 80.49 分，排在 36 个国家的第十三位，与当年排名第一名的美国有着明显差距，指数值差异将近 9 分，但是随着我国不断发力推动金融高质量发展、推进人才队伍建设这项系统性工程，中国的金融人才队伍指数逐年快速上升，并且在世界主要国家中的排名也有了明显提升，从 2012 年的第十三位，跃上 2022 年的第六位，并于 2023 年成功跻身前五梯队，位列世界第四名，与排名第一的美国之间的分差缩小至 3 分左右，并且超过了多年位列世界前五的瑞士和加拿大，超过常年位居亚洲第一名的新加坡，成为亚洲在金融人才队伍建设方面的佼佼者。通过中国近年的强劲势头，可以预见，在未来较短时间内，中国将在金融人才队伍建设上缩小与发达国家的差距，取得更加显著的成效。

　　除了看齐位列世界前五的国家之外，我们也需要关注国际上与中国实力相近的重要伙伴的发展情况。图 9 – 5 和图 9 – 6 分别展示了中国与金砖国家以及中国与日本、韩国、新加坡等亚洲重要经济体之间在金融人才队伍建设上的发展趋势，可以发现，与其他金砖国家相比，中国目前的金融人才队伍建设表现突出，有着明显的领先优势，但是不可忽视巴西在过去几年间的稳步发展趋势，尤其在 2023 年，巴西的金融人才培养发展迅速，其后续增长势头不容小觑。与亚洲其他重要经济体相比，在 2012～2023 年，新加坡的金融人才队伍建设的平均表现保持在亚洲第一名，但是经过过去十余年的努力，中国与新加坡之间的差距逐年缩小，近几年中国有赶超新加坡的趋势，并且在 2023 年超越新加坡，位列亚洲第一名，但是韩国在过去一两年中的发展势头迅猛，有迎头赶上之势。

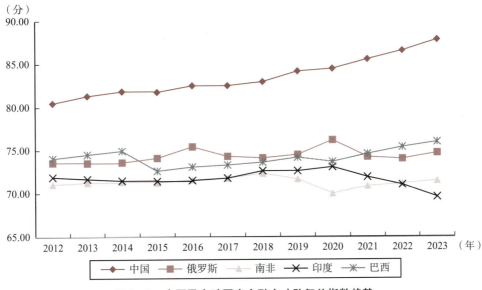

图 9-5　中国及金砖国家金融人才队伍总指数趋势

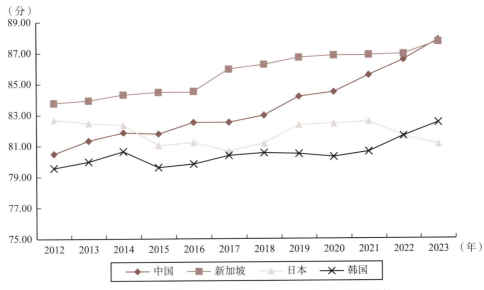

图 9-6　中国及亚洲重要经济体金融人才队伍总指数趋势

二、金融人才培养指数

表 9-3 列示了 2012~2023 年世界 36 个重要国家的金融人才培养指数值，其中最后一列展示 2012~2023 年金融人才培养指数平均值及排名情况，表格从上至下为各国的指数平均值排名。

表 9 - 3　　　　　　　　　　　2012～2023 年 36 国金融人才培养指数　　　　　　　　　单位：分

国家	2012 年	2013 年	2014 年	2015 年	2016 年	2017 年	2018 年	2019 年	2020 年	2021 年	2022 年	2023 年	平均
美国	90.42	90.62	90.97	91.32	91.04	91.39	91.27	92.30	92.95	92.18	92.93	92.90	91.69
英国	86.34	86.51	86.75	86.49	86.97	87.28	87.64	87.56	87.96	87.97	88.59	89.62	87.47
中国	83.48	84.43	84.61	85.53	85.57	85.52	86.74	87.41	87.60	88.64	89.39	89.91	86.57
荷兰	85.07	85.21	85.70	85.62	85.82	86.32	86.34	86.51	86.64	86.72	86.37	86.57	86.07
瑞士	87.74	87.90	87.94	85.41	85.36	85.40	85.64	85.57	85.86	84.45	84.59	84.90	85.90
法国	83.29	83.77	84.14	84.59	84.31	84.77	86.03	85.75	86.16	86.55	87.23	87.00	85.30
澳大利亚	82.10	82.92	83.54	84.17	83.76	84.77	85.68	87.54	87.44	86.71	86.96	87.56	85.26
瑞典	85.58	85.86	85.64	85.06	84.76	84.33	84.16	83.82	83.94	84.25	83.57	83.85	84.57
加拿大	83.70	84.07	83.78	84.40	84.86	85.29	84.83	85.59	85.90	82.49	82.94	83.53	84.28
德国	83.06	83.13	83.18	83.15	83.16	83.22	83.84	84.97	84.58	84.19	84.46	84.61	83.80
新加坡	82.38	82.49	83.34	83.03	83.17	83.71	83.94	84.78	84.54	84.74	84.81	84.40	83.78
韩国	82.10	82.41	82.39	82.36	82.35	83.07	83.16	83.18	83.68	84.09	84.39	84.12	83.11
日本	83.56	83.41	83.35	82.76	82.53	82.62	82.75	83.33	83.25	83.38	82.87	82.39	83.02
比利时	82.06	82.44	82.45	82.25	82.29	82.52	82.81	82.80	82.58	82.78	82.86	82.98	82.57
奥地利	80.55	80.62	80.89	81.27	81.26	82.38	83.36	83.27	83.14	83.75	84.36	84.81	82.47
芬兰	83.36	83.30	83.42	83.19	82.84	81.88	82.16	81.72	81.38	81.78	81.83	82.11	82.41
爱尔兰	81.87	81.43	81.69	81.38	80.76	81.54	81.26	81.11	80.31	79.68	79.66	79.53	80.85
巴西	78.18	78.44	78.95	78.96	79.70	80.33	80.19	80.85	79.84	81.45	82.50	83.40	80.23
西班牙	78.72	78.30	79.12	79.58	79.00	79.06	79.46	79.74	80.39	80.72	80.82	81.50	79.70
俄罗斯	79.52	80.07	79.75	79.84	79.88	80.26	80.00	80.36	80.96	77.06	77.58	77.60	79.41
阿根廷	79.79	79.52	79.38	80.20	79.84	80.24	79.90	77.77	77.89	78.10	78.53	79.02	79.18
土耳其	76.20	76.88	77.16	77.81	78.27	78.33	78.57	79.09	79.75	80.63	81.00	81.26	78.75
印度	78.63	77.82	77.58	78.46	78.21	78.55	79.38	79.20	79.05	77.82	76.27	73.13	77.84
卢森堡	74.59	76.03	76.39	76.46	77.34	77.46	78.04	78.47	79.27	79.45	79.36	79.77	77.72
波兰	80.12	80.31	80.31	77.69	76.95	77.07	77.35	77.05	77.00	75.93	76.29	76.47	77.71
墨西哥	75.08	75.94	75.81	76.70	76.95	76.72	76.68	77.14	77.31	77.32	78.66	78.83	76.93
沙特阿拉伯	72.78	72.96	73.94	75.97	76.10	76.26	76.39	76.65	77.69	78.50	80.02	80.14	76.45
立陶宛	76.41	76.35	76.89	76.31	74.98	75.38	75.70	75.63	75.84	74.76	74.98	75.14	75.70
南非	76.46	76.61	76.26	76.21	76.62	76.50	76.81	75.73	71.63	73.32	73.41	73.77	75.28
拉脱维亚	74.95	75.13	75.61	74.28	72.94	72.95	72.92	72.59	74.00	77.45	77.62	77.07	74.79

续表

国家	2012 年	2013 年	2014 年	2015 年	2016 年	2017 年	2018 年	2019 年	2020 年	2021 年	2022 年	2023 年	平均
葡萄牙	74.11	74.15	74.35	74.84	74.46	74.12	73.92	73.54	73.64	73.58	74.37	74.70	74.15
希腊	72.01	72.40	72.67	73.93	73.85	73.78	74.28	74.16	74.23	75.09	75.82	75.93	74.01
意大利	71.77	72.41	72.71	73.40	73.16	73.26	73.93	74.11	74.01	74.46	75.93	76.67	73.82
以色列	72.17	72.24	72.37	73.08	72.86	73.50	74.38	74.66	74.76	74.64	75.11	74.58	73.70
印度尼西亚	70.47	70.39	70.56	71.63	72.07	71.56	72.01	72.12	72.76	72.71	73.35	73.73	71.95
匈牙利	69.89	70.39	69.55	69.67	70.25	69.50	68.82	68.67	68.66	70.01	70.82	71.11	69.78

金融人才培养主要覆盖高等教育阶段和在职员工职业生涯培养阶段，因此这一部分的指数通过高等教育毛入学率、政府在高等教育上的支出比重、企业培训普及率和企业员工发展等指标测算而成。表 9 – 3 显示，根据每年各国的金融人才培养指数来看，美国在 2012 ~ 2023 年均位列世界第一，以明显的优势领先于其他国家；中国在金融人才培养上的表现同样亮眼，尤其是在近几年，中国的金融人才培养指数排名上升迅猛，从 2012 年的第八位上升至 2021 年的第二位，并且在 2021 ~ 2023 年始终保持着世界第二的位次。虽然中国的指数值暂未超过 90，但是在过去几年中指数值与位列第一的美国之间的差距逐年大幅缩小。通过计算 2012 ~ 2023 年的平均值可知，在 2012 ~ 2023 年，金融人才培养平均表现排名前五的国家依次为美国、英国、中国、荷兰和瑞士，并且位列第一的美国在金融人才培养上的平均指数值高达 91.69 分，主要原因在于其对在职员工的企业培训普及率高以及企业员工发展较好。位列第六至第十位的国家分别为法国、澳大利亚、瑞典、加拿大和德国，排名前十的国家除了中国以外，主要集中在发达国家。

图 9 – 7 展示了 2023 年 36 个国家的金融人才培养指数的测算结果及排名。我们可以发现，中国的金融人才培养指数在 2023 年位列第二；虽然指数值尚未进入 90 分行列，但是中国近几年通过不断加强金融人才培养，指数值得到了大幅的提升，与位列第一的美国之间的差距明显缩小。排名第一的美国（2023 年指数值为 92.90 分，2012 ~ 2023 年均值为 91.69 分）仍以明显的优势领先于其他国家，是唯一一个指数值超过 90 分的国家。

图 9 – 8 对比了 2012 ~ 2023 年中国与世界排名前五国家在金融人才培养方面的平均表现，可以发现，中国在 2012 ~ 2023 年的金融人才培养指数的平均值为 86.57 分，位列第三，虽然与排名第一的美国之间仍存在一定差距，但是差距逐年缩小，其中在 2023 年中国的金融人才培养指数值为 89.91 分，位列第二，与美国同年的指数值差异缩至 3 分，中国指数值进入 90 分行列指日可待。在金融人才培养方面，与位列前五的国家相比，中国在企业培训普及率和企业员工发展方面表现出色，甚至优于大部分发达国家，然而政府在高等教育上的支出比例以及高等教育毛入学率与世界前列国家相比则不具优势。

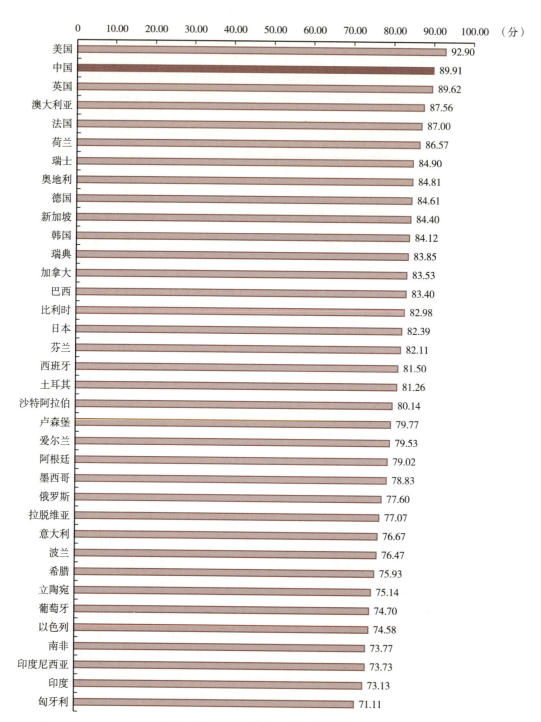

图 9-7 2023 年金融人才培养指数排名

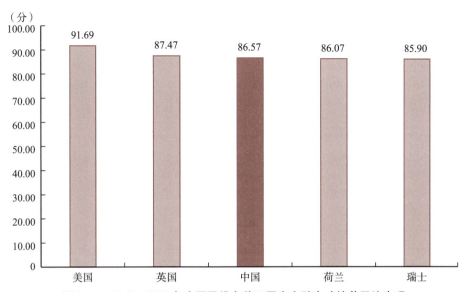

图 9 - 8　2012～2023 年中国及排名前五国家金融人才培养平均表现

根据图 9 - 9，从趋势上来看，在 2012～2023 年，美国、中国和英国的金融人才培养指数仍然保持明显上升，其中中国表现出了进一步加快的上升势头，尤其是 2018 年后增势更猛，美国与英国的增势相近，但是 2023 年英国在人才培养上的增势进一步加快，与中国的差距缩小；排名第四的荷兰基本保持平稳发展，但在 2022 年出现了些许下滑，2023 年重新恢复增长；瑞士的金融人才培养表现则从 2015 年起出现了较为明显的下行趋势。由此可见，绝大多数排名世界前列的国家仍未停止对于金融人才的大力培养，也更加凸显出国家强调培养高素质金融人才的前瞻性和必要性。

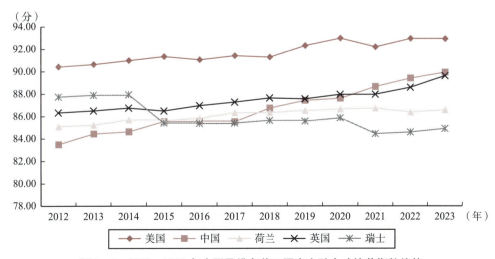

图 9 - 9　2012～2023 年中国及排名前五国家金融人才培养指数趋势

如图 9 - 10 所示，在 2012～2023 年，虽然平均而言中国在金融人才培养方面的排名位列第三，暂未进入 90 分行列，但是从趋势上来看，2012～2023 年中国在金融人才培养上的投入取得了不错的效果。由于我国近年来大力建设金融人才队伍，在高等教育阶段加大对金融复合型人才的培养，金融人才培养指数一路保持快速增长，从 2012 年的 83.48 分，到 2023 年指数值达到 89.91 分，原因在于我国的企业员工培训率位居第一，企业员工发展情况也居于前列，并且我国在 2012～2023 年加大了在高等教育上支出的占比，高等教育毛入学率也有了大幅提升，使得金融人才培养指数升幅明显。此外，在 2023 年，中国的金融人才培养继续保持上升趋势，源于我国在高等教育毛入学率和企业员工发展方面提升显著。

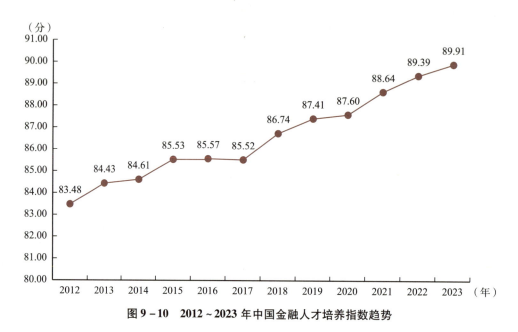

图 9-10　2012～2023 年中国金融人才培养指数趋势

中国在过去几年间强调对金融人才的培养，效果显著，然而我们仍需分析和理性看待与世界前列国家之间的差距，并且重视我们与国际上的强劲竞争伙伴之间的异同。图 9-11 和图 9-12 分别展示了中国与其他亚洲重要经济体的金融人才培养对比情况，以及中国与金砖国家成员在 2012～2023 年的金融人才培养指数平均值。

图 9-11 显示，中国在 2012～2023 年的金融人才培养指数虽然与世界排名第一的美国之间仍有些许差距，但是与日本、韩国和新加坡等亚洲重要经济体相比，中国具备自己独特的优势。在 2012～2023 年，日本的金融人才培养指数出现些许下滑，新加坡和韩国保持稳中发展，而中国的上升趋势明显，逐年拉大对其余三国的领先优势。

作为中国在世界新兴国家中最强劲的竞争对手和共赢的合作伙伴，金砖国家的表现值得我们着重关注。图 9-12 展示了"金砖五国"在金融人才培养方面的平均表现，可以发现，在"金砖五国"中，除了中国位列第三，其他四国均排名较为靠后，处于 36 国的中下游水平，中国在金融人才培养上具备明显优势，大力建设金融强国和着重培养高素质金融人才的战略取得显著成效。其中，南非在金融人才培养上的指数值低的主要原因是其在高等教育入学、政府的高等教育支出以及员工企业培训方面排名靠后。

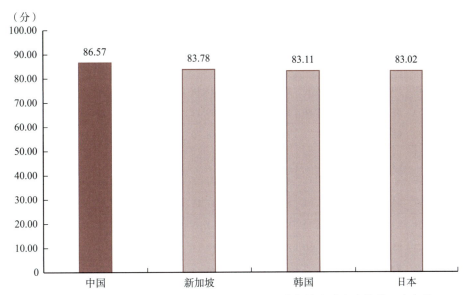

图 9 - 11　2012～2023 年中国及其他亚洲重要经济体的金融人才培养平均表现

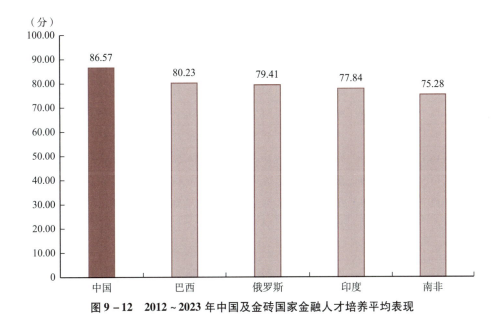

图 9 - 12　2012～2023 年中国及金砖国家金融人才培养平均表现

三、金融人才环境指数

　　表 9 - 4 列示了 2012～2023 年世界 36 个重要国家的金融人才环境指数值，其中最后一列展示 2012～2023 年金融人才环境指数平均值及排名情况，表格从上至下为各国的指

数平均值排名。

表 9－4　　　　　　　　　　2012～2023 年 36 国金融人才环境指数　　　　　　　　　单位：分

国家	2012 年	2013 年	2014 年	2015 年	2016 年	2017 年	2018 年	2019 年	2020 年	2021 年	2022 年	2023 年	平均
瑞士	91.94	91.94	91.33	91.67	91.60	91.74	92.35	91.92	91.99	90.92	90.58	90.73	91.56
新加坡	91.61	91.45	90.97	91.41	91.31	91.89	92.47	91.95	91.65	89.39	90.09	91.25	91.29
奥地利	90.10	90.39	89.61	89.43	89.30	90.22	91.18	90.57	90.48	90.36	89.81	89.19	90.05
英国	89.55	89.03	88.17	87.86	88.00	88.35	89.12	88.43	87.65	86.65	86.31	85.76	87.91
加拿大	88.99	88.53	87.71	88.11	87.67	88.40	88.70	88.85	88.06	86.45	85.50	86.05	87.75
瑞典	87.04	87.01	86.99	86.26	86.09	86.98	88.95	88.02	87.78	87.32	86.62	86.09	87.10
日本	87.19	86.60	86.88	87.12	86.88	87.39	87.38	86.86	87.17	86.71	86.18	85.38	86.81
芬兰	85.97	86.40	86.29	85.61	85.44	86.17	87.15	87.01	86.85	86.83	86.46	86.74	86.41
卢森堡	86.01	85.30	85.48	86.12	85.91	86.84	87.33	87.11	87.20	86.16	85.02	85.50	86.17
爱尔兰	85.73	85.92	85.37	85.60	85.45	87.52	87.73	86.53	86.14	85.67	86.22	86.01	86.16
德国	85.46	84.94	84.52	85.03	84.63	85.71	86.14	86.23	86.17	85.32	83.83	83.56	85.13
澳大利亚	83.70	84.62	83.95	83.28	83.15	85.01	86.54	86.09	86.35	85.68	85.78	85.63	84.98
美国	83.15	83.36	83.72	84.30	84.06	85.15	85.37	85.29	85.83	84.42	85.83	85.35	84.65
以色列	81.47	83.52	82.21	81.36	81.49	83.21	86.17	86.89	86.83	86.83	86.38	86.00	84.36
荷兰	82.85	83.55	83.30	83.02	82.96	84.20	85.37	85.81	85.58	85.08	85.25	85.09	84.34
比利时	81.56	81.41	81.38	82.20	81.95	84.26	85.21	84.51	83.96	83.64	84.00	83.59	83.14
法国	79.81	80.69	80.34	80.51	80.35	82.06	83.47	82.71	82.46	82.95	84.11	83.60	81.92
韩国	81.22	82.02	81.56	80.46	80.11	81.75	82.72	81.35	81.22	81.65	81.80	81.51	81.45
中国	76.94	78.31	79.06	79.73	80.17	79.89	80.35	80.88	81.46	83.55	85.11	85.09	80.88
沙特阿拉伯	79.16	80.41	80.06	80.28	79.95	80.22	80.35	80.02	81.10	82.08	82.57	82.42	80.72
西班牙	77.14	77.83	78.38	78.26	78.00	78.90	79.70	79.64	79.51	80.40	80.70	79.85	79.03
葡萄牙	77.72	78.05	78.38	78.41	78.54	79.22	79.23	79.33	79.11	79.05	79.56	78.88	78.79
拉脱维亚	77.57	76.42	76.91	77.87	78.00	77.59	76.40	75.33	76.30	77.13	77.70	74.50	76.81
印度尼西亚	75.62	75.54	76.15	76.97	76.10	75.63	75.91	76.53	75.33	75.77	78.00	77.49	76.25
波兰	76.77	76.58	76.24	76.17	76.33	76.12	76.16	75.90	75.74	75.61	75.00	74.58	75.93
立陶宛	73.75	74.06	75.12	75.14	75.22	75.27	75.55	75.50	76.41	77.40	77.94	78.10	75.79
意大利	70.93	72.82	72.96	72.64	72.72	74.59	75.71	76.08	75.72	76.72	78.70	79.37	74.91
印度	74.88	75.15	74.70	73.22	73.78	74.08	75.66	75.74	77.33	75.00	73.96	73.29	74.73
巴西	73.50	74.39	74.84	73.15	73.42	72.99	73.89	74.54	73.91	74.49	75.40	75.88	74.20
俄罗斯	73.25	72.32	72.93	74.40	74.63	74.35	74.01	73.40	74.77	75.40	75.24	74.95	74.14

续表

国家	2012 年	2013 年	2014 年	2015 年	2016 年	2017 年	2018 年	2019 年	2020 年	2021 年	2022 年	2023 年	平均
土耳其	74.03	74.22	74.50	73.91	73.27	73.50	73.96	73.08	73.55	74.65	73.70	72.74	73.76
匈牙利	73.07	73.86	73.12	73.55	73.30	73.00	72.77	73.51	73.57	74.63	75.07	75.03	73.71
南非	72.31	72.65	73.18	72.76	73.11	73.70	74.87	73.92	73.58	74.01	74.66	75.11	73.66
希腊	71.04	71.82	72.56	72.87	72.61	73.33	73.49	73.95	73.98	74.16	75.51	75.54	73.41
墨西哥	72.95	72.85	73.00	72.85	73.04	72.88	72.80	72.43	73.07	73.26	73.21	73.01	72.95
阿根廷	70.98	71.49	71.19	70.65	70.45	71.88	73.77	73.59	73.15	72.81	71.77	71.92	71.97

金融人才环境体现了一国吸引、留存和聚集高素质金融人才的能力，因此这一部分的指数通过全球清廉指数、全球发展指数、劳工权益保障、雇员雇主关系、企业专业化管理程度、劳动报酬和雇员生产力匹配程度、金融全球化程度等指标测算而成。如表 9-4 所示，世界排名中上游国家在金融人才环境方面的差异不大，历年除了排名前二的瑞士和新加坡有着显著的领先优势之外，其余中上游国家的金融人才环境指数值集中在 80~90 分。在 2012~2023 年，金融人才环境指数平均表现排名前五的国家依次为瑞士、新加坡、奥地利、英国和加拿大。中国的金融人才环境处于中游水平，2012~2023 年中国的指数平均值与前五国家的指数值之间有着较明显差距，但是通过大力发展金融强国战略，中国在过去几年间的金融人才环境得到了大幅改善，指数排名得到了快速上升。

图 9-13 展示了 2023 年 36 个国家的金融人才环境指数值的测算结果及排名。该图显示，在 2023 年，新加坡、瑞士和奥地利以断层优势位列前三，而其余排名中上游国家在金融人才环境方面的差异不大。中国在过去几年间加强金融人才环境的改善，指数排名得到了一定改善，从 2012 年的第二十三位上升至 2023 年的第十五位，上升势头不减；但是中国在 2023 年仍暂处 36 国的中上游水平，仍有较大发展空间。

图 9-14 对比了中国与排名前五国家的金融人才环境平均表现。根据图 9-14，在 2012~2023 年，金融人才环境指数平均值排名前三的瑞士、新加坡和奥地利有着断层优势，其中瑞士在 2012~2023 年平均指数值高达 91.56 分，新加坡的平均指数值高达 91.29 分，奥地利的指数平均值也超过 90 分。中国在 2012~2023 年，金融人才环境指数排名处于 36 国的中游水平，与位列前五的国家的指数值之间有着 7 分左右的较明显差距，但是通过近几年的快速发展，中国正逐年缩小与世界前列国家之间在金融人才环境表现上的距离。分析中国指数值较低的原因可以发现，中国在金融全球化程度和全球清廉指数方面与世界前列国家存在一定差距，但是在金融发展、雇员雇主关系、企业专业化管理程度和劳动报酬匹配程度等方面则与世界前列国家的表现相近，并且在劳工权益保障方面领先于绝大部分世界前列国家。

图 9 – 13　2023 年金融人才环境指数排名

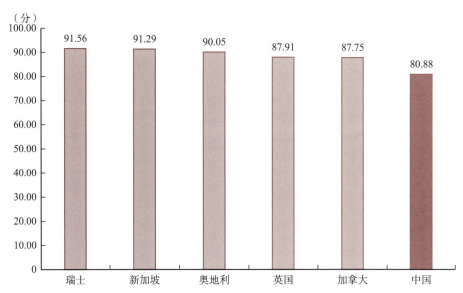

图 9 - 14　2012～2023 年中国及排名前五国家金融人才环境平均表现

　　虽然中国在 2012 年的金融人才环境表现不出色，但从图 9 - 15 和图 9 - 16 中不难发现，随着近年来我国着重推进金融强国的发展，致力改善金融人才环境，中国的金融人才环境指数有了大幅提升，在 36 国中的排名也逐年快速递增。具体来看，在 2012 年，中国的金融人才环境指数仅位列 36 国中的第 23 名，指数值仅为 76.94 分，与当年第一名的瑞士有着 15 分的差距，但是中国在近年间强调金融人才环境的改善，指数值也相应得到了明显提升，到 2022 年，中国的排名已经上升至第十四名，指数值为 85.11 分，与当年排名第一的瑞士之间的指数差异缩小至 5 分。虽然在 2023 年，中国受到国内外经济局势的影响，全球清廉指数和劳动报酬匹配程度有所下滑，造成 2023 年中国金融人才环境的增势有所放缓，但是指数排名仍然维持在世界十五名，相信未来将恢复并继续保持上升的势头。中国于 2012～2023 年在金融人才环境方面取得快速发展，原因在于与 2012 年相比，全球清廉指数稳步上升，说明我国廉政建设取得较好成效；雇员雇主关系持续向好；企业专业化管理程度逐步提升，说明我国企业公司治理取得较好发展；金融全球化程度稳步上升，说明我国在金融上秉持逐步开放的态度。

　　图 9 - 17 和图 9 - 18 分别展示了中国与金砖国家的平均表现情况，以及与其他亚洲重要经济体在金融人才环境上的对比情况。虽然与印度、俄罗斯、南非和巴西等金砖国家相比，中国的指数值有着明显的领先优势，但是总体上来看，"金砖五国"在金融人才环境方面的排名普遍靠后。随着近几年的不懈努力，中国逐渐改善人才环境，扩大与其他金砖国家之间的差距，继续保持领先优势，朝着世界前列看齐。

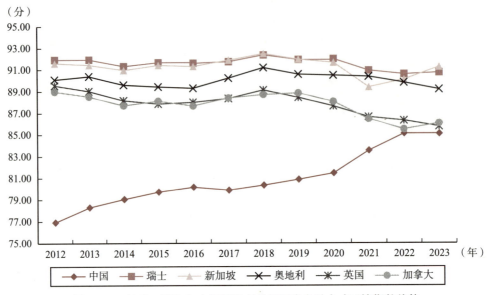

图 9 – 15　2012～2023 年中国及排名前五国家金融人才环境指数趋势

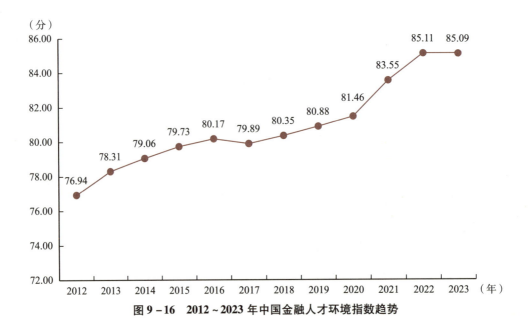

图 9 – 16　2012～2023 年中国金融人才环境指数趋势

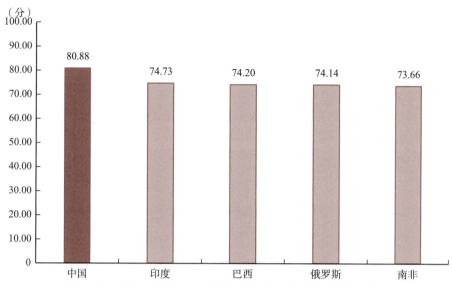

图 9 - 17　2012～2023 年中国及金砖国家金融人才环境平均表现

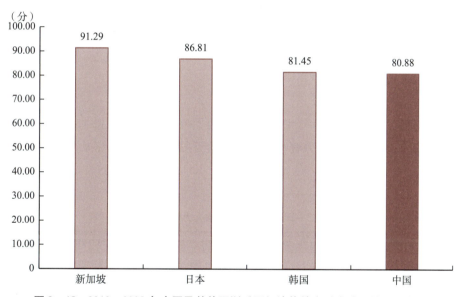

图 9 - 18　2012～2023 年中国及其他亚洲重要经济体的金融人才环境平均表现

　　图 9 - 18 显示，与日本、韩国和新加坡相比，中国在金融人才环境方面的表现不佳，在平均指数值上与亚洲排名第一的新加坡之间有着接近 11 分的差距，且与亚洲排名第三的韩国之间也仍有 0.6 分左右的距离。从趋势上看（见图 9 - 19），日本虽然在 2012～2023 年的平均值暂列四国第二，但在 2012～2023 年，日本的金融人才环境指数发生了逐年下滑；韩国虽然在 2019 年也发生了些许下滑，但是随后止跌，保持平稳。反观中国，从趋势上看，中国在金融人才环境上的改善显著，虽然暂时处于劣势，但正在奋勇前进。而新加坡的发展值得我们关注和学习，虽然新加坡在金融人才环境方面的排名已经处于上

游水平，但仍不断改进，稳中发展，常年保持在世界前三。

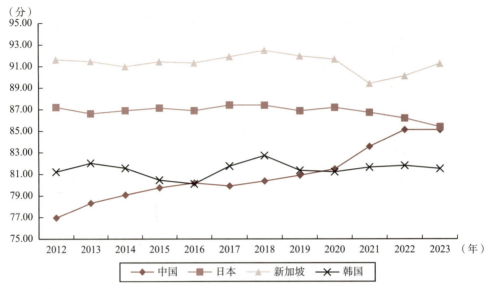

图 9 – 19 2012 ~ 2023 年中国及其他亚洲重要经济体的金融人才环境指数趋势

四、金融人力资本指数

表 9 – 5 列示了 2012 ~ 2023 年世界 36 个重要国家的金融人力资本指数值，其中最后一列展示 2012 ~ 2023 年金融人力资本指数平均值及排名情况，表格从上至下为各国的指数平均值排名。

表 9 – 5　　　　　　　　　　2012 ~ 2023 年 36 国金融人力资本指数　　　　　　　　单位：分

国家	2012 年	2013 年	2014 年	2015 年	2016 年	2017 年	2018 年	2019 年	2020 年	2021 年	2022 年	2023 年	平均
美国	94.44	94.46	94.49	94.51	94.54	94.56	94.58	94.61	94.63	94.66	94.68	94.71	94.57
英国	93.20	93.23	93.27	93.17	93.28	93.24	93.28	93.39	93.42	93.46	93.49	93.59	93.34
澳大利亚	90.73	90.79	90.85	90.64	90.84	90.77	90.13	91.03	89.76	89.82	89.88	90.77	90.50
荷兰	88.74	88.80	88.87	88.53	88.81	88.66	89.43	89.00	90.40	90.46	90.52	88.18	89.20
加拿大	89.17	89.20	89.23	88.73	89.05	88.80	88.83	89.15	89.18	89.21	89.25	88.26	89.00
德国	87.84	87.86	87.87	87.21	87.57	87.23	87.24	83.60	86.28	86.29	86.31	86.70	86.83
瑞士	86.54	86.57	84.70	85.84	84.96	85.20	83.84	86.40	83.76	85.80	84.50	85.01	85.26
新加坡	77.82	78.36	78.95	79.45	79.55	83.00	83.13	84.03	85.09	87.17	86.59	88.57	82.64
中国	80.06	80.22	80.99	78.83	80.80	81.16	80.57	83.15	83.31	83.42	84.20	87.78	82.04
西班牙	81.58	81.67	82.40	81.62	82.17	79.70	81.90	81.12	78.54	78.64	82.06	81.33	81.06
法国	80.19	80.28	80.36	79.95	78.64	78.02	75.31	82.91	82.99	81.75	80.50	81.16	80.17

续表

国家	2012 年	2013 年	2014 年	2015 年	2016 年	2017 年	2018 年	2019 年	2020 年	2021 年	2022 年	2023 年	平均
比利时	79.60	79.63	79.66	77.02	79.78	78.48	77.80	77.87	76.56	76.59	75.29	74.84	77.76
瑞典	78.26	78.30	78.35	76.86	78.37	78.35	74.89	77.18	75.22	75.27	78.65	77.49	77.26
韩国	74.56	74.70	77.39	75.10	76.20	75.41	74.87	76.01	74.81	74.97	77.79	81.31	76.09
意大利	74.83	74.91	74.35	73.33	74.33	72.80	77.79	75.24	76.66	77.41	74.82	75.73	75.18
日本	77.05	77.10	76.51	72.65	73.75	71.34	72.80	76.57	76.61	77.33	75.38	75.05	75.18
以色列	73.66	73.83	74.01	72.05	74.02	73.82	73.31	73.23	70.08	71.60	73.78	74.38	73.15
芬兰	68.76	68.85	68.93	69.28	70.56	69.46	69.54	72.16	72.24	72.33	72.41	73.52	70.67
奥地利	68.45	68.50	71.09	68.87	70.11	68.97	67.61	70.93	68.98	71.03	71.08	67.73	69.44
俄罗斯	66.02	66.08	66.15	66.22	70.29	66.36	66.43	67.84	71.24	69.31	68.04	70.59	67.88
卢森堡	65.77	65.97	66.18	66.40	66.63	66.86	67.10	67.35	67.53	67.76	67.99	68.22	66.98
波兰	65.79	65.90	66.02	66.13	66.25	66.37	66.49	66.61	66.71	66.83	66.95	67.07	66.43
匈牙利	65.92	65.99	66.06	66.13	66.21	66.28	66.35	66.43	66.50	66.57	66.64	66.71	66.32
爱尔兰	69.90	69.98	67.51	65.05	65.13	65.21	65.29	65.37	65.44	65.52	65.60	65.68	66.31
巴西	69.14	69.43	69.72	63.67	63.98	64.29	64.61	64.94	65.22	65.51	65.83	66.14	66.04
立陶宛	65.35	65.42	65.49	65.57	65.64	65.72	65.80	65.88	65.95	66.02	66.10	66.17	65.76
拉脱维亚	64.78	64.84	64.91	64.97	65.04	65.10	65.17	65.24	65.30	65.36	65.43	65.49	65.13
希腊	64.45	64.54	64.64	64.74	64.84	64.94	65.04	65.14	65.23	65.33	65.43	65.53	64.99
阿根廷	64.01	64.14	64.27	64.41	64.54	64.68	64.82	64.96	65.09	65.23	65.36	65.50	64.75
南非	62.68	62.85	63.04	63.24	63.44	63.65	63.87	64.10	64.26	64.46	64.67	64.88	63.76
沙特阿拉伯	62.52	62.61	62.71	62.80	62.90	63.00	63.11	63.21	63.32	63.41	63.51	67.42	63.38
墨西哥	62.87	62.96	63.04	63.14	63.23	63.32	63.41	63.50	63.59	63.68	63.77	63.86	63.36
葡萄牙	61.75	61.83	61.91	61.98	62.06	62.14	62.22	62.30	62.37	62.45	62.53	62.60	62.18
土耳其	61.22	61.37	61.52	61.67	61.83	61.98	62.14	62.30	62.44	62.60	62.75	62.91	62.06
印度尼西亚	61.72	61.66	61.59	61.53	61.46	61.40	61.33	61.27	61.20	61.14	61.07	61.01	61.37
印度	60.00	60.10	60.20	60.31	60.41	60.52	60.63	60.74	60.83	60.94	61.05	61.15	60.57

　　这一部分的指数通过经济学/商学排名前 100 大学的个数和质量、人力资本指数等指标测算而成。如表 9-5 所示，世界各国在金融人力资本方面的差异较大，且存在排名固化情况，历年的排名变动很小；如在 2012~2023 年，美国和英国始终位列第一和第二位，并且与历年的第三名相比，美、英两国在金融人力资本方面始终保持着 3 分左右的断层优势；排名前五的国家除了美国和英国之外，集中于荷兰、澳大利亚和加拿大，而这三国之间在金融人力资本上的差异不显著；新加坡于 2023 年超越荷兰与加拿大，成功挤入世界前五。在 2012~2023 年，该指数平均值排名第六位至第十位的国家分别为德国、瑞士、新加坡、中国和西班牙，同样地，这五个国家在历年的指数排名中也未发生大幅变化，其中，2012~2022 年中国的排名维持在第九名或第十名，而在 2023 年中国在金融人力资本方面的排名上升至第七位。

　　图9-20展示了2023年36个国家的金融人力资本指数值的测算结果及排名。可以发现，在金融人力资本方面，梯队现象比较明显，如在2023年排名前二的国家比排名第三至

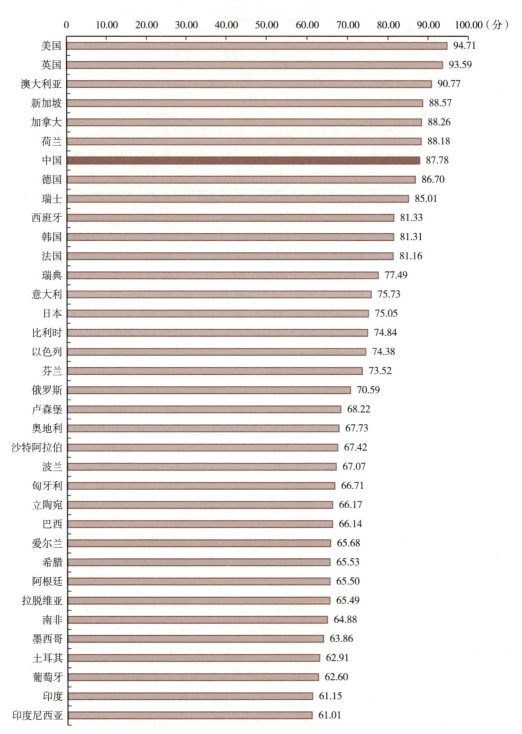

图9-20　2023年金融人力资本指数排名

第九的国家大幅领先，而排名前九的国家比排名中游的国家有明显的领先优势。中国在2023年的金融人力资本排名第七位；虽然排名较为稳定，但事实上中国在金融人力资本方面不断加大建设力度，指数值稳步上升，尤其是在2019年中国的金融人力资本指数值出现了明显的提升，从2018年的80.57分跃至2019年的83.15分，此后稳步增长。

从图9-21来看，中国在2012~2023年的金融人力资本平均位列36个国家中的第九位，与排名第八的新加坡之间差异很小，但是与排名前五国家的指数值还有较为显著的差距。究其原因，主要在于中国的人力资本指数仍有较大上升空间，中国拥有的世界排名前100的经济学/商学大学数量和质量上与位列世界前五的国家仍存在明显差距。根据图9-22，相比于其他排名前五的国家，美国与英国在2012~2023年的金融人力资本指数始终保持稳定的断层优势，荷兰在2020年有一次较为明显增长，而后保持平稳，加拿大呈现出缓慢的增长，但在2023年出现了些许下滑，而排名第三的澳大利亚在2018~2022年在金融人力资本方面出现了稍许下降，但其在2023年恢复了增长。与之相比，中国在近年间大力发展金融强国，在各方面加大投入与建设，卓有成效，其中在金融人力资本上始终保持上升态势，与排名前列国家之间的差距逐年快速缩小。2023年，中国的金融人力资本指数得到了大幅发展，主要源于中国拥有的世界排名前100的经济学/商学大学数量和质量发展迅猛，已迎头赶上并且超越部分世界前列国家。但是如图9-23所示，中国在金融人力资本方面仍在迎头赶上，指数值从2012年的80.06分一路保持上升势头，到2023年指数值已升至87.78分，尤其是在2023年中国的金融人力资本指数有了大幅上升，逐步缩小与世界排名前五国家之间的差距。

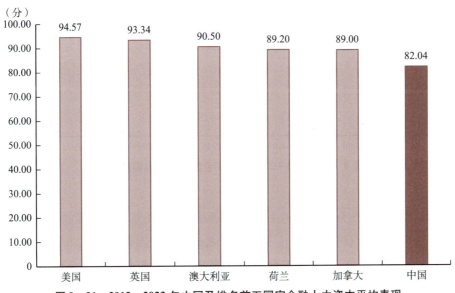

图9-21 2012~2023年中国及排名前五国家金融人力资本平均表现

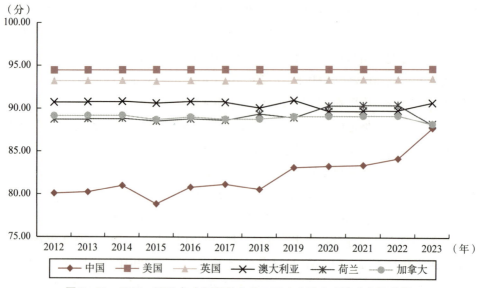

图9-22　2012～2023年中国及排名前五国家金融人力资本指数趋势

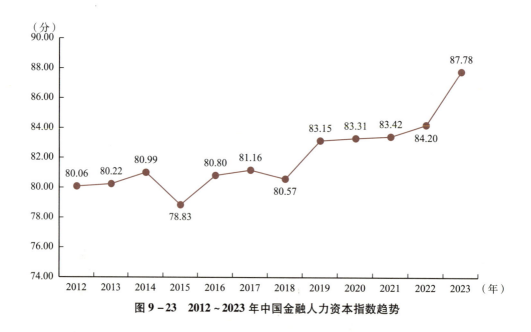

图9-23　2012～2023年中国金融人力资本指数趋势

　　图9-24和图9-25分别展示了中国与金砖国家、与亚洲其他重要经济体在金融人力资本上的对比情况。图9-24显示，与金砖国家相比，中国在金融人力资本上的优势明显，与位列金砖国家中第二位的俄罗斯相比有着14分的指数值优势；其他国家则处于36国中的中下游水平。根据图9-25，与日本、韩国和新加坡等亚洲重要经济体相比，中国亦处于领先，位列亚洲重要经济体当中的第二位，并且与位列第一的新加坡之间的差距不大，有赶超新加坡之势。从趋势上来看（见图9-26），除日本的发展存在些许波动，在

2022 年和 2023 年出现较明显下滑之外，亚洲其余三国的金融人力资本在 2012～2023 年保持稳中发展，其中中国和新加坡保持着明显的上升趋势，韩国的发展总体保持稳定，但其在 2022 年和 2023 年增势迅猛，不可小觑。

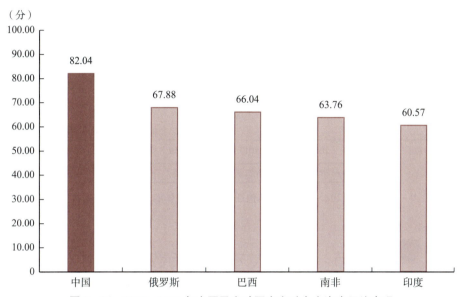

图 9 – 24 2012～2023 年中国及金砖国家金融人力资本平均表现

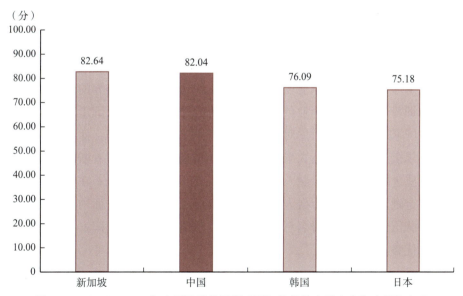

图 9 – 25 2012～2023 年中国及其他亚洲重要经济体的金融人力资本平均表现

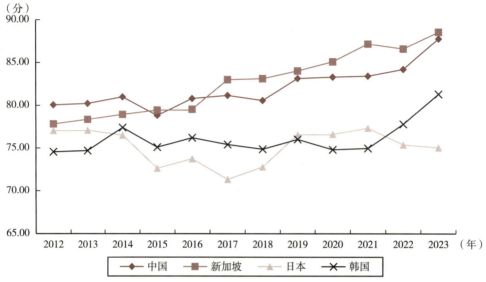

图 9－26　2012～2023 年中国及其他亚洲重要经济体的金融人力资本指数趋势

第三节　金融人才队伍指数总结与展望

一、36 国金融人才队伍总结

从金融人力资本角度看，可以分为教育实力和金融业在国民经济中的重要程度。从金融人才环境的角度看，往往政府腐败程度低，劳工权益保障好，雇员雇主的关系和谐，以及较高的金融全球化程度的国家能取得较好的名次。从金融人才培养的角度，最为关键的要素是企业培训普及程度以及企业员工可持续发展。在金融人才队伍建设方面，通过对 36 个世界代表性国家进行截面与时序对比后发现，美国作为教育大国，拥有世界顶尖的金融教育资源，其规模和质量都远远大于其他国家，且金融人力资本有着断层优势，培养并聚集了大量高素质金融人才，在金融人才队伍建设上有着明显的领先；在亚洲区域，新加坡实力强劲，在金融人才培养、金融人才环境与金融人力资本三个方面均衡发展。发展中国家在金融人才队伍建设方面的排名总体较为靠后，除中国外的金砖国家在金融人才队伍方面的表现不占优势。

二、中国金融人才队伍现状分析

通过对上述三个方面（金融人才培养、金融人才环境、金融人力资本）的综合评价，近年来，我国大力推进金融强国建设，强调金融人才队伍的重要性，在 2012～2023 年，中国的金融人才队伍建设战略执行效果显著，高质量复合型人才队伍不断壮大——2012～2023 年我国金融人才队伍建设稳步发展，排名依次为第十三、第十二、第十二、第十一、第十、第十、第九、第九、第九、第八、第六、第四名，与排名前五国家之间的差异逐年显著缩小，并且于 2023 年成功跻身前五，位列第四。

总体来看，中国金融人才队伍建设近年来持续向好，金融人力资本、金融人才环境、金融人才培养在所有 36 个国家中都排名中上位置，且是排名靠前的唯一的发展中国家。其中金融人才环境和金融人才培养取得的发展较大，但是金融人力资本增势在 2020～2021 年有所放缓，其原因在于在 2020 年新冠疫情以来，全球经济处于下行周期，金融业人力资本随之调整。在产业结构调整、经济增速放缓的阶段，我国持续推进金融业改革，积极建设金融人才队伍，并且金融人力资本于 2022 年再次回归高速发展，尤其是在 2023 年金融人力资本指数实现了大幅增长。在金融人才培养方面，近年来我国的金融人才培养一直位居世界前列，自 2015 年以来始终保持在前五位，其中在 2021～2023 年金融人才培养指数排名维持在第二位，仅次于美国；并且虽然中国在金融人才培养上的排名变化不大，但实际上中国未曾停止对金融人才的大力培养，指数值从 2012 年的 83.48 分上升至 2023 年的 89.91 分。我国对于在职金融人才的职业生涯培养方面表现出色，企业培训普及率高于世界上绝大部分国家，且企业员工发展在近年来得到持续改善，处于世界前列。在金融人才环境方面，中国总体表现位于世界 36 个代表性国家当中的中游水平，与世界前列国家之间仍存在明显差距；但是随着我国不断加强廉政建设、强调金融全球化的发展、增强企业专业化管理程度，中国在金融人才环境方面的排名从 2012 年的第二十三位上升至 2023 年的第十五位，且中国在劳工权益保障和劳动报酬与雇员生产力匹配程度上的表现处于世界前列，优于大部分发达国家。在金融人力资本方面，中国的排名较为稳定，在 2012～2022 年维持在 36 国中的第九位左右，而在 2023 年中国的排名上升至第七位，金融人力资本指数逐年稳步上升。

具体而言，尽管中国在金融人才队伍建设上卓有成效，但是与世界第一梯队国家相比，我国在人才队伍建设方面仍有许多继续上升和发展的空间。其一，在金融人才培养方面，高等教育毛入学率相比于发达国家有着较大差距，且政府在高等教育上的支出占 GDP 的比重与其他世界前列国家相比较低。我国虽然在过去几年中，高等教育毛入学率有了大幅上升，进入了高等教育普及化阶段，但与世界前列国家仍存在一定差距，若要进一步提升整体人才素质，为金融行业发展提供更为坚实的人才基础，则仍需继续提高高等教育毛入学率。此外，中国在高等教育支出占 GDP 比重较低：虽然逐年增长，但相对于其他前列国家仍显不足。其二，在金融人才环境方面，中国在全球清廉指数和金融全球化程度较低，企业专业化管理程度不足，这些指标的落后可能会影响金融行业的健康发展，降低国际资本对中国金融市场的信心，影响金融人才的职业发展，进而制约金融人才的吸引和留存；不过在 2012～2023 年，中国在这些方面有了大幅的改善。其三，在金融人力资本方面，尽管中国的金融人力资本排名稳步上升，经济学/商学排名靠前大学的质量处于亚洲第一，但是与第一梯队国家之间相比仍有进步空间，并且在人力资本指数上的表现，以及在经济学/商学世界排名前100的大学数量上与世界前列国家相比仍有一定差距。

三、中国金融人才队伍战略展望

金融人才队伍的建设需要依靠政府、企业、学校的共同努力。根据以上现状，中国金融人才队伍建设的发展规划可以围绕以下几点展开。其一，全面优化金融人才培养体系，提升人才质量与创新能力。针对金融行业对人才的需求特点，高等教育应深化复合型人才培养，加强跨学科、跨领域的金融人才建设，注重培养既具备金融专业知识，又具备其他相关领域知识背景的复合型人才。此外，政府部门需提升高等教育质量，努力缩小与发达国家之间的差距，鼓励和支持更多具备经济学/商学教学和科研优势的高校进入世界排名前一百，形成一批具有国际影响力的优秀大学。与此同时，随着高等教育毛入学率的快速提升，相关投入也需要配套增加。政府应加大对高等教育的财政投入，同时鼓励社会资本进入教育领域，形成多元化、可持续的教育投入机制。通过增加投入，改善教学设施、提高教师待遇、加强科研支持等，为金融人才培养提供更好的条件。其二，谨慎有序地推进金融全球化与开放合作，吸引、留住和聚集国际优秀金融人才。通过改善金融人才环境，加强与国际金融机构的合作与交流，引进国际先进的金融理念、技术和人才，提升我国金融行业的国际竞争力。同时，通过改善工作环境、提高薪酬待遇、优化职业发展通道等方式，留住国内优秀的金融人才；制定优惠政策，吸引国际金融领域的优秀人才来华工作。此外，加强与国际金融人才的交流与合作，形成人才聚集效应，推动我国金融人才队伍的整体提升。其三，构建高效的企业专业化管理模式，促进金融人才创新与发展。金融机构和相关企业应借鉴发达国家经验，深入研究企业专业化管理的成功经验，结合我国国情，构建一套具有中国特色的企业专业化管理模式。通过优化组织结构、完善管理制度、提升管理水平等方式，提高金融企业的运营效率和创新能力。此外，应鼓励金融企业建立创新机制，为金融人才提供充分的创新空间和资源支持，激发金融人才的创新热情和创造力；同时，加强知识产权保护，保护复合型金融人才的创新成果。

中国作为金砖国家和发展中国家当中人才队伍建设领先的队伍，应该发挥带头作用，促进金砖国家与发展中国家的金融人才队伍建设与交流，积极开展双边、多边对话，互相考察学习。

面对百年未有之大变局，内外形势交错复杂，我们要坚定自信，把握好人才是第一资源的战略方向，把谋当下和谋长远结合起来。艰苦奋斗，不怕困难，走中国特色金融发展之路，建设中国特色社会主义金融人才强国。

参 考 文 献

［1］曹颢，尤建新，卢锐，等. 我国科技金融发展指数实证研究［J］. 中国管理科学，2011，19（3）：134 - 140.

［2］陈银娥，孙琼，徐文赟. 中国普惠金融发展的分布动态与空间趋同研究［J］. 金融经济学研究，2015，30（6）：72 - 81.

［3］郭峰，王靖一，王芳，等. 测度中国数字普惠金融发展：指数编制与空间特征［J］. 经济学（季刊），2020，19（4）：1401 - 1418.

［4］李礼辉. 关于建设金融强国的几点思考［J］. 中国金融，2024（3）：23 - 25.

［5］刘典. 金融 - 科技 - 产业：金融强国战略的三元结构和历史演进［J］. 金融经济学研究，2024，39（1）：50 - 59.

［6］刘亦文，丁李平，李毅，等. 中国普惠金融发展水平测度与经济增长效应［J］. 中国软科学，2018（3）：36 - 46.

［7］陆红军. 国际金融中心竞争力评估研究［J］. 财经研究，2007（3）：47 - 56.

［8］马广奇，陈雪蒙. 由金融大国迈向金融强国：国际比较与中国进路［J］. 西安财经大学学报，2024，37（2）：46 - 59.

［9］马彧菲，杜朝运. 普惠金融指数测度及减贫效应研究［J］. 经济与管理研究，2017，38（5）：45 - 53.

［10］彭文生. 从规模经济看金融强国［J］. 新金融，2024（3）：11 - 17.

［11］吴晓球. 金融强国的实现路径与建设重点［J］. 经济理论与经济管理，2024，44（1）：1 - 6.

［12］Li Z, Zhong J. Impact of economic policy uncertainty shocks on China's financial conditions［J］. Finance Research Letters，2020，35：101303.

［13］中国金融中心指数（CFCI）［EB/OL］. ［2024 - 02 - 23］. http：//www. cfci. org. cn/JRPJ/index. html.

［14］国家高端智库/综合开发研究院（中国·深圳）/CDI［EB/OL］. ［2024 - 02 - 23］. http：//www. cdi. com. cn/Article/Detail？Id = 12537.